Guerriero spirituale

Guerriero spirituale

Trenta lezioni di vita per diventare persone più sagge e lungimiranti

Marco Piacentini

Titolo:

Guerriero spirituale: Trenta lezioni di vita per diventare persone più sagge e lungimiranti

E-mail: autoremarcopiacentini@gmail.com

Prima edizione: marzo 2022

ISBN 9798427845830

"A tutti coloro che, incalzati dal destino,
decidono ogni giorno di continuare a lottare"

Dichiarazione di esclusione di responsabilità

I contenuti di questo libro esprimono solamente le opinioni dell'autore, i suoi punti di vista e le sue convinzioni. Ogni eventuale offesa percepita da persone, organizzazioni, classi o categorie sociali è non intenzionale.

Tutti i riferimenti a persone, luoghi ed eventi sono stati modificati per proteggere la privacy delle persone coinvolte e impedire il loro riconoscimento. Queste informazioni, ormai in forma anonima poiché le persone a cui si riferiscono non sono più identificabili, sono utilizzate a solo scopo educativo, di discussione o di critica, nei limiti e nel rispetto della normativa vigente.

L'autore non si assume alcuna responsabilità in merito alla correttezza, completezza e accuratezza delle informazioni presentate, né tantomeno per quanto riguarda le conseguenze di qualsivoglia natura che potrebbero verificarsi a seguito della lettura di questo libro e della pratica degli esercizi in esso proposti.

Si ricorda infatti che la scelta e la prescrizione di una giusta terapia spettano esclusivamente al medico curante, che può anche valutare eventuali rischi collaterali. L'autore di questo libro non dispensa consigli medici né prescrive l'uso di alcuna tecnica come forma di trattamento per problemi fisici e medici senza il parere di un medico, direttamente o indirettamente. Le informazioni presentate in questo libro hanno il solo scopo di informare e non devono mai essere intese come sostitutive di consiglio o trattamento medico. Ugualmente, tutto ciò che è riportato in questo testo non è mai da considerasi sostitutivo di eventuali pareri professionali relativi ad altri ambiti applicativi e professionali (quali, a titolo non esaustivo, l'alimentazione, la psicologia, la legge, ecc.). L'intento dell'autore è semplicemente quello di offrire informazioni di natura generale, per aiutare il lettore nella propria ricerca del benessere fisico, emotivo e spirituale. Pertanto l'autore e l'editore non sono responsabili per eventuali danni o incidenti derivanti dall'utilizzo di queste informazioni senza il necessario controllo medico (auto-terapia, auto-medicazioni, auto-profilassi, e così via).

Note

Il contenuto del presente libro è stato revisionato con attenzione, più e più volte, affinché ogni sua parte potesse esprimere con chiarezza il messaggio che voleva trasmettere. Il testo così ottenuto si presta a una facile lettura ed è stato scritto con un linguaggio semplice allo scopo di renderne fluida la lettura e facilitarne la comprensione.

Nel corso del libro ci si imbatterà in espressioni inusuali e si incontreranno parole che avranno, nel contesto in cui si trovano, un significato leggermente diverso da quello che hanno abitualmente. Per non appesantire eccessivamente la lettura, si è deciso di evidenziare tali espressioni, inserendole tra le virgolette *solo* la prima volta che compaiono nel testo. Si dà per scontato che quelle stesse parole (e quelle stesse espressioni) assumano lo stesso significato in ogni altra parte del testo nel quale sono riportate (salvo diversa indicazione).

Nel caso di utilizzo di parole straniere non particolarmente in voga nella lingua italiana, esse sono state accompagnate da una breve descrizione del loro significato, necessaria per la comprensione del testo.

Una precisazione importante

La parola *uomo* deriva dal latino *"homo, hominis"*, che a sua volta deriva da *humus*, 'terra'. Analisi più approfondite sembrano ricondurre la parola latina *humus* alla radice sanscrita *bhu-* (nello specifico alla parola *bhûmi*, la 'terra considerata come elemento che genera e fa crescere le cose'), che successivamente divenne *hu-*. Questa ricostruzione sembra trovare conferma sia nel significato tradizionalmente riconosciuto alla parola *uomo* (ossia 'appartenente al genere umano, inteso come contrapposto agli esseri divini'), sia nella forma espressiva che la parola *uomo* acquisisce nelle lingue inglese e tedesca (rispettivamente *man* e *mann*), la cui radice rimanda ai termini sanscriti *manas* ('mente') e *Manu* (progenitore della razza umana secondo le scritture indù, nonché 'espressione metafisica simbolica dello stesso genere umano'). Ne consegue che il termine *uomo*, nel suo significato principale o primario, si riferisce al genere umano nel suo complesso, senza distinzione tra maschio e femmina. Da un punto di vista prettamente spirituale, infatti, l'anima è asessuata e può incarnarsi all'interno di un corpo maschile o femminile a piacere, a seconda delle necessità che si propone di perseguire attraverso una specifica incarnazione.

A un secondo livello (significato secondario), il termine *uomo* è utilizzato anche per identificare specificamente il genere maschile, mentre il termine *donna* è usato per indicare il genere femminile.

Nel presente libro, dove non diversamente specificato, il termine *uomo* è utilizzato nel suo significato principale, riferendosi quindi sia agli uomini sia alle donne. In alcune circostanze, tuttavia, si è reso necessario usare il termine *uomo* per riferirsi esclusivamente al genere maschile, mentre, quando nel testo ci si è voluto riferire specificamente al genere femminile, si è usato il termine *donna*.

In assenza di valide alternative (l'unica altra opzione disponibile era usare i termini *maschio* e *femmina* per indicare i due generi, ma l'utilizzo di questa seconda parola sarebbe stata a mio parere del tutto inadeguata – oltre che inopportuna – per riferirsi al genere femminile), si è reso necessario utilizzare il termine *uomo* in entrambe le accezioni sopra indicate, lasciando al lettore la responsabilità di riconoscere quando il termine si riferisce al genere umano nel suo complesso (ossia nel 99% dei casi) e quando invece si riferisce esclusivamente al genere maschile (ad esempio quando, nel corso della trattazione, tale distinzione è utile per trasmettere un particolare messaggio o per descrivere, spiegare ed esemplificare un determinato concetto).

Sommario

Introduzione

La vita di per sé è abbastanza semplice, una volta capiti lo scopo e le regole che la governano (le leggi di natura che disciplinano l'esistenza a ogni livello). Il problema è che al momento della nascita non ci viene dato alcun libretto di istruzioni; di conseguenza siamo costretti a imparare le cose sulla nostra pelle, facendone esperienza diretta. Fino a quando la vita ci sorride, non abbiamo grandi problemi e non ci poniamo più di tante domande sul significato dell'esistenza. Ma quando la vita ci mette alla prova (e prima o poi lo farà), allora iniziano i veri problemi. A volte la vita può davvero diventare un imbuto nero che risucchia ogni nostra energia, desiderio e sentimento. Il buonumore lascia il posto alle preoccupazioni e i sogni lasciano il posto alle paure. A quel punto abbiamo due possibilità: o accettare tutto ciò che ci succede come un dato di fatto inesorabile, o trasformare tutto in un'occasione di crescita per diventare persone migliori.

Questo libro vuole fare proprio questo: indicare una strada che conduce al nostro più alto potenziale, offrendo stimoli, esempi e spunti per cambiare in meglio la propria vita. Gli insegnamenti contenuti nella seconda parte del libro, infatti, vogliono essere un riassunto delle principali lezioni di vita delle quali chiunque, prima o poi, dovrà fare esperienza. Ma perché aspettare che la vita stessa ci metta alle strette, costringendoci a imparare queste lezioni? Non sarebbe forse più saggio impararle in anticipo, risparmiandoci dunque inutili fatiche e sofferenze? Le trenta lezioni presentate nel libro sono delle "vitamine di saggezza" che hanno lo scopo di accelerare il nostro percorso di crescita personale e spirituale, in modo che la vita non abbia il bisogno di creare le condizioni affinché noi possiamo impararle sulla nostra pelle. Non è forse meglio diventare più saggi leggendo un libro piuttosto che combattendo sul ring della vita giorno dopo giorno?

La cosa più importante in assoluto, tuttavia, è coltivare dentro si sé il giusto atteggiamento interiore perché solo questo potrà aiutarci veramente ad affrontare con successo ogni sfida che troveremo lungo il cammino. La prima parte del libro si occupa proprio di questo. Se anche metteste in pratica solo i suggerimenti contenuti nella prima parte, avreste comunque tutto ciò che vi serve per fronteggiare qualsiasi problema. Quindi questo libro non vuole solo offrire una sequenza di lezioni di vita da metabolizzare, ma vuole anche darvi gli strumenti giusti (ossia l'atteggiamento corretto) per mettervi nelle condizioni di poter affrontare con forza l'esistenza sotto ogni punto di vista. È un po' come avere una direzione da seguire: a prescindere da ciò che incontrerete lungo il sentiero, sarete sempre all'altezza della situazione.

Anche questo libro, come il precedente[1], non vuole limitarsi solo a raccontare una verità, ma la vuole contestualizzare concretamente nella quotidianità di tutti i giorni. Per questo è ricco di esempi personali e tratta argomenti comunque d'attualità, perché vuole stimolare una sincera riflessione sui temi affrontati. Anche se non sempre sarete d'accordo con alcune delle considerazioni espresse nelle pagine che seguono, vi invito comunque a non abbandonare la lettura, e anzi a sospendere il vostro giudizio per darvi il tempo di metabolizzare (ossia mettere alla prova) la validità delle conclusioni raggiunte.

Ogni lezione presentata nel libro è stata concepita per "vivere di vita propria"; questo vuol dire che ogni capitolo è stato scritto per essere di per sé autosufficiente e completo in se stesso. Può dunque accadere che alcuni spunti o suggerimenti siano contenuti più o meno identici in diversi capitoli del libro, perlomeno in maniera generale. Per questo motivo si è cercato di non ripetere più di tanto gli stessi concetti laddove questi compaiono in diverse parti del testo, se non dove strettamente necessario per offrire una panoramica completa dell'argomento trattato. Di conseguenza vi consiglio di non limitarvi a leggere solo una particolare lezione, ma di leggere almeno una volta il libro nella sua interezza, perché alcuni argomenti appena accennati in un determinato capitolo potrebbero essere spiegati più esaustivamente in un altro.

Inoltre ogni capitolo non racchiude dentro di sé solo un potenziale insegnamento di vita, ma apre le porte a una moltitudine di possibilità. Sotto il medesimo titolo sono infatti riportate una serie più o meno coerente di lezioni di vita: ad alcune di esse sono stati dedicati sottocapitoli o interi paragrafi, ad altre invece ci si è limitati a qualche frase o capoverso. Sotto questo punto di vista ogni capitolo assomiglia a una matriosca cinese: dentro ogni lezione di vita ci sono numerose altre lezioni che sono in qualche modo coerenti con l'argomento principale affrontato. In ogni caso, per

---

[1] Marco Piacentini, *Intelligenza emotiva in azione*, Pubblicazione indipendente.

cogliere completamente la profondità delle intuizioni riportate nel testo, è necessario non solo leggere attentamente e periodicamente (preferibilmente a distanza di tempo) il libro, ma anche rifletterci sopra e soprattutto *viverlo*. L'esperienza di vita resta il modo migliore per imparare le cose e questi insegnamenti non fanno eccezione. Se avete la sensazione che qualche lezioni non faccia per voi, mettetela da parte ma tenetela sempre presente, perché molto probabilmente un giorno quelle informazioni vi torneranno utili.

Infine, questo libro è un naturale completamento del mio precedente testo, *Intelligenza emotiva in azione*. In altre parole, per massimizzare l'efficacia degli insegnamenti presentati in queste pagine, dovrete applicarli assieme a quelli suggeriti in *Intelligenza emotiva in azione*. Non perché questo libro sia di per sé incompleto, ma perché tratta argomenti molto specifici che da soli non bastano. Mentre questo libro infatti parla esclusivamente di lezioni di vita e del giusto atteggiamento da tenere in ogni circostanza, *Intelligenza emotiva in azione* affronta invece dettagliatamente il tema degli stati d'animo. Assieme, queste due "pratiche" (lezioni di vita e atteggiamento da una parte, gestione degli stati d'animo dall'altra) possono farvi accedere a nuovi livelli di consapevolezza che non potreste raggiungerei con la pratica individuale dell'uno o dell'altro libro. In altri termini, l'insieme è maggiore della somma delle sue singole parti. Quindi anche se questo libro è completo in se stesso, vi suggerisco caldamente di praticarne gli insegnamenti assieme a quelli di *Intelligenza emotiva in azione*.

Come usare questo libro?

Potete leggere questo libro tutto in una volta e riflettere in modo particolare su quelle lezioni in particolare che hanno attratto la vostra attenzione. Se c'è qualcosa di specifico che vi ha incuriositi, concentratevi su quella lezione specifica o su un particolare aspetto di essa. Inoltre è sempre molto utile rileggere periodicamente il libro, perché a mano a mano che la vostra coscienza si espanderà, avrete accesso a nuovi significati e riceverete nuove intuizioni, mentre scorrerete le stesse pagine.

Se volete utilizzare un approccio un po' meno intuitivo e un po' più metodico, potete decidere di dedicare una settimana di pratica (o meglio ancora un mese) a ciascuna lezione. Quindi dopo aver letto il libro la prima volta, scegliete una lezione in particolare da mettere in pratica per i prossimi sette giorni (o per i prossimi trenta), e al termine di questo periodo passate a un'altra lezione o alla successiva. Per fare un lavoro ancora più accurato bisognerebbe concentrarsi su una lezione per almeno tre mesi e mezzo, in modo da dare al cervello la possibilità di iniziare a creare nuove sinapsi di pensiero e di comportamento. Ancora meglio sarebbe dedicarsi a una lezione per sei mesi di fila, perché così facendo avrete la quasi assoluta certezza di aver iniziato a creare nuove abitudini di pensiero e di comportamento.

A prescindere da quale approccio scegliate di seguire, ricordatevi che il vostro scopo deve essere quello di far diventare queste lezioni parti integranti della vostra esistenza quotidiana. L'obiettivo dunque non è praticare una lezione per una settimana o un mese (o sei mesi), ma farla diventare parte integrante del vostro stile di vita. Solo quando sarete riusciti a far diventare una lezione parte integrante della vostra identità e personalità allora potrete stare al sicuro, certi di non commettere più errori in futuro (anche se gli errori, purtroppo, si commettono sempre). Quindi a prescindere da come scegliate di agire, ricordatevi sempre che lo scopo della pratica è quella di creare cambiamenti di lungo periodo, in grado di accompagnarvi fino alla fine della vostra esistenza.

Italia,
anno 321 del Dwapara Yuga ascendente (29 novembre 2020 d.C.)

PARTE PRIMA

IL GIUSTO ATTEGGIAMENTO DI VITA

Vivere è molto più difficile di quello che può sembrare. Giocare con gli amici, andare a scuola, frequentare l'università, trovarsi un lavoro, sposarsi e costruirsi una famiglia, invecchiare dignitosamente e morire: non sembrerebbe esserci niente di strano nel lento susseguirsi delle stagioni della vita. Anzi per la maggior parte delle persone, il ciclo delle "stagioni" diventa proprio il manuale di vita che scandisce il ritmo della loro esistenza. Eppure le cose non vanno sempre come ci si aspetterebbe. In qualsiasi momento possono infatti succedere cose che ci mettono a dura prova, minando seriamente la fiducia in noi stessi e la nostra fede nell'esistenza di qualcosa più grande di noi. A volte si tratta di eventi fortuiti (come ad esempio un incidente stradale o un infortunio sul lavoro), altre volte di problemi di salute (fisica e psicologica), altre volte ancora di problemi relazionali (con il partner, i figli, i genitori o le altre persone in generale). In generale, comunque, sarete d'accordo con me nel sostenere che la vita, almeno sotto certi punti di vista, non è poi così bella come sembrerebbe essere. Se lo fosse, infatti, non ci sarebbero guerre, malattie, pestilenze e crisi economiche, e ogni popolo vivrebbe in armonia assieme a tutti gli altri in un clima di pace e prosperità perenni.

Anche se ci piacerebbe che la vita fosse veramente così, sappiamo purtroppo che la realtà dei fatti è molto diversa. Bisogna combattere giorno dopo giorno per sopravvivere in questo mondo imperfetto, perché se non ci diamo da fare noi, nessun altro lo farà al posto nostro. Dobbiamo continuamente monitorare la nostra salute, le nostre finanze e le nostre relazioni, per evitare che le diverse situazioni ci sfuggano di mano e si ritorcano contro di noi. Di epoca in epoca, periodicamente e immancabilmente, ogni generazione si trova ad affrontare le sue sfide. In questo particolare momento della storia la società occidentale è colpita da problemi economici e da ristrettezza finanziaria. Le persone "normali" fanno sempre più fatica ad arrivare alla fine del mese, perché gli stipendi sono sempre gli stessi ma le spese aumentano. I governi non si preoccupano più di tanto della situazione, dal momento che le persona che ne fanno parte generalmente guadagnano così tanti soldi che per loro sarebbe futile porsi anche solo il problema. Il potere e la ricchezza sono sempre più nella mani di poche persone, mentre il resto della popolazione lentamente si normalizza e si abitua a vivere in modo modesto e con mezzi limitati.

È giunto però il momento di avviare una seria riflessione sulla situazione sociale globale, chiedendoci se questo sia veramente il modo giusto di fare di cose. È possibile continuare a stimolare l'inflazione, in modo che i prezzi dei beni e dei servizi crescano sempre di più, mentre gli stipendi non aumentano proporzionalmente? È possibile continuare a far crescere l'economia all'infinito, in modo che i ricchi guadagnino sempre di più e gli altri sempre meno? Il modello del capitalismo ha fallito sotto molti punti di vista, perlomeno per la gente comune. È necessario creare un nuovo modello di economia che sia più sostenibile nel medio-lungo termine, nella quale il benessere sociale e la felicità personale siano messi al centro dell'attenzione. Per trovare le risposte che ci servono non è necessario andare per forza all'estremo opposto del modello capitalistico. Basterebbe usare l'intelligenza e il buonsenso e apportare a questo sistema le modifiche necessarie affinché esso possa funzionare e produrre buoni risultati su un orizzonte temporale di lungo termine.

Aumentare ogni anno i fatturati e gli introiti all'infinito non può essere la soluzione giusta. Se le persone guadagnano sempre di meno e spendono sempre di più, prima o poi non ci saranno più soldi da spendere e il modello capitalistico crollerà come un castello di sabbia. È una cosa che è già successa in molti settori, e che in parte è stata la causa alla base della crisi economica iniziata nel 2008. Nei decenni precedenti l'economia è cresciuta a dismisura fino ai nostri giorni, quando semplicemente è "scoppiata". Non avendo più la possibilità di crescere è stata costretta a ritirarsi su se stessa e a ripiegare. Recessione e deflazione sono state le conseguenze. Ciò che è peggio è che l'umanità non ha imparato quasi nulla da quello che è successo: come se nulla fosse accaduto, la vita è ricominciata esattamente come prima. L'economia non ha subito ripensamenti o innovazioni, anzi ha ricominciato a muoversi sugli stessi binari che l'hanno portata al crollo.

La sostenibilità è un concetto fondamentale per creare un nuovo modello non solo economico ma anche sociale, perché il denaro, alla fine, serve solo a concedersi il privilegio di poter vivere una vita dignitosa. Perché bisogna per forza sforzarsi di guadagnare il doppio, quando il nostro stipendio così com'è ci permette già di vivere dignitosamente? Perché invece non accontentarsi di vivere una vita dignitosa e concentrare invece la nostra attenzione sulle cose che contano veramente?

Sembra che tutte le persone che si avvicinano alla morte nutrano, in un modo o nell'altro, una qualche forma di risentimento verso se stesse per non essere riuscite a diventare più amorevoli, sagge e felici. In punto di morte nessuno pensa a quanti soldi in più avrebbe potuto guadagnare se solo si fosse concentrato di più sul lavoro. Al contrario, le persone in punto di morte si rammaricano per non essere riuscite a perdonare qualcuno che aveva fatto loro un torto un passato, o per non essere state all'altezza delle aspettative che i familiari nutrivano nei loro confronti. Alcuni si rammaricano di non essere riusciti a cambiare le loro cattive abitudini o di aver sprecato la vita inseguendo falsi piaceri. Nessuno rimpiange una promozione sul lavoro o un mancato aumento di stipendio, ma più o meno tutti, in qualche maniera, rimpiangono di non essere riusciti a sviluppare quelle qualità che ci caratterizzano come esseri umani: l'intelligenza, il buonsenso, la saggezza e la capacità di andare d'accordo con gli altri. Questo la dice lunga su quali siano in realtà le vere priorità degli esseri umani, e ci fa riflettere su quanto la nostra società si sia allontanata da questi ideali. Oggi i temi dell'armonia e del benessere sociale hanno lasciato il posto al consumismo più sfrenato, dove quello che si ha è sempre troppo poco e non basta mai.

Anche dal punto di vista sociale è necessario ripensare la società moderna, ristabilendo le giuste priorità. Come nel caso dell'economia, non si tratta di abbandonare tutti i nostri beni e andare a vivere in campagna, ricominciando a coltivare la terra come si faceva una volta (anche se questa tendenza sta gradualmente ritornando *in auge*). Basta modificare il proprio stile di vita e le proprie priorità, riadattandole. Il risultato sarà una riscoperta dei valori dell'amicizia e della comunione sociale, che si stanno invece gradualmente affievolendo sempre di più.

Accanto a queste due grandi sfide, la sostenibilità economica e il benessere sociale, si aggiungono una quantità considerevole di altri problemi. La salute, il benessere emotivo e i rapporti familiari sono solo alcuni di essi. Esistono talmente tante altre sfide che elencarle tutte sarebbe semplicemente impossibile. Come riuscire a far fronte a tutto questo? Come riuscire a tenere a bada gli innumerevoli problemi che immancabilmente sorgono nella nostra vita di tutti i giorni? Come affrontare con successo le sfide che la vita ci mette davanti, molte delle quali addirittura sembrano essere più grandi di noi? La soluzione è una sola: dobbiamo assumere il giusto atteggiamento. E che cos'è il giusto atteggiamento di vita? È quell'atteggiamento che ci spinge a tirarci su le maniche e a darci da fare per affrontare con coraggio le nostre sfide senza mai darci per vinti. Non si tratta di un comportamento isolato e fine a se stesso da mettere in atto, ma di un atteggiamento di vita che dobbiamo sviluppare e portare con noi mentre affrontiamo con fede le varie vicissitudini dell'esistenza.

Se siete già dotati di questo atteggiamento combattivo, meglio per voi. In caso contrario datevi subito da fare per svilupparlo. Avere il giusto atteggiamento di vita, infatti, è qualcosa che si può facilmente imparare con la pratica. Più vi sforzerete di comportarvi e di agire in questa direzione, più rafforzerete il vostro atteggiamento, che è qualcosa che va oltre il comportamento e l'azione, perché questi ultimi dipendono da esso. Un atteggiamento troppo accondiscendente produrrà azioni e comportamenti inadeguati (ossia troppo "morbidi"), così come un atteggiamento troppo autoritario produrrà azioni e comportamenti altrettanto inadeguati (ossia, in questo caso, troppo "duri"). Ma se svilupperete il giusto atteggiamento di vita, niente e nessuno potrà più fermarvi. Imparerete a raggiungere i vostri obiettivi superando uno alla volta tutti gli ostacoli che troverete lungo il cammino. Le cadute e i fallimenti personali non hanno importanza, perché è proprio attraverso quelle lezioni che si cresce e si diventa persone migliori.

Successo e fallimento

Prima di spiegare in dettaglio cosa sia esattamente il giusto atteggiamento di vita, è necessario capire che cosa si intenda con i termini *successo* e *fallimento*. Abitualmente avere successo significa riuscire a raggiungere i propri obiettivi e trasformare i propri sogni in realtà, mentre fallire significa non riuscire a farlo. Queste definizioni, sicuramente valide, non sono tuttavia complete. Per me, ad esempio, fallire non significa *non raggiungere i propri obiettivi*, ma rassegnarsi alla sconfitta. In altre parole posso fallire solo quando non riesco a raggiungere i miei obiettivi *e* allo stesso tempo lo accetto senza fare nulla per cambiare la situazione. Accettare passivamente la realtà dei fatti, per quanto chiara e inattaccabile possa essere, non è particolarmente utile per il nostro sviluppo personale. E lo dice una persona che è sempre stata molto onesta con se stessa e non ha mai cercato di trasformare una sconfitta in una vittoria. Quando fallivo ero il primo a rendermene conto e ad ammetterlo. A differenza di molti altri, però, la cosa non mi dava fastidio e non mi provocava alcun contraccolpo psicologico: mi bastava avere la coscienza a posto e sapere di aver fatto tutto il possibile per cercare di raggiungere i miei obiettivi. Anche se restavo comunque deluso per il mancato buon esito finale, ero sempre in pace con me stesso.

Presto mi resi conto, tuttavia, che essere a posto con la mia coscienza non era abbastanza. Fu così che iniziai a imparare dai miei sbagli (anche se non sempre i nostri fallimenti sono imputabili a errori da parte nostra). Quando fallivo mi chiedevo sempre: "Anche se ho fallito, cosa ho potuto imparare da questa situazione? Cosa mi ha insegnato la vita?". Iniziai a pormi queste domande praticamente in tutte le circostanze, addirittura persino quando le cose andavano bene. Così facendo iniziai a scoprire l'immensa potenzialità che si nasconde dietro il cosiddetto *fallimento*. Ogni volta che cercavo qualcosa da imparare, la trovavo sempre. Nella maggior parte dei casi, infatti, ciò che scoprivo non era circoscrivibile solo a quella specifica situazione per la quale mi ero posto la domanda, ma era qualcosa che poteva essere generalizzato a ogni altro aspetto della vita.

Ad esempio, se giocando a calcio il mio attaccante sfuggiva alla marcatura e segnava un gol, cercavo di capire in che modo avrei potuto evitarlo la prossima volta. Sbagliare è normale ma perseverare nell'errore è folle. Poi mi chiedevo se quell'episodio avrebbe potuto tornarmi utile anche in qualche altro campo della vita, ad esempio nel lavoro, nelle relazioni sociali o in famiglia. Nella maggior parte dei casi la risposta era positiva. Se invece la lezione che avevo imparato sul campo da calcio non era qualcosa che poteva essere "esportato" anche in altri ambiti dell'esistenza, avevo comunque imparato qualcosa di nuovo in quello specifico contesto di riferimento (l'attività sportiva in questo caso).

Il solo fatto di imparare qualcosa dai nostri fallimenti è sufficiente per smettere di considerarli come tali. In altre parole, finché continuerete a imparare dai vostri errori non potrete fallire. A volte non riuscirete a raggiungere i vostri obiettivi, questo sì, ma se imparerete sempre qualcosa di utile dalla situazione sarete comunque vincitori (anche se non nel senso tradizionale del termine).

Questo atteggiamento mi ha permesso di accelerare il mio percorso di crescita facendomi maturare in fretta. Sotto questo punto di vista devo molto al calcio, perché mi ha praticamente insegnato tutto quello che so. Per questo lo sport è davvero una meravigliosa metafora di vita, perché non si limita a insegnarci a colpire un pallone o a fare canestro, ma ci insegna anche a come affrontare i colpi bassi dell'esistenza, a come andare d'accordo con le persone che fanno parte della nostra famiglia, a come gestire i momenti positivi di euforia e così via. Col tempo ho imparato a non generalizzare troppo, perché quello che succede in un ambito della nostra esistenza, ad esempio nello sport, non sempre può trovare una corrispondente applicazione in altri ambiti della vita (come ad esempio nelle relazioni sociali). Quindi come in tutte le cose è necessario usare il buonsenso. Chiedetevi sempre se ciò che avete imparato in uno specifico contesto possa essere in qualche modo applicabile anche in altri ambiti e situazioni, e se così è tenetelo presente. L'importante è non esagerare ed essere equilibrati nel fare le proprie analisi e considerazioni, altrimenti si corre seriamente il rischio di diventare fanatici.

Dopo aver analizzato il significato del termine *fallimento*, cosa significa dunque avere successo? Non vuol dire solo riuscire a raggiungere i risultati desiderati, ma anche imparare dai propri errori. Sotto un certo punto di vista, dunque, sarete uomini e donne di successo se continuerete a imparare dai vostri errori *nonostante* i vostri fallimenti. Ritengo che questa nuova definizione di successo sia molto più completa di quella tradizionalmente accettata, perché include non solo le nostre effettive capacità (quelle già presenti dentro di noi), ma anche quelle che dobbiamo ancora iniziare a sviluppare. Nessuno è perfetto e nessuno possiede già dentro di sé tutte le conoscenze e le capacità necessarie per riuscire in ogni ambito della vita. Al contrario impariamo a sviluppare le qualità e le capacità che ancora non abbiamo fatto nostre proprio attraverso il fallimento e la successiva acquisizione di nuove informazioni. Quando falliamo nei nostri intenti è sempre perché ci è mancato qualcosa. Può trattarsi di una competenza, di una capacità o di una qualità, ma si tratta sempre di qualcosa che avremmo dovuto possedere e che invece non avevamo. La strada verso il successo passa dunque attraverso l'acquisizione di quella specifica capacità, competenza o qualità. Non sempre ciò basterà per riuscire a raggiungere i nostri obiettivi in futuro, ma sicuramente ci farà diventare persone migliori e più complete sotto molti punti di vista.

L'atteggiamento del "guerriero spirituale"

Ora che abbiamo dato un significato appropriato ai termini *successo* e *fallimento*, resta da comprendere quale sia il giusto atteggiamento da assumere per affrontare la vita. Nei paragrafi precedenti lo abbiamo definito come quell'atteggiamento che ci spinge a tirarci su le maniche e a darci da fare per affrontare con coraggio le nostre sfide senza mai darci per vinti. Io lo chiamo *"l'atteggiamento del guerriero spirituale"*, perché sintetizza in modo perfetto la logica che sta alla base del concetto che voglio esprimere.

Dobbiamo essere guerrieri perché altrimenti la vita ci colpirà a morte, lasciandoci esanimi. Se siamo dei guerrieri, invece, possiamo rispondere colpo su colpo. Questo non vuol dire che se la vita è dura per noi, anche noi dobbiamo essere duri con essa. Non è questo il massaggio che sto cercando di trasmettere. Ciò che intendo dire è che dobbiamo sviluppare la capacità di resistere con coraggio ai colpi bassi della vita senza farci travolgere dal dolore, dallo sconforto o dalla paura. Il coraggio è una delle principali caratteristiche di un guerriero. Non è che il guerriero non ha paura: semplicemente egli non ha paura della paura che sente dentro di sé. In altre parole, anche se egli prova la stessa paura che sentono tutti, non si lascia mai sopraffare da essa. Al contrario trova dentro di sé la forza per dominarla e usarla per i propri scopi (o, nella peggiore delle ipotesi, per conviverci armoniosamente, quando non è possibile fare altrimenti).

Quindi il guerriero è una persona normale che prova le stesse emozioni e gli stessi sentimenti di tutti gli altri. Anche lui ha i suoi punti deboli, difetti e momenti di debolezza. Quando la vita decide di accanirsi su di lui, lo fa nello stesso identico modo in cui lo fa con tutti gli altri. Anche lui soffre e subisce delle perdite. Sotto questo punto di vista, la vita tratta tutti nello stesso modo. Ciò che fa la differenza tra una persona normale e un guerriero spirituale è che quest'ultimo si rifiuta di accettare come definitivi i risultati che la vita decreta attraverso le sue sentenze, e agisce attivamente con tutte le sue forze per cambiare la situazione, qualsiasi essa sia.

Non si tratta di fare gli eroi o i presuntuosi. Ci sono situazioni nelle quali, onestamente, risulta difficile trovare dentro di sé la forza per reagire. Tuttavia, anche in questi casi, c'è sempre qualcosa che il guerriero interiore, presente dentro ognuno di noi, può fare per cambiare o migliorare (anche se solo parzialmente) la situazione. Nella peggiore dei casi il guerriero può almeno cambiare la percezione degli eventi che gli sono capitati, in modo da ricontestualizzarli alla luce di una nuova e migliore (ossia più saggia) prospettiva, imparando qualcosa da essi.

Fatta eccezione per alcuni casi rari, in generale abbiamo sempre la possibilità di fare qualcosa di concreto e tangibile per cambiare la situazione. Se perdiamo il lavoro, ad esempio, possiamo sempre cercarne uno nuovo o addirittura metterci in proprio. Se nostra moglie ci lascia possiamo sempre coltivare dentro di voi la speranza di trovare qualche altra persona con cui condividere la nostra vita. Se siamo infelici, possiamo cercare la felicità. Persino se siamo malati possiamo riacquistare la salute, se ci impegniamo a farlo e ci affidiamo alle persone giuste. Perché dovremmo rinunciare a combattere per la nostra salute, la felicità o il nostro benessere? Sarebbe sciocco accettare il verdetto che la vita ha sentenziato per noi. A livello karmico sicuramente ci sono dei buoni motivi per giustificare tutto quello che è accaduto, ma questa non è comunque una buona scusa per accettare passivamente la situazione e rifiutare il guanto della sfida. Tutti abbiamo vissute altre vite nelle quali, in un modo o nell'altro, abbiamo commesso una quantità illimitata di misfatti. Tutti abbiamo sbagliato qualcosa in passato, nessuno è esente. Di conseguenza, un giorno o l'altro, la legge del karma inevitabilmente si abbatterà su di noi per restituirci gli effetti delle azioni che abbiamo posto in essere in un lontano o vicino passato. Quando il boomerang delle nostre azioni sbagliate ci tornerà indietro, dovremo avere il coraggio di affrontarlo e sconfiggerlo. Non sempre è possibile modificare la sua traiettoria in modo che non ci colpisca, ma anche se non ci riuscissimo, è sempre possibile imparare qualcosa dalla situazione, in maniera da non commettere mai più gli stessi errori in futuro. L'atteggiamento del guerriero spirituale non vuole essere un monito a coltivare la presunzione di poter manipolare il destino a propria volontà, ma vuole essere uno stimolo ad auto-migliorarsi affinché ci si possa avvicinare sempre di più al proprio più alto potenziale, la migliore versione di se stessi.

Limitarsi a combattere questa giusta "guerra interiore" (materiale o psicologica che sia) con noi stessi, però, non è abbastanza. Sono anche necessari altri ingredienti, come ad esempio il buonsenso e la ragionevolezza. Cercare di vendicare i torti e le offese subite, magari nei confronti delle stesse persone che ce le hanno causate, è un classico esempio di come non ci si debba comportare. Affinché la guerra interiore sia utile, essa deve essere "spiritualizzata". Per esserlo è sufficiente che essa non sia rivolta verso qualche persona o qualche situazione specifica, ma verso le nostre stesse debolezze interiori che hanno permesso a una persona o a una specifica situazione di ferirci o colpirci. In altre parole gli eventi traumatici esteriori (incluse le persone che li hanno generati) non sono altro che strumenti di cui la vita si serve per farci imparare le nostre lezioni e per spingerci sul nostro sentiero di vita. Che senso ha prendere le cose sul personale quando a orchestrare ogni cosa c'è la legge del karma? Essa è completamente impersonale e neutrale, non concede né chiede favori a nessuno. Tutto quello che ci succede deve dunque diventare un modo per fare un po' di introspezione e trovare dentro di noi le risposte e le soluzioni che cerchiamo. Essere spirituali dunque non vuol dire coltivare poteri mistici o pregare quindici ore al giorno, ma sviluppare la capacità di non prendere le cose sul personale e di vedere i problemi e le difficoltà come opportunità (a volte dure da accettare) per crescere, migliorare ed evolversi.

Essere in pace con la propria coscienza

Un'altra caratteristica che contraddistingue il guerriero spirituale è la ferma determinazione di essere in pace con la propria coscienza. Nel corso della vita possono nascere situazioni in cui potremmo essere tentati di fare qualcosa contro i nostri stessi principi. Un vero guerriero sa resistere alle tentazioni delle lusinghe non giustificate e andare avanti per la propria strada con coraggio. Costruirsi la fortuna attraverso la corruzione, la raccomandazione o l'illegalità, ad esempio, è profondamente sbagliato. Non c'è niente di male nel sfruttare un colpo di fortuna o nel cogliere al volo un'opportunità, se questa si presenta spontaneamente e in modo onesto. Le coincidenze infatti hanno proprio lo scopo di condurci verso il nostro cammino di vita e sono dunque una parte importante della nostra vita. Quando però la fortuna si costruisce su condotte immorali e comportamenti sbagliati, allora cessa di essere desiderabile. In questi casi è meglio lasciare tutto e andarcene per la nostra strada, sia perché c'è il rischio di finire in contesti e ambienti sociali poco desiderabili, sia perché (grazie la legge del karma) abbiamo comunque la certezza che, un giorno futuro più o meno lontano, dovremo pagare sulla nostra pelle le conseguenze delle nostre decisioni.

Un vero guerriero dunque non scende mai a compromessi con se stesso per raggiungere i suoi obiettivi. *Integrità* è una parola chiave per lui. Egli sa, dentro si sé, che tutto ciò a cui rinuncerà per restare fedele a se stesso, gli verrà restituito dalla vita stessa in quantità cento volte maggiore, prima o poi. Egli non confonde mai il successo personale interiore con quello esteriore: quest'ultimo non gli interessa minimamente. Non bramando il successo agli occhi degli altri, non è disposto a scendere a compromessi con se stesso per raggiungerlo. La sua saggezza lo spinge invece a ricercare dolcemente solo il successo interiore, che a differenza di quello esteriore produce risultati duraturi e sicuri. Questo tipo di successo non può essere visto dall'esterno ma può essere percepito solo interiormente attraverso piacevolissime sensazioni interiori di felicità, pace e soddisfazione (solo per citarne alcune). Questo è il motivo per il quale un vero guerriero spirituale si impegna con tutto se stesso a raggiungere i suoi obiettivi, ma non è disposto a scendere a compromessi con se stesso per riuscirci. Sa che il modo in cui trasformerà i suoi sogni in realtà è altrettanto importante del raggiungimento degli obiettivi stessi, e non è disposto a prendere facili scorciatoie per risparmiare tempo, denaro e fatica. Un vero guerriero è un uomo d'onore del più alto livello, uno di cui ci si può fidare al 100% e al quale potremo mettere in mano la nostra stessa vita, nella certezza che non ci sarebbe nessuno di migliore. Un vero guerriero spirituale (pur non essendo perfetto) mantiene sempre la sua parola, è affidabile e non tradisce mai la fiducia che gli è stata accordata.

Anche un guerriero ha i suoi momenti di debolezza

Pur essendo un esempio e un modello di riferimento per tutti, anche un guerriero spirituale può avere i suoi momenti di debolezza. Un guerriero non tradirebbe mai la fiducia degli altri, ma quando gli altri non sono coinvolti, ossia quando la questione riguarda esclusivamente se stesso, la sfida diventa difficile anche per lui. Ancora una volta, egli è in tutto e per tutto come gli altri e non fa eccezione sotto nessun punto di vista. Molte cattive abitudini sorgono infatti in questo terreno fertile, quando le loro conseguenze negative hanno le potenzialità di impattare solo sulla nostra vita e non su quella degli altri. È in queste situazioni, dove gli altri non sono coinvolti, che diventa difficile restare fedeli a se stessi. Dopotutto è facile comportarsi bene in mezzo alla gente, quando tutti possono vederti e giudicarti. Più difficile è invece agire in modo responsabile tra le pieghe della propria quotidianità, addentrandosi nei territori oscuri delle proprie debolezze interiori. Generalmente queste si nascondono in profondità e solo raramente escono allo scoperto. Quando ciò accade e la situazione diventa di pubblico dominio, la notizia diventa uno scandalo e il povero malcapitato diviene nella migliore delle ipotesi un ipocrita (nella peggiore, invece, diventa un bugiardo e un disonesto). Quindi la parte più difficile della battaglia interiore che si combatte nella vita è proprio quella che riguarda le nostre più sedimentate debolezze interiori, di cui gli altri, generalmente, non sanno nulla o quasi.

In questa vita molti non arriveranno mai nemmeno a scoprire quali siano le loro più profonde debolezze. Ma se avrete la fortuna di scoprirle, o lo avete già fatto, ricordatevi che siete arrivati alla resa dei conti. Per voi inizia la sfida più difficile di tutte: raggiungere la perfezione. Sarà una battaglia epica, qualcosa che resterà per sempre scolpito nella memoria delle vostre incarnazioni passate, la "battaglia delle battaglie". Dunque, se dovesse succedervi o se sta già succedendo, sappiate che tradire voi stessi significa tradire la fiducia di Dio stesso. Sotto molti punti di vista sarebbe preferibile tradire la fiducia degli altri, piuttosto che quella di Dio. Tuttavia, a un certo punto del suo percorso di evoluzione, l'anima arriva a una tappa nella quale ha padroneggiato (almeno parzialmente) la maestria nell'arte di non tradire la fiducia degli altri, mentre le risulta difficile non riuscire a tradire a se stessa (ovvero non capitolare sotto il peso delle cattive abitudini personali). Questo momento è parte della vita così come il tramonto è parte del cammino del Sole nel firmamento. Accettatevi con le vostre debolezze e sforzatevi sempre più duramente di vincere la vostra battaglia, perché se ci riuscirete le vostre ricompense saranno incommensurabili (e non si perderanno al calare della luce del giorno di questa specifica incarnazione). In questa fase non siate troppo duri con voi stessi e imparate a essere flessibili, perché la battaglia per raggiungere la perfezione sarà la più dura e cruenta che abbiate mai avuto il privilegio di combattere. Ciononostante sentitevi fortunati per aver avuto il privilegio di essere stati convocati sul campo di battaglia dalla stessa vita, perché è un segno del grande merito acquisito nel corso di innumerevoli vite passate. Non scoraggiatevi se perderete molte battaglie, perché la vittoria avrà un sapore ancora più dolce, quando arriverà. Quindi non dimenticatevi mai di ricordare che alla fine siete sempre un'anima invincibile, e non scordatevi mai di onorare sempre il vostro guerriero interiore, perché dentro di voi avete le chiavi che vi permetteranno di accedere al regno della beatitudine infinita.

Concentrarsi sugli aspetti positivi

Per tutti coloro che invece sono ancora impegnati a combattere con le battaglie tipiche della vita di tutti i giorni (ovvero chi non sta ancora affrontando la battaglia per raggiungere la perfezione), resta da chiarire un ultimo importante elemento, che di per sé può fare la differenza tra la vittoria e la sconfitta. In effetti possiamo combattere e dare tutto noi stessi, ma se nel farlo ci concentriamo sulle cose sbagliate, non otterremo mai le vittorie che desideriamo. Potremo anche vincere qualche battaglia, ma perderemo la guerra. Quindi la strategia è altrettanto importante dell'atteggiamento combattivo. È un po' come se cercassimo di aprirci un varco nel muro cercando di buttarlo giù a forza di pugni, mentre pochi metri più in là c'è una porta che comunica con il locale a fianco. Allo stesso modo anche la battaglia della vita deve essere affrontata nella giusta prospettiva, se vogliamo che ci torni utile. Concentrarsi sulle cose negative, sulle sconfitte e sulle difficoltà, ad esempio, è sbagliato. Al contrario, concentrarsi sugli aspetti positivi di una situazione (a prescindere da quanto pochi sembrino essere, o da quanto irrealizzabili possano sembrare a prima vista), e far leva sulle speranze di vittorie e sulle proprie risorse e disponibilità, è invece il modo corretto di affrontare una battaglia. È un po' come scendere in campo (nell'ambito sportivo) con la convinzione di poter vincere la partita, invece che con la certezza di perderla.

Nella mia limitata carriera calcistica, se così la si può chiamare, ho avuto la fortuna di fare una gamma alquanto eterogenea di esperienze: a volte ho giocato per vincere il campionato e a volte per non retrocedere. A prescindere dagli obiettivi della squadra nella quale giocavo, e dalla categoria di riferimento, non sono mai andato in campo per perdere la partita, nemmeno una volta. Non voglio passare per presuntuoso o arrogante: non ho neanche mai avuto il pensiero di aver già vinto la partita prima ancora di giocarla. Semplicemente andavo in campo convinto di fare del mio meglio per conquistare la vittoria. A volte ci riuscivo e altre no, ma non dipendeva solo da me (visto che il calcio è uno sport di squadra). Anch'io tuttavia ho commesso i miei errori, ma anche in quelle circostanze ho comunque continuato a imparare da essi, in modo da non ripeterli più in futuro. Non mi chiedevo se avrei vinto o perso perché in realtà il risultato non mi interessava: l'unica cosa che mi importava veramente era dare tutto me stesso e fare del mio meglio per vincere.

Questi due elementi sono fondamentali anche nella battaglia della vita. Dare tutto se stessi significa non risparmiarsi e non concedersi privilegi che invece non ci spettano; in altre parole significa lavorare duro. In quasi trent'anni di calcio ho saltato appena qualche allenamento, e sempre per buoni motivi. Non serve a nulla infatti dare tutto se stessi nella partita della domenica, e poi magari saltare gli allenamenti. È come se un prestigiatore volesse imparare i trucchi semplicemente eseguendoli nello spettacolo finale, senza prima essersi adeguatamente preparato durante le prove. La stessa cosa vale per la vita: non ha senso impegnarsi un giorno alla settimana e fregarsene per il resto dei giorni[2]. Al contrario la vita ci chiede di impegnarci quotidianamente giorno dopo giorno, dando il massimo di noi stessi senza farci troppe domande o senza pensarci su troppo. Non dobbiamo chiederci se saremo in grado di vincere la battaglia che combatteremo oggi, ma concentrarci solo sul combatterla al massimo delle nostre capacità, perché il risultato (per la legge di causa-effetto) verrà di conseguenza.

Il secondo ingrediente di una buona prestazione (e quindi anche di una buona battaglia psicologica) è la concentrazione sull'obiettivo, ossia la vittoria. Affrontare una battaglia con l'idea di essere già spacciati è come andare al massacro. Al contrario, sapere di poterci giocare le nostre *chance* ci dà grande forza e motivazione, e ci stimola a superare continuamente i nostri limiti. La direzione in cui concentreremo la nostra attenzione non determinerà con certezza l'esito della nostra battaglia, ma ci farà accedere alle risorse che sono congruenti con la nostra intenzione. Se dunque affrontiamo le sfide della vita con la convinzione di non avere grandi possibilità di vittoria, meglio se accettiamo la sconfitta e rinunciamo a combattere sin da subito, così risparmieremo tempo e fatica. Se invece affrontiamo le sfide della vita con la consapevolezza che per quanto difficili possano sembrare, comunque riusciremo a venirne a capo, se ci impegniamo veramente e

---

[2] Lo stesso principio si applica alla spiritualità. Molti credono erroneamente che partecipare a una funzione religiosa alla domenica mattina è sufficiente per attirare l'attenzione di Dio. Purtroppo non è così, perché per attirare la grazia di Dio bisogna anche sforzarsi di vivere nella propria quotidianità gli insegnamenti che si apprendono alla funzione religiosa della domenica mattina. Ancora meglio sarebbe poter celebrare ogni giorno, una volta alla mattina e una volta alla sera, la "cerimonia interiore" della meditazione scientifica, il modo più veloce ed efficace per accelerare la propria evoluzione spirituale.

ci diamo da fare per superarle, allora avremo l'opportunità di accedere a tutte quelle risorse (già presenti dentro di noi) che ci aiuteranno a riuscire nei nostri sforzi. Questo non vuol dire che vinceremo di sicuro, ma che perlomeno venderemo cara la pelle. La sconfitta di una battaglia diventa dunque lo stimolo per vincere la successiva.

In ogni caso, a prescindere da quante battaglie perderemo, dobbiamo sempre ricordarci che la vittoria della guerra è assicurata, se non smetteremo di combattere. Se ogni volta che cadremo troveremo la forza per rialzarci, imparando dai nostri errori passati, presto o tardi troveremo il modo per vincere. Inizieremo a vincere qualche battaglia qua e là, aumentando gradualmente le nostre vittorie con il tempo e l'esperienza, fino a quando non riusciremo a vincere la guerra. La durata di questo processo dipende dal tipo di guerra nella quale siamo coinvolti, dentro e fuori di noi (metaforicamente parlando, ovviamente). È proprio questo il sentiero del vero guerriero spirituale. Per quante sconfitte possa subire o per quante delusioni possa provare, un vero guerriero spirituale si rialza sempre. Sia che si tratti di una battaglia che si gioca sul terreno della vita quotidiana o che si tratti di una battaglia psicologica contro le proprie debolezze interiori, l'atteggiamento corretto è sempre quello di combattere e impegnarsi per riuscire nei propri sforzi e conseguire la vittoria. Non ci sono alternative né piani B, l'unica cosa che conta veramente è concentrare gli sforzi sulle possibilità di vittoria.

La cosa può sembrare particolarmente difficile quando le probabilità di vittoria sembrano essere ridotte al lumicino. Anche in questi casi, tuttavia, è sciocco concentrarsi sui probabili esiti negativi: non è forse meglio fare del nostro meglio, per quanto poco possa essere, per cambiare la situazione almeno un po'? Io stesso mi sono trovato molte volte nella situazione di essere davanti a un muro insormontabile. Sapevo che sarebbe stato quasi impossibile riuscire a scavalcarlo, perlomeno in quel particolare frangente della mia vita. Ciononostante ho comunque dato battaglia e ho fatto tutto ciò che era in mio potere per riuscire a farlo. Alcune volte non ci sono riuscito e altre invece sì. In certe occasioni, infatti, la somma degli sforzi compiuti in occasioni simili capitate precedentemente ha il potere di mettere in moto cambiamenti così importanti che l'intera situazione, apparentemente irrisolvibile, inizia a modificarsi.

È sempre una buona cosa evitare di misurare il proprio successo dai risultati che si ottengono, perché molto spesso questi sono ingannevoli. Possiamo dare centinaia di migliaia di martellate a una pietra, senza però scalfirla minimamente. Poi, stanchi e sfiniti, cediamo il martello alla prima persona che troviamo in fianco a noi, che si limita a dare una sola semplice martellata e spacca la pietra a metà. Anche se questa persona ha rotto la pietra, il merito è tutto nostro perché se non avessimo dato centinaia di migliaia di martellate, la pietra non si sarebbe rotta. Quindi non dobbiamo mai commettere l'errore di credere che gli sforzi che abbiamo compiuto siano stati vani solo per il fatto che non hanno generato l'esito sperato: non possiamo sapere, a livello karmico, che tipo di energie abbiamo messo in moto con i nostri comportamenti. Seguendo i suggerimenti dati in questo libro si possono mettere in moto solo ed elusivamente energie positive, che prima o poi produrranno i benefici sperati. Molto spesso ciò accade quando meno ce lo aspettiamo, o quando non abbiamo più alcun bisogno di quel particolare risultato.

Ci sono infatti molti altri fattori e aspetti che coinvolgono il processo della manifestazione, e in queste poche pagine mi sto semplicemente limitando a presentarne velocemente alcuni, tralasciando tutti gli altri. Non c'è il tempo per trattare esaustivamente tutti gli elementi fondamentali che hanno a che fare con la vita nella sua interezza: quello che posso fare è trattarli uno alla volta, in modo più completo ed esaustivo possibile. Nel mio precedente libro *Intelligenza emotiva in azione* ho affrontato il tema degli stati d'animo, in questo libro invece sto affrontando il tema del giusto atteggiamento da tenere e delle lezioni di vita da imparare. Altri libri futuri affronteranno altri temi altrettanto importanti di questi. Quindi non è che questo libro contiene il *Sacro Graal* del cambiamento personale; al contrario vuole essere solo uno stimolo a dare il meglio di sé. Cercate dunque di applicare il buonsenso e la moderazione a tutto quello che dico, combinando le informazioni che vi vengono date con il resto dei pezzi del puzzle della vostra vita.

Speranza

Alcune volte la speranza è l'unica cosa su cui possiamo veramente contare. È essa che ci spinge a rimboccarci le maniche per affrontare a faccia a faccia le sfide della vita, siano esse fisiche, psicologiche o spirituali. Senza di essa non potremmo trovare la forza di rialzarci e combattere, per tentare nuovamente di portare a casa una vittoria che al momento sembra impossibile da raggiungere. La speranza è dunque un aspetto importante del carattere di ogni vero guerriero spirituale, perché gli permette di trovare sempre nuovi stimoli per rialzarsi e ricominciare a lottare.

Diversamente dalla maggior parte delle persone, tuttavia, un vero guerriero non ripone le sue speranze nelle mani delle altre persone, ma in Dio e nella vita stessa. Un guerriero spirituale conosce le leggi spirituali che regolamentano la Creazione (come ad esempio la legge di causa-effetto), e sa che sono infallibili nello stesso modo in cui lo sono le leggi che regolano la materia fisica (come ad esempio la legge di gravità). Egli non nutre particolare fiducia nelle persone o nel genere umano, dal momento che questi hanno ripetutamente tradito la sua fiducia. Egli ripone invece tutte le sue aspettative in quelle leggi stesse che regolano il funzionamento dell'Universo, perché sa che sono infallibili. Per questo motivo un guerriero non si dà mai per vinto, quando le circostanze della vita non vogliono dargli ciò che gli spetta. Innanzitutto egli si chiede sinceramente se stia commettendo degli errori o se ci sia qualche valido motivo per il quale la vita non sembra volergli dare ciò che vorrebbe. Se scopre qualcosa di utile che può aiutarlo a dirigere con maggior efficacia i suoi sforzi nella direzione giusta per lui, presterà ascolto a quanto suggerito dalla voce interiore della sua coscienza e agirà di conseguenza. Potrebbe persino rinunciare a realizzare i propri sogni e desideri, se capisse che questi non sono più meritevoli di essere perseguiti per qualche motivo spirituale. Ma se non riesce a trovare niente di sbagliato in quello che chiede, egli riprende immediatamente la battaglia con rinnovato entusiasmo e fiducia, perché sa che la vita sta mettendo alla prova la sua tenacia e la sua determinazione a osare per rivendicare ciò che gli spetta.

Risorse e potenzialità

Il giusto atteggiamento mentale e la fiducia verso Dio e le leggi della creazione risvegliano dentro il guerriero spirituale le risorse necessarie per vincere le battaglie che gli si pongono davanti. In altre parole il giusto atteggiamento mentale nei confronti della vita ci permetterà di accendere l'esistenza con il fuoco sacro delle nostre potenzialità più nascoste, che nemmeno pensiamo di avere. È per questo motivo che molto spesso, quando vengono messe alle strette, le persone riescono a fare cose che altrimenti non troverebbero mai la forza di fare. Alcune persone sono riuscite addirittura a capovolgere un'automobile, per portare in salvo i loro cari intrappolati al suo interno. Ho sentito storie che lasciano davvero senza fiato. Possibile che una persona riesca a fare cose del genere? La realtà dei fatti ci dice che *sì, è possibile*. L'unica condizione per riuscirci è entrare nel giusto stato d'animo che ci faccia accedere alle necessarie risorse e potenzialità. Il fatto che sia una cosa inusuale o poco frequente non significa che non sia possibile; al contrario potremmo invece concludere che se ce l'ha fatta una persona, allora possono farcela tutti. Tutti coloro che hanno compiuto imprese incredibili (molte delle quali sfidano persino le logiche conclusioni a cui è giunto l'intero mondo accademico della scienza), ci sono riusciti senza farsi troppe domande e senza neanche sapere come farcela. Semplicemente sapevano che avevano bisogno di sollevare una macchina con le proprie mani, se volevano salvare i loro cari. Così si sono messe al lavoro senza chiedersi troppo come fare.

Tra tutti gli ingredienti che compongono il prelibato piatto della vita, l'atteggiamento è la cosa più importante perché ci fa accedere alle corrispondenti risorse e potenzialità. Se affrontiamo la vita come pecore non possiamo aspettarci di realizzare grandi cose. Come le pecore saremo destinati a inseguire i sogni degli altri e a conseguire gli ideali che altri hanno scelto per noi. Al contrario se scegliamo di vivere come leoni avremo accesso a una gamma di risorse e potenzialità molto diverse, che ci permetteranno di realizzare i nostri sogni e perseguire i *nostri* ideali.

Sotto questo punto di vista, l'atteggiamento del guerriero spirituale descritto fino a questo momento rappresenta il miglior biglietto da visita da presentare alla vita. Esso vi farà accedere a tutte le risorse e le potenzialità di cui avrete bisogno per affrontare con successo le sfide dell'esistenza. Perché anche se è ragionevole sperare di vivere una vita sana, felice e prospera, non è detto che le cose vadano poi esattamente così nella realtà. Spesso e volentieri la vita è dura e ci costringe a lottare per la salute, la felicità e il benessere (emotivo, sociale ed economico). Sapere in che modo affrontare queste situazioni è di fondamentale importanza perché fa la differenza tra vincere o perdere. L'atteggiamento del guerriero spirituale, in altre parole, sintetizza tutte le migliori qualità di cui potreste aver bisogno nel caso in cui la vita stessa vi prenda di mira e vi metta alla prova. Vorrei potervi dire che non accadrà mai, ma la realtà dei fatti ci insegna che prima o poi i momenti bui arrivano per tutti. Ma quando ciò accadrà, voi saprete esattamente come comportarvi perché avrete letto questo libro e avrete assimilato con ogni cellula del vostro corpo l'importanza di assumere l'atteggiamento corretto per combattere e vincere le vostre sfide. Se invece la vita si è già accanita contro di voi, allora a maggior ragione avete tra le mani il libro giusto. Rileggete questa prima parte ogni volta che ne sentite il bisogno, perché vi darà la motivazione e gli stimoli per accendere dentro di voi il fuoco del desiderio di dare battaglia psicologica contro le avversità.

Un guerriero spirituale in sintesi: non mollare mai

Personalmente credo di essere stato molto fortunato, perché ho imparato presto che la vita non è sempre *"rose e fiori"*. Questo perché appartengo alla casta degli *kshatriya*, che comprende i governatori e i guerrieri. Chi nasce come guerriero è costantemente stimolato a combattere le battaglie che si rendono necessarie per la sua personale evoluzione, sia che si tratti di battaglie fisiche sia che si tratti di battaglie psicologiche o spirituali. Un guerriero è destinato a combattere fino al conseguimento della completa vittoria interiore, che si realizza quando uno diventa maestro di se stesso. Anche se questo obiettivo resta fuori dalla portata della maggior parte delle persone, resta comunque il fine ultimo dell'esistenza. Le sfide, le difficoltà e i problemi esistono per spingerci a nuovi livelli di comprensione, consapevolezza e conoscenza. A prescindere dal fatto che gli ostacoli che siamo chiamati ad affrontare riguardino la sfera della salute piuttosto che quella degli affari o delle relazioni, è importante comprendere che tutto, ma proprio tutto, accade con l'unico scopo di farci progredire sul sentiero spirituale, il cui ultimo fine è raggiungere la maestria di sé.

Riuscirci non è così semplice come si potrebbe pensare, ma da qualche parte bisognerà pure iniziare. Se andiamo ai piedi di una montagna e guardiamo la sua sommità, potremmo pensare che non riusciremo mai ad arrivare in cima. Ma la verità è che, se metteremo un piede dopo l'altro e continueremo a farlo, prima o poi arriveremo là sopra. Non può essere altrimenti, anche perché non ci sono alternative. L'unica cosa che dobbiamo fare è perseverare nello sforzo e accertarci di andare sempre avanti. Per quanto poco possiamo avanzare, dobbiamo sempre fare del nostro meglio. Ottenere la perfezione non è per niente un'impresa facile, anche se molti credono lo sia. Richiede grandi sforzi e infiniti sacrifici. Richiede rinunce. Anche se oggi non siamo nemmeno disposti a prendere in considerazione l'idea di rinunciare a qualcosa della nostra vita per realizzare le nostre più alte potenzialità, un giorno o l'altro, prima o poi, saremo costretti ad accettare questa verità. In attesa di quel giorno, nel frattempo possiamo esercitarci a dare il meglio di noi senza mai cedere allo sconforto.

Non dobbiamo mollare mai perché se lo facciamo perderemo la sfida. Al contrario, se resistiamo a prescindere da tutto e da tutti, vinceremo la sfida. Persino se dovessimo morire senza aver conseguito la vittoria per la quale tanto strenuamente abbiamo combattuto, saremmo comunque riusciti a creare delle tendenze mentali così forti che, nella prossima vita, quando rinasceremo, ricominceremo la nostra battaglia da una posizione privilegiata (e avanzata). Saremo ancora più forti di quello che siamo oggi e avremo sempre maggiori possibilità di mettere la parola *fine* alla battaglia per il raggiungimento della perfezione. Senza bisogno di pensare già alla nostra prossima incarnazione, possiamo ottenere grandi ricompense spirituali già in questa stessa esistenza. Anche solo il fatto di passare un'intera incarnazione a combattere per una giusta causa è di per sé degno di merito agli occhi di Dio e della legge spirituale, a prescindere dal fatto che riusciremo a raggiungere o meno il nostro scopo. Come già detto in precedenza, la vera vittoria consiste nel non mollare mai e nel resistere ogni giorno sempre un po' di più rispetto a quanto fatto il giorno precedente. Questa, in definitiva, è la vera vittoria. Le vittorie o le sconfitte della vita quotidiana sono obiettivi secondari, se paragonati all'unica vera vittoria di conseguire il giusto atteggiamento di vita che ci consentirà di affrontare al meglio sia questa esistenza sia le successive. Diventare un guerriero spirituale e coltivare il giusto atteggiamento di vita sono dunque le cose più importanti da perseguire (le vere priorità).

Non sempre le sconfitte sono quello che sembrano, dal momento che a volte possono aprirci le porte a una serie di possibilità che fino a quel momento non avevamo nemmeno preso in considerazione. Nell'ambito sportivo, ad esempio, ho ricevuto molto meno di quello che avrei potuto ricevere. Ho sempre agito in maniera adamantina e mi sono comportato sempre in modo esemplare; ciononostante non sono riuscito a raccogliere il frutto di quanto seminato. A mano a mano che il tempo passava, diventava sempre più chiaro che in questa vita non avrei beneficiato della grande quantità di buon karma "calcistico" che avevo creato nel corso degli anni. A essere sincero non sapevo darmi una spiegazione plausibile, visto che la legge di causa-effetto funziona sempre e in ogni circostanza. Così continuai a interrogarmi fino a quando non capii che il mio rapporto karmico con il calcio si trovava molto presumibilmente in fase conclusiva. Non credo che nella prossima vita giocherò a calcio ad alti livelli, né che beneficerò del karma prodotto in questa vita. Al contrario, in altri ambiti della vita mi sono ritrovato travolto dalla fortuna e dalla buona sorte, a volte in maniera del tutto inaspettata. È possibile che il buon karma creato a livello sportivo abbia prodotto effetti positivi in altre aree della mia vita, anche a mia insaputa? Credo fermamente di sì, anche perché la legge di causa-effetto non è rigidamente concatenata al susseguirsi di eventi che accadono nella vita, ma si intreccia con le altre leggi spirituali, tra le quali la legge del *dharma*. Evidentemente il fatto di accumulare grandi meriti in un settore della vita non garantisce il successo in quello stesso settore, se tale attività non fa parte del percorso *dharmico* che la nostra anima ha scelto per questa incarnazione. Quindi quelle che a prima vista potrebbero sembrare vittorie (o sconfitte), in realtà possono poi rivelarsi esattamente l'esatto opposto.

Dal mio punto di vista, l'esperienza calcistica è stata un discreto fallimento, se paragonata alle promettenti premesse con le quali era iniziata. Tuttavia, strada facendo mi sono accorto che il seme dell'apparente fallimento si stava gradualmente trasformando in successo in altri ambiti della mia vita. Ciò mi ha costretto a riconsiderare buona parte delle mie convinzioni sul funzionamento della legge di causa-effetto, e a scoprire la legge del *dharma*. Ho capito che raramente le sconfitte rimangono tali, se facciamo nostro l'atteggiamento del guerriero spirituale. Perché così facendo ci sintonizziamo su una particolare frequenza vibratoria che ci restituisce la stessa tipologia e qualità di energia che abbiamo messo in circolazione, dandoci una seconda opportunità (molto spesso però in un altro ambito della vita). Questo è il motivo per il quale le sconfitte diventano lo strumento attraverso il quale la vita ci conduce al nostro *dharma*, il nostro sentiero di vita. Se non avessi "fallito" in ambito calcistico oggi forse non potrei essere qui a scrivere questo libro. In altre parole le sconfitte possono trasformarsi in un fedele alleato, se le affrontiamo con l'atteggiamento di un vero guerriero spirituale.

Ovviamente ci sono delle situazioni nelle quali le sconfitte servono invece a metterci alla prova. Io stesso, nel corso della mia carriera calcistica, ho affrontato molte prove. In molti hanno cercato di mettermi in panchina, ma alla fine mi sono quasi sempre conquistato il posto da titolare grazie all'impegno che mettevo negli allenamenti e alle conseguenti prestazioni in campo alla domenica. Quindi a volte le sconfitte servono solo a farci riflettere e a farci imparare qualcosa di nuovo, per farci migliorare in quello specifico ambito al quale si riferiscono. Anche in questo caso, come già detto in precedenza, la cosa migliore che possiamo fare è coltivare l'atteggiamento interiore del guerriero spirituale, in modo che, nella peggiore delle ipotesi, possiamo comunque imparare le nostre lezioni e migliorare. Anche in questi casi dunque la sconfitta non ha ragione di esistere, se abbiamo deciso di imparare qualcosa da essa.

La stessa cosa si può dire ovviamente per quelle che sembrano essere vittorie altisonanti. Ad esempio, se avessi trovato un'azienda che avesse creduto su di me e mi avesse fatto fare carriera, non avrei mai sentito il bisogno di scrivere libri e non sarei mai diventato la persona che invece sono. Dunque non sempre le apparenti vittorie della vita quotidiana solo tali a livello dell'anima; al contrario quest'ultima preferisce comunicare con noi attraverso le sconfitte, così che almeno siamo disposti ad ascoltarla. La morale di tutto questo è quella di non arrendersi mai. Sia che siate baciati dalla fortuna o dal successo, o che siate catapultati sulle spiagge roventi della sfortuna e dell'insuccesso, ricordatevi sempre che il vostro unico dovere è impegnarvi con tutto voi stessi per realizzare le vostre vere potenzialità, senza mai mollare. La vita è talmente irragionevole e imprevedibile che in qualsiasi momento potrebbe mettersi a girare in vostro favore. Non è questione di credere, ma di sperimentare. Le convinzioni intellettuali non possono sostituire le esperienze di vita, che sono in definitiva il modo migliore (e più veloce) attraverso cui imparare. Provare per credere. Solo assumendo l'atteggiamento del guerriero spirituale potrete sperimentare la bontà e l'efficacia di tutto quello che è stato detto. Non ci sono altre alternative, dovete solo mettervi all'opera.

Un'ultima importante considerazione va fatta per quelle particolari circostanze e situazioni nelle quali invece non abbiamo alcuna possibilità di vittoria. Anche se molto spesso rappresentano il limite estremo a cui la vita può spingersi, queste situazioni possono di fatto accadere a chiunque. A volte, a prescindere da quanto impegno e dedizione mettiamo nelle nostre azioni e nei nostri comportamenti, semplicemente le cose non vogliono andare per il verso giusto. Portata all'estremo, questa situazione può diventare fonte di grande dolore e sconforto. Ci sono sempre buoni motivi dietro alle cose che ci accadono, per quanto indesiderabili queste possano sembrare. Se potessimo osservare le nostre vite passate o quelle future, probabilmente capiremmo il motivo per cui (a volte) le cose non vanno come vorremmo. Anche in queste situazioni senza apparente via d'uscita, tuttavia, dobbiamo però sforzarci di assumere l'atteggiamento del guerriero spirituale. Se non possiamo fare niente di concreto per salvare questa esistenza ormai già troppo compromessa, possiamo almeno restare fedeli ai principi che contraddistinguono l'atteggiamento mentale del vero guerriero spirituale, perché queste stesse tendenze ci accompagneranno prima nel regno astrale e poi durante la successiva reincarnazione in un'altra dimensione materiale. Sia nella rinascita astrale sia in quella materiale, comunque porteremo con noi le tendenze accumulate in quest'ultima vita, e considerando che anche le nostre sfide o le nostre debolezze verranno con noi, è comunque meglio mettere da parte un po' di munizioni per guerra che verrà. Forse trascorreremo qualche centinaio di anni in completa pace e assoluta libertà in uno dei tanti mondi astrali, prima di reincarnarci sulla Terra (o comunque su un altro pianeta fisico) e ricominciare la battaglia che abbiamo iniziato (ma non concluso) in questa attuale incarnazione. O forse continueremo la nostra battaglia nei meandri del mondo astrale, per non perdere tempo "inutilmente". In ogni caso è bene restare saldamente ancorati al guerriero spirituale che si trova dentro di noi fino all'ultimo giorno della nostra esistenza, perché è il modo più sicuro per assicurarci una favorevole rinascita dal punto di vista karmico. Se proprio dobbiamo lasciare questo corpo e questa vita, almeno possiamo farlo da eroi. Per riuscirci basta coltivare dentro di noi, in ogni momento, l'atteggiamento del guerriero spirituale. Anche se le circostanze esteriori possono impedirci di farlo, abbiamo comunque sempre almeno un parziale controllo sul nostro mondo interiore, perlomeno nella maggior parte dei casi. Dobbiamo dunque raccogliere tutte le forze che ci sono rimaste e rimanere connessi a questa energia combattiva, perché nessuno dei nostri sforzi verrà perduto nella memoria della mente universale. La *Bhagavad Gita* (la "Bibbia indù") contiene infatti la grande promessa secondo la quale niente di ciò che siamo o faremo in questa vita andrà mai perso; al contrario sarà il punto di partenza delle nostre prossime incarnazioni.

Una mappa per la vita

Questo libro vi offre una grande opportunità perché racchiude al suo interno buona parte delle principali lezioni di vita che ogni persona prima o poi dovrà affrontare. In altre parole, a prescindere dal vostro sentiero di vita, un giorno o l'altro vi troverete a faccia a faccia con ciascuna di queste lezioni, per impararle e farle diventare parti integranti della vostra esistenza. La cosa meno piacevole è che nella maggior parte dei casi questo processo di insegnamento avverrà in una cornice di riferimento poco desiderabile, ovvero attraverso il dolore e la sofferenza. Ciò accade perché questo è generalmente l'unico modo per attrarre la nostra attenzione. Non sarebbe forse meglio imparare queste lezioni di vita in modo più piacevole, con buonsenso e gioia? Il dolore e la sofferenza non sono di per sé strettamente necessari per il processo di evoluzione personale, ma lo diventano nel momento in cui ci rifiutiamo continuamente di imparare le nostre lezioni quando esse si presentano. In altre parole, inizialmente la vita ci lancia addosso dei piccoli sassolini; se abbiamo la sensibilità e l'accortezza di accorgercene, già in questa fase potremmo imparare le nostre lezioni e fare pace con noi stessi e con la vita, altrimenti, se non lo facciamo, la vita sarà costretta a lanciarci addosso sassi sempre più grossi fino a quando ci tirerà addosso un macigno così grande da non lasciarci scampo. Perché aspettare di essere colpiti dai grossi calibri della sofferenza e dell'infelicità, quando potremmo imparare le stesse lezioni con il minimo sforzo, quando esse si presentano la prima volta?

Come già detto, la sofferenza, nella maggior parte dei casi, è l'unico strumento per attirare la nostra attenzione. Quando le cose vanno bene è facile trascurare i segnali che la vita ci manda. Quando invece le cose iniziano ad andare male allora diventiamo un po' più ricettivi ai messaggi dell'Universo. Quando le cose si mettono *davvero* male, o quando la situazione è ormai irrimediabilmente compromessa, allora siamo praticamente costretti ad ascoltare ciò che la vita vuole dirci, visto che non abbiamo altre alternative. Una soluzione migliore è quella della prevenzione: anziché aspettare che la vita ci metta a faccia a faccia con ciascuna di queste lezioni, perché non farle nostre sin da ora, quando la situazione è ancora sotto il nostro pieno controllo? Per farlo non è necessario stravolgere la nostra esistenza dall'oggi al domani; basta iniziare ad apportare gradualmente a essa quei piccoli cambiamenti che sono necessari. Non si tratta di stravolgere la nostra esistenza di punto in bianco, ma di modificare alcuni aspetti di essa affinché possa sostenere il nostro processo di crescita personale senza aspettare che la vita stessa vi costringa a farlo.

In altre parole, prevenire è meglio che curare. Usare e mettere in pratica gli insegnamenti contenuti in questo libro è un po' come giocare in anticipo con il vostro destino, perché se imparate queste lezioni sin da ora, l'Universo non avrà più alcun motivo per mettervi di fronte a esse in futuro. Lo stesso principio si applica anche a tutti gli altri ambiti della vita, inclusa la salute. Prestare attenzione a ciò che si mangia e fare attività fisica con regolarità, ad esempio, sono due semplici attività che possono fare però una grande differenza in termini di qualità della vita, prevenendo le malattie e favorendo la longevità (oltre che garantendo un livello ottimale di benessere psicofisico).

Questo libro è dunque come uno scrigno del tesoro, perché raggruppa insieme la maggior parte delle principali lezioni che ciascuno di noi, prima o poi, dovrà comunque padroneggiare, in questa vita o nelle successive. Esso vuole dunque essere un facilitatore, per permettervi di imparare le vostre lezioni con grazia e gioia. Se ignorerete le lezioni descritte in queste pagine, la vita vi costringerà a sperimentarle sulla vostra pelle, un giorno vicino o lontano (sempre che non lo abbia già fatto). E non vi darà tregua fino a quando non le avrete imparate. Dunque avete tra le mani una grande opportunità per risparmiare tempo, salute e denaro, oltre che un'inutile sofferenza.

Se qualcuna delle lezioni che troverete nel libro non vi convincerà, possono esserci diversi motivi. Può essere che abbiate ancora del karma irrisolto o che non sia ancora arrivato il momento giusto per voi di imparare quella specifica lezione. In questi casi mettetela in *stand by* e dimenticatevene temporaneamente. Un giorno, al momento giusto, ritirerete fuori l'argomento e comprenderete il contenuto di quella lezione. Per lo stesso motivo può succedere la cosa opposta. Ad esempio, se avete già fatte vostre queste lezioni (o se state camminando su un sentiero di vita superiore rispetto a quello delineato in queste pagine), è probabile che alcune di queste lezioni non vi sembrino giuste. Queste lezioni infatti non sono oro colato ma fanno parte di un processo di coaching generalizzato che è iniziato con il mio primo libro *Intelligenza emotiva in azione*, e di cui questo libro costituisce il secondo passo. Con questi libri sto tentando un esperimento sociale senza precedenti, perché da quello che mi risulta non esiste niente di simile sul mercato. Poiché queste lezioni sono state pensate per chi sta iniziando a percorrere i primi passi sul sentiero della crescita personale, è possibile che alcune di esse vi risultino ridondanti (a maggior ragione se siete già esperti in questo campo). In ogni caso vi consiglio di leggere comunque il libro perché se ci siete entrati in contatto è perché esso ha qualcosa da dirvi. Se la legge dell'attrazione vi ha condotto l'uno dall'altro, sarebbe alquanto sciocco da parte vostra ignorarlo perché apparentemente "troppo banale per voi". Evidentemente, da qualche parte, ci sarà qualcosa che vi tornerà utile. Forse non rivoluzionerà la vostra vita, ma potrebbe comunque avere un impatto considerevole su di essa. Io stesso ho letto decine di libri dai quali, onestamente, non avevo nulla da imparare. Poi all'improvviso, tra le pieghe della narrazione, ho colto una sfumatura di significato che mi ha aiutato a risolvere un problema della mia vita che mi trascinavo da anni. Altre volte invece il tema trattano mi ha stimolato una riflessione alla quale non avevo mai pensato, o ancora mi ha fatto vedere le cose in maniera diversa da come le avevo sempre viste fino a quel momento, offrendomi una nuova e utilissima prospettiva. Sotto questo punto di vista, dunque, state certi che se siete entrati in contatto con questo libro, un motivo ci sarà.

Inoltre alcune cose che sono scritte nel presente libro potrebbero non essere "giuste" per voi. Ad esempio per alcune persone potrebbe essere consigliabile lasciarsi andare e divertirsi, mentre per altre sarebbe meglio sviluppare un po' di serietà. Una persona può aver bisogno di aprirsi all'intimità, mentre un'altra può aver bisogno di cercare l'introspezione e la solitudine. Quindi non è detto che tutto quello che troverete scritto in queste pagine debba per forza applicarsi anche alla vostra esistenza; lascio a voi l'onere di scoprire cosa fa per voi e cosa invece no, sulla base del buonsenso e di ciò che sentite essere giusto per voi.

Infine, cosa da non trascurare, bisogna anche considerare l'ipotesi che camminiate su un sentiero di vita che vibra a una frequenza maggiore rispetto a quella che caratterizza questo manoscritto (ogni libro infatti ha una sua particolare frequenza vibratoria, coerentemente ai contenuti e ai temi che affronta). Ad esempio, nel capitolo sul divertimento si parla di sesso. Questo non perché il sesso sia lo strumento più raccomandabile per divertirsi, come peraltro viene precisato nel testo. Esistono infatti molti altri validi modi con i quali ci si può divertire, senza bisogno di focalizzarsi necessariamente sul sesso. In questo libro ne ho presentati solo alcuni e tra essi c'è il sesso. Tuttavia, se praticate yoga[3] e state già camminando sul sentiero della disciplina e dell'auto-perfezionamento, dedicarsi alle pratiche sessuali non è sicuramente il modo migliore per avere successo. Al contrario sviluppare l'autocontrollo e il pieno potere sulle vostre energie vitali vi sarà di grande aiuto nel raggiungere i vostri obiettivi. Quindi il sesso, che per il 99,9% delle persone del mondo rappresenta qualcosa di squisito e assolutamente desiderabile, per voi potrebbe invece essere qualcosa da evitare a tutti i costi. Nel coaching personale si affrontano tutti questi aspetti nel dettaglio e viene elaborata una strategia personalizzata sulle esigenze di ogni persona; questo, però, in un libro come questo destinato al vasto pubblico, non può essere fatto. Quindi per forza di cose mi sono limitato a presentare degli argomenti da un preciso punto di vista, ignorando tutti gli altri. Questo non vuol dire che gli altri punti di vista siano sbagliati, o che quello che viene descritto in queste pagine sia l'unico accettabile. Al contrario ciò che viene presentato non è altro che *uno* degli infiniti esempi che si sarebbero potuti portare. In questo libro sono state fatte delle scelte, compatibili sia con il flusso intuitivo che comunque mi ha sempre guidato nella sua stesura, sia con lo scopo di affrontare temi comunque all'ordine del giorno, nella speranza di offrire una risposta ai principali problemi sociali che contraddistinguono questa particolare epoca storica.

Da ultimo, tenete presente che è praticamente impossibile riassumere in un libro di poche decine di pagine la sintesi di una vita intera. In altre parole quelle che troverete nelle pagine che seguono sono solo *alcune* delle lezioni di vita che dovrete prima o poi imparare e metabolizzare. Altre importanti lezioni di vita non sono state inserite qui perché sono contraddistinte da livelli vibrazionali più elevati, e rimandano a sentieri di vita a cui la maggior parte delle persone comuni non avrà accesso. Ciò che è stato presentato in questo volume, invece, è un validissimo punto di partenza. Anche solo padroneggiare queste semplici lezioni di vita potrebbe farvi raggiungere

---

[3] In questo frangente ci si riferisce allo pratica dello yoga di Patanjali (il *raja yoga*), non alle posture fisiche dell'*hatha yoga*.

nuovi livelli di comprensione e consapevolezza. Se decideste di dedicare la vostra intera vita a padroneggiare i contenuti riportati in queste pagine, avreste comunque fatto qualcosa di meritevole agli occhi del karma, perché in queste poche pagine sono comunque condensati insegnamenti in grado di accelerare il percorso evolutivo personale di ognuno di voi.

PARTE SECONDA

LEZIONI DI VITA DA IMPARARE

Lezione n. 1: costruire solide fondamenta

Una delle prime cose da imparare a fare nella vita è costruirsi delle solide fondamenta; ciò significa innanzitutto ancorare l'esistenza a un "porto sicuro" nel quale potersi rifugiare in caso di necessità. È un po' come avere un posto speciale dove andare quando ci sentiamo giù o quando la vita ci mette a dura prova. Costruire solide fondamenta ha proprio lo scopo di offrici qualcosa di affidabile e sicuro, che sia in grado di proteggerci in caso di bisogno (o perlomeno di attutire i colpi bassi della vita).

In altre epoche, quando la principale preoccupazione degli esseri umani era sopravvivere, costruire delle solide fondamenta di vita voleva dire assicurarsi cibo e acqua a sufficienza. Per questo i primi ominidi erano nomadi: dedicavano le loro giornate a cacciare gli animali della foresta e a cercare fiumi o rivoli d'acqua dai quali abbeverarsi. Poi iniziarono a capire che potevano procurarsi cibo anche attraverso la coltivazione della terra e l'allevamento del bestiame e divennero sedentari, stanziandosi comunque in prossimità di sorgenti d'acqua. Ovviamente i tempi sono cambiati e niente di quello che esiste oggi può essere paragonabile alla vita che conducevano i primi ominidi che abitavano il pianeta (anche se indubbiamente esistono, sparse qua e là sul pianeta, alcune tribù il cui stile di vita assomiglia molto a quello dei primi ominidi). Al giorno d'oggi costruire delle solide fondamenta su cui fondare la propria vita spesso vuol dire trovarsi un lavoro e farsi una famiglia. Sotto molti punti di vista, entrambi questi elementi rappresentano due aspetti fondamentali della società civile in ogni angolo del mondo.

Avere un lavoro ci permette di poter guadagnare il denaro necessario per comprare cibo e vestiti e per assicurarci un posto sicuro in cui ripararci (la casa). Anche nelle culture e nelle tradizioni in cui esiste ancora il baratto, il lavoro resta comunque ciò che permette alla gente di sopravvivere. Sia che scambiamo beni e servizi o che li compriamo attraverso uno strumento intermediario come il denaro, resta sempre la necessità di lavorare per procurarci cibo, vestiti e una casa accogliente.

Per quanto riguarda il cibo non c'è molto da dire, visto che tutti dipendiamo da esso. Anche se non strettamente indispensabile per la sopravvivenza, anche i vestiti hanno la loro importanza, per almeno due ragioni. La prima è legata all'abitudine della comodità che abbiamo creato (soprattutto in Occidente) per rendere la vita più facile; la seconda è invece legata a una convenzione sociale. Mentre in alcune parti del mondo è normale vedere persone che girano per le strade della città a petto nudo o coperte solo di un minuscolo panno che copre i genitali (in questi esempi ci si sta riferendo al genere maschile), nei Paesi occidentali una cosa del genere è semplicemente inconcepibile. Gli unici posti in cui è ammesso andare in giro mezzi nudi sono le località turistiche e le piscine. Per tutto il resto si sconsiglia vivamente di tenere abbigliamenti inopportuni, a meno che si voglia finire sulle prime pagine di tutti i giornali (oltre che pagare una bella multa). L'abbigliamento e il vestiario sono diventati parti imprescindibili delle cultura occidentale. Anche se le abitudini sociali possono apparire davvero strane agli occhi di chi è cresciuto in un ambiente sociale diverso dal nostro, resta il fatto che, per non sentirci a disagio in mezzo agli altri, dobbiamo in qualche modo rispettare le convenzioni sociali consolidate. Siamo liberi di non assecondarle al 100%, ma perlomeno dobbiamo assecondarne gli elementi basilari.

Addirittura ci sono circostanze e consuetudini sociali che prediligono un determinato abbigliamento. Nessuno, ad esempio, va a un matrimonio vestito nella stessa maniera con cui taglia l'erba in giardino. Circostanze ed eventi speciali richiedono abbigliamenti particolari. Per lo stesso motivo nessuno va in chiesa vestito come se andasse a fare jogging. Per quanto valide o sciocche possano sembrare queste consuetudini, esse fanno parte della nostra identità sociale e se non vogliamo finire al centro dell'attenzione non possiamo far altro che assecondarle, nel limite delle nostre possibilità ovviamente.

Una terza cosa assolutamente indispensabile è un riparo in cui vivere. La casa è generalmente la cosa più utilizzata, ma non è l'unica. So di alcune persone che hanno un panfilo (uno *yatch*) o una piccola barca ancorati in un porto, e vivono su di essi 365 giorni all'anno. Un mio amico invece si è comprato un terreno e ci ha posizionato dentro la sua roulotte, dentro la quale vive stabilmente. Se non siete particolarmente stravaganti, tuttavia, avere una casa è la soluzione migliore. Non è necessario possedere una reggia o un castello, basta avere la disponibilità di un appartamento in grado di soddisfare le nostre esigenze. Se siamo soli a volte può essere sufficiente un monolocale o un bilocale, se abbiamo una famiglia ovviamente sarà necessaria una casa più grande. A prescindere dalla grandezza dell'abitazione o dalle nostre disponibilità economiche per procuracela, l'importante è avere un riparo sicuro. La cosa migliore in assoluto sarebbe quella di *comprare* la casa, in modo da esserne i proprietari così da assicurarci, nella peggiore delle ipotesi, che nessuno ci possa mandare via. Vivere in affitto è invece un po' più rischioso da questo punto di vista, perché non puoi mai sapere con certezza cosa succederà tra due o tre anni. È vero che se il proprietario ci manda fuori di casa, possiamo sempre comprare una casa in un secondo momento, anche se resta sempre una scocciatura, soprattutto se ci siamo ambientati bene in quel posto e abbiamo stretto buone relazioni con i vicini. In molti casi, tuttavia, vivere in affitto è l'unica possibilità che ci resta.

Un'altra cosa abbastanza comune per costruire delle solide fondamenta è farsi una famiglia. Per farlo non è necessario avere dei figli, anche se questo sicuramente fortifica e rafforza il sentimento di sicurezza e responsabilità. Avere una relazione di coppia per qualcuno è sufficiente. L'aspetto importante di ogni rapporto di coppia (e a maggior ragione di ogni famiglia) è avere qualcuno con cui condividere i nostri timori e le nostre preoccupazioni, oltre che le nostre gioie. Avere al nostro fianco qualcuno che ci ascolti e sia sempre pronto a darci una mano se dovessimo averne bisogno è fondamentale. La maggior parte delle persone, infatti, non ha ancora raggiunto un livello di consapevolezza e di forza interiore così alto da poter fare a meno di un compagno o di una compagna di vita. Nella maggior parte dei casi, infatti, il fatto di non avere un (o una) partner è più che altro frutto di una serie di coincidenze, piuttosto che di una scelta personale. Per questo molti *single* cercano giustamente di colmare il vuoto che sentono nella propria vita con le amicizie, gli sport o gli animali domestici. Avere buoni amici o prendersi cura di qualche animale domestico è sicuramente un buon modo per cercare perlomeno di attenuare il senso di solitudine che può sorgere quando ci sentiamo "soli". Non che tutti provino questo senso di solitudine, ma molto spesso esso si sviluppa naturalmente quando non abbiamo un compagno con cui condividere la nostra vita. Persino la maggior parte delle persone sposate, sotto un certo punto di vista, si fidanza e si sposa per la paura (inconscia) di dover affrontare a faccia a faccia la solitudine. Una relazione di coppia o un matrimonio, se coltivati nella maniera corretta, dovrebbero almeno dare la sensazione di avere qualcuno al proprio fianco con cui combattere le battaglie della vita quotidiana.

E se non ho una famiglia?

Questo non significa ovviamente che bisogna mettere su famiglia per evitare la solitudine. Se trovate un compagno di vita che merita la vostra fiducia, non pensateci sopra due volte. Se invece ciò non accade, tiratevi su le maniche e preparatevi ad affrontare la vita con coraggio. Forse un giorno Dio vi manderà una persona speciale o forse non lo farà mai, per mettervi alla prova e vedere se siete davvero leali e onesti con voi stessi. Alcune volte, infatti, soprattutto per le anime particolarmente evolute, c'è sempre la possibilità che la solitudine sia un mezzo attraverso il quale potersi liberare dall'attaccamento alla famiglia (anche se la famiglia, di per sé, non è un ostacolo allo sviluppo spirituale). In ogni caso, se doveste sentirvi soli o percepire un disperato desiderio di amore da parte di qualcun altro, ricordatevi che la forma più alta d'amore resta comunque sempre quella nei confronti di Dio. Sotto molti punti di vista, l'amore divino può farvi completamente dimenticare il vostro desiderio di amore umano.

Requisiti e caratteristiche di un buon lavoro e di una buona famiglia

Trovare un buon lavoro e avere almeno una piacevole relazione di coppia sono un buon modo per creare solide basi nella propria esistenza. Il lavoro ci permette di comprare cibo, vestiti e una casa in cui vivere, mentre un compagno di vita generalmente dovrebbe aiutarci a trovare maggiore sicurezza a livello emotivo e psicologico. Quando siete riusciti a "gettare" queste due grandi ancore, poi potete fare quello che volete. Qualsiasi impresa intraprenderete, se anche dovesse andare male, non dovrebbe causarvi più di tanti problemi, dal momento che avete comunque un lavoro e una famiglia che vi sostengono.

A dire la verità non è strettamente necessario che entrambi questi elementi, lavoro e famiglia, siano presenti. Un lavoro gratificante, ad esempio, che ci permetta di esprimere pienamente le nostre potenzialità e ci dia in cambio un congruo stipendio, potrebbe di per sé essere sufficiente per metterci nelle condizioni di affrontare la vita con fiducia. Allo stesso modo una buona relazione di coppia dovrebbe darci la forza necessaria per affrontare qualsiasi problema dovesse presentarsi nella nostra vita. Quindi, anche se il mio consiglio è quello di trovare il modo per assecondare entrambi questi elementi, anche solo uno di essi può bastare, se possiede determinate caratteristiche.

Questa è una buona notizia soprattutto per i giovani di oggi, che sono costretti a inseguire un lavoro dopo l'altro senza peraltro trovare mai le soddisfazioni a cui giustamente ambiscono. Al giorno d'oggi aspettare di trovare un lavoro che sia in grado di darci sicurezza economica e allo stesso tempo soddisfazione è quasi un'utopia. Ci sono alcuni settori e alcune tipologie di impieghi che riescono ancora a offrire queste caratteristiche, ma la maggior parte dei lavori di oggi non lo fa. In generale, tuttavia, far fare carriera a un proprio dipendente non è più la priorità di quasi nessuna azienda. Questo è dovuto alla particolare congiuntura economica all'interno della quale le nuove generazioni sono chiamate a vivere. Anche il mio amico Luca in questa situazione: pur avendo competenze e capacità per migliorare alcuni processi in azienda, le sue idee non sono mai neanche state prese in considerazione (in realtà al suo datore di lavoro non è neanche mai passata per la testa l'idea che Luca potesse fare qualcosa di più di quello che invece gli è sempre stato chiesto di fare). Questa mancanza di considerazione nei nostri confronti ci apre però le porte a una straordinaria opportunità: quella di creare noi stessi il lavoro dei nostri sogni.

Oggi internet rende possibile cose che qualche decennio fa erano semplicemente impossibili. Se dunque doveste sentirvi bloccati in una situazione professionale che vi soffoca, fate appello alla vostra creatività e usate i vostri talenti per creare qualcosa di nuovo e speciale. Prendetevi il tempo che vi serve e agite gradualmente, in modo da non sentire troppo le pressioni. Fate un passo alla volta e passate al successivo solo quando siete sicuri di poterlo fare. Così facendo raggiungerete gradualmente i vostri obiettivi e sarete in grado di trasformare in realtà i vostri sogni.

È così che ho fatto io con i miei libri: prima ho scritto un libro, poi l'ho revisionato e infine ho attraversato tutte le fasi del processo di auto-pubblicazione (molto spesso senza grande fortuna, purtroppo). Nel frattempo ho iniziato a scrivere un altro libro e quando questo sarà terminato, ne scriverò un altro ancora. Scrivere mi piace e allo stesso tempo mi permette di esprimere chiaramente il mio pensiero. Mi ci sono voluti diversi anni, ma facendo un passo alla volta sono comunque riuscito a fare tutto. Utilizzate dunque la vostra creatività e non fate mai passi azzardati: ponderate con attenzione ogni mossa che fate e valutate attentamente ogni decisione che siete chiamati a prendere, soprattutto se coinvolge altre persone oltre a voi.

Per lo stesso motivo è ovvio che anche la relazione di coppia deve avere determinate caratteristiche affinché possa funzionare. Se ci fidanziamo con qualcuno solo per non sentirci soli o per soddisfare i nostri desideri sessuali o i nostri bisogni emotivi, non dovremo poi stupirci quando la relazione giungerà a un punto di non ritorno. Affinché una relazione sia utili e benefica, essa deve basarsi sulla fiducia reciproca, sulla comprensione, sull'accettazione e sull'amore incondizionato, oltre che sul servizio reciproco. Tutto il resto è un *optional* non necessario. Se ci sono questi ingredienti allora la relazione funziona, altrimenti prima o poi la relazione conoscerà la sua fine.

Se mancano le caratteristiche di base sopra indicate, il vostro lavoro e la vostra relazione di coppia non funzioneranno. Il solo fatto di avere un lavoro o una fidanzata non bastano per avere la certezza che siano effettivamente due punti fermi della nostra vita. Affinché ciò avvenga è necessario che sia il lavoro sia la nostra relazione abbiano entrambi determinate caratteristiche. La difficoltà, dunque, non sta solo nel trovare un buon lavoro e una brava compagna (o un bravo compagno) di vita, ma soprattutto nel far sì che entrambi questi aspetti abbiano i requisiti necessari per funzionare e durare nel tempo. Se ciò non accade, non avrete dei punti fermi nella vostra vita che potranno darvi stabilità e sicurezza nel caso doveste averne bisogno. Lo stesso Luca (il mio amico dell'esempio precedente) ha un buon lavoro da più di quindici anni ma non ho mai potuto farci affidamento al 100% perché non aveva le caratteristiche adeguate per poter funzionare in una prospettiva di lungo termine. Di conseguenza ha dovuto dar voce alla sua creatività, e sotto tutti i punti di vista è stato meglio così.

Infine bisogna comunque mettere in preventivo che, per quanto possiate essere stati bravi a costruirvi una famiglia e a trovare un lavoro che risponda alle vostre esigenze, non avrete mai la certezza definitiva che dureranno per sempre. Mai come in questo periodo storico così tante società e aziende sono state costrette a chiudere l'attività, prese nella morsa della concorrenza reale e virtuale (internet). La stessa cosa vale per i matrimoni, messi a dura prova dallo stress di una vita sempre più frenetica e dall'ingordigia di volere sempre qualcosa di più di quello che si ha, anziché accontentarsi di quello che si è ricevuto dalla vita. Dunque non date per scontato che i due pilastri sui quali avete avuto il privilegio di costruire la vostra vita, il lavoro e la famiglia, debbano per forza durare per sempre. Sicuramente è un auspicio, così come è vostro dovere impegnarvi al massimo delle vostre possibilità affinché questo accada. A volte, però, succedono cose che non dovrebbero succedere e le persone perdono il lavoro o la famiglia. Se dovesse succedere anche a voi, fate del vostro meglio per ricominciare daccapo appena potete. Questo capitolo vuole affrontare i temi del lavoro e della famiglia come strumenti su cui fondare ogni altra cosa e non si concentra sui problemi come la separazione, il divorzio, il licenziamento o la chiusura di un'attività industriale. Per il momento impegnatevi a pensare in positivo e a fare del vostro meglio per costruire il lavoro dei vostri sogni e la famiglia che avete sempre desiderato, e il futuro si prenderà cura di se stesso.

Costruire solide fondamenta in ogni attività che si intraprende

La famiglia e il lavoro ci permettono di creare delle solide fondamenta per il nostro stile di vita, dandoci la sicurezza e la fiducia di poter comunque ripiegare in un nido sicuro, nel caso di difficoltà. La stessa cosa possiamo però farla per qualsiasi altra attività che decidiamo di intraprendere.

Nello sport, ad esempio, creare delle solide fondamenta vuol dire fare le cose in modo intelligente e lungimirante. È per questo motivo che tutte le squadre di calcio, prima di iniziare il campionato, fanno la preparazione. Si allenano tutti i giorni per almeno quindici giorni di fila, affinando gli schemi e l'intesa dentro e fuori dal campo. Questo particolare periodo dell'anno serve anche a mettere benzina nel motore, per preparare le gambe a sostenere un campionato che durerà almeno otto mesi. Anche nella costruzione della squadra si può partire dalle fondamenta. Quelli che lo fanno di solito cercano innanzitutto di rafforzare la difesa, in modo che, male che vada, la squadra comunque subisca poche reti. In un secondo momento poi ci si occupa anche del centrocampo e dell'attacco, ma questi reparti vengono messi in secondo piano perché costituiscono solamente la parte centrale e la parte alta della piramide, di cui invece la difesa rappresenta invece la base[4].

Nelle relazioni sociali in generale, e a maggior ragione nell'amicizia, creare delle solide fondamenta significa essere chiari. Chiarezza vuol dire far sapere al nostro interlocutore che cosa ci si aspetta da lui, che cosa si è disposti a tollerare e che cosa invece non si è disposti ad accettare. Quando le aspettative sono chiare diventa impossibile essere in disaccordo, perché se ciò accade può significare solo che la nostra controparte si è presa gioco di noi, facendo finta di non capire le nostre intenzioni. È una cosa che succede spesso, soprattutto quando si interagisce con persone che per qualche motivo si credono sempre più furbe di noi. A me è capitato alcune volte e l'esperienza mi ha insegnato che, in queste circostanze, l'unico modo in cui potete venirne fuori è facendovi rispettare. Quando siete chiari e poi qualcuno vìola i limiti che avete posto, allora non avete scelta se non quella di affrontare con forza e decisione il vostro interlocutore, anche a costo di rovinare un'amicizia. Io l'ho fatto molte volte, alcune volte rovinando per sempre alcune amicizie (e altre volte invece salvandole). In ogni caso, quando qualcuno vi prende deliberatamente in giro non potete più considerarlo degno della vostra fiducia, e se anche decidete di salvare quella relazione, essa non sarà mai più come prima.

Nelle attività che intraprendiamo, creare solide fondamenta significa fare un'abbondante attività preliminare di ricerca e approfondimento. Ad esempio, prima di scrivere un libro, dovete innanzitutto informarvi su come poi potrete pubblicarlo, dal momento che la cosa non è proprio così semplice come potrebbe sembrare. Conosco persone che hanno iniziato un'attività in proprio senza nemmeno conoscere tutti gli adempimenti (fiscali e normativi) che sarebbero stati necessari per farlo. Prima avrebbero dovuto informarsi dettagliatamente sull'argomento, e solo successivamente avrebbero dovuto intraprendere azioni concrete. Aprire un'attività senza prima

---

[4] Altri club, con una vocazione prevalentemente offensiva (calcisticamente parlando), ribaltano la piramide e cercano di costruire solide fondamenta partendo dal reparto offensivo, passando successivamente al centrocampo e alla difesa. A prescindere da quale consideriamo essere la prima necessità di una squadra di calcio (difesa o attacco), l'importante è creare delle solide fondamenta alla base di essa.

fare ricerche di mercato, ad esempio, potrebbe rivelarsi un errore fatale. Se io avessi scritto un libro con l'idea di poterlo pubblicare con una qualsiasi delle case editrici più blasonate, avrei sicuramente commesso un errore piuttosto grossolano e il mio libro avrebbe seriamente corso il rischio di rimanere non pubblicato per sempre. Al contrario mi sono prima informato sulle diverse possibilità e dopo numerose e accurate analisi, mi sono reso conto che la strada dell'editoria tradizionale non è percorribile per la maggior parte delle persone che, come me, scrivono nel tempo libero per passione. Così sin dal primo istante in cui ho iniziato a scrivere il mio primo libro, l'ho sempre fatto con la piena consapevolezza di quali fossero i passaggi successivi che avrei dovuto implementare per trasformare il testo che stavo scrivendo in un libro vero e proprio. Questo mi ha permesso anche di mettere da parte il denaro necessario per le inevitabili operazioni di correzione, impaginazione e pubblicazione che si rendono necessarie quando si vuole fare un lavoro di qualità.

Queste strategie possono essere comodamente applicate a ogni ambito della nostra vita. Essere chiari, ad esempio, è un principio basilare non solo di ogni rapporto interpersonale, ma anche di ogni attività professionale. Un'azienda che non ha ben chiaro quale sia il suo campo di attività principale (il suo core business, o la sua "mission e vision"), ad esempio, avrà vita breve (o perlomeno incontrerà sul suo cammino più difficoltà rispetto ai suoi concorrenti). La strategia di fare ricerche, ad esempio, può applicarsi comodamente anche alle relazioni sociali. Io lo faccio spesso, mettendo alla prova le persone con le quali mi piacerebbe stringere relazioni più profonde. L'importante, in ogni caso, è non esagerare. Condurre delle operazioni preliminari per evitare di trovarsi impreparati in futuro è una buona cosa, ma aspettare ad agire fino a quando non avremo la matematica certezza che tutto andrà per il meglio non è per niente una buona strategia. Infatti, se dovessimo attendere di avere la certezza di qualcosa prima di intraprendere una determinata azione, molto probabilmente non entreremo mai in azione. Cercare troppa sicurezza genera infatti l'effetto contrario, facendoci diventare insicuri. La miglior strategia è quella di informarsi in anticipo su quello che potrebbe aspettarci nel breve, medio e lungo termine, e poi entrare in azione consapevolmente (ovvero sapendo ciò che ci aspetta). Così facendo avremo modo di prepararci con adeguato preavviso ad affrontare eventuali difficoltà che potrebbero sorgere sulla nostra strada, riuscendo in qualche modo a prevenirle per quanto possibile. Se vogliamo essere ancora più scrupolosi, dobbiamo anche mettere in preventivo la possibilità che qualcosa vada male o che ci sia qualche imprevisto. Se non lo facciamo, infatti, dovremo affrontare queste situazioni a faccia a faccia quando si manifesteranno (se succederà). Purtroppo nessuno ha la sfera di cristallo e per questo motivo è sempre preferibile essere preparati a fronteggiare eventuali imprevisti.

Avere un piano B

Una delle strategia più raccomandate nell'ambito della crescita personale è quella di definire un obiettivo e poi di mettercela tutta fino a quando non lo si raggiunge, eliminando ogni possibile alternativa disponibile. Lo scopo di questa strategia è spingerci a concentrarci su ciò che vogliamo raggiungere, focalizzando tutta la nostra attenzione in quella direzione. Sinceramente questa strategia non mi ha mai appassionato particolarmente, perché sembra quasi fatta apposta per impedire di tornare sui propri passi. La vedo come una forzatura non necessaria, che in molti casi può generare una notevole quantità di stress, causando disagi emotivi e psicologici. La strategia che prediligo è molto più semplice, facile e naturale, e basata sul buonsenso.

Supponiamo che dobbiate cambiare lavoro. Molti vi consiglierebbero di licenziarvi dal vostro attuale impiego e poi di concentrare tutta la vostra attenzione nel costruire il lavoro dei vostri sogni, perché solo così facendo troverete la motivazione giusta per riuscirci (in altre parole dovrete riuscirci, dal momento che avete perso tutto prima ancora di iniziare). Io invece preferisco usare un metodo più naturale, basato sul buonsenso anziché sull'eccitazione del momento. Per prima cosa mi troverei un nuovo lavoro e solo a questo punto mi licenzierei. Cosa succede infatti se vi licenziate e poi, per qualche motivo, non siete in grado di trovare un lavoro che vi piace? È molto meglio cercare prima un nuovo impiego e poi eventualmente licenziarsi, quando siete già sicuri di aver trovato un valido sostituto.

Io stesso sto usando questa strategia con i miei libri. Non mi sono licenziato dal lavoro per scrivere. Scrivo nei fine settimana, lavorando regolarmente durante il resto della settimana. Mi è costato parecchi sacrifici, questo sì, ma perché avrei dovuto sacrificare uno stipendio fisso per qualcosa che potevo conseguire anche in modo più naturale e olistico? Così facendo ho sempre potuto contare su uno stipendio fisso, al quale ho gradualmente aggiunto una nuova potenziale fonte di reddito. Anche se è stato impegnativo, il processo è stato tutto sommato piacevole e divertente. Non ci sono stati momenti di tensione o di frustrazione, dal momento che nessuno mi ha mai messo fretta (cosa che invece sarebbe successa se mi fossi licenziato, perché avrei dovuto scrivere e pubblicare il libro in fretta, per poterne monetizzare gli introiti nel modo più veloce possibile).

Un'altra strategia che consiglio vivamente di utilizzare è quella del piano B. Quando agite in direzione dei vostri obiettivi, tenetevi sempre aperta la possibilità di tornare sui vostri passi. Perché precludersela? Se per qualche motivo le cose dovessero mettersi male, avete sempre una via di fuga sicura. Non c'è niente di male nel ripiegare su una soluzione di emergenza, quando le cose si mettono male all'improvviso e senza preavviso. Avere un piano B, una valida alternativa in cui rifugiarsi nel momento del bisogno, è qualcosa di utile e positivo. Io stesso, nonostante non nutrissi particolare fiducia nella possibilità di avere successo, ho tentato di proporre il mio libro a una casa editrice americana. Come era facilmente prevedibile sono stato rifiutato. Se avessi scritto il libro solo per tentare la fortuna in quel modo, sarei rimasto a bocca asciutta. Invece avevo anche un piano B a disposizione, che prevedeva l'auto-pubblicazione e che mi avrebbe comunque permesso di dare alla luce il libro.

Coloro che osteggiano la strategia del piano B non lo fanno perché la ritengono inefficace; al contrario sono consapevoli della sua utilità, ma la rifiutano perché non vogliono dare agli altri l'impressione di essere tornati sui propri passi. Io al contrario non ho mai nessun problema a fare un passo indietro, perché non ho nessun motivo per volermi mostrare infallibile agli occhi del mondo. Sono un essere umano e in quanto tale a volte sbaglio; se riesco a raggiungere i miei obiettivi sono contento, ma se non ci riesco per qualche motivo, non ne faccio un dramma. Ne prendo atto e torno sui miei passi, senza far finta che non sia successo niente di grave. Sbagliare e prendere strade errate è umano, a meno che non soffriate di un senso di inferiorità che vi spinge a dare al mondo un'immagine di voi come perfetti, infallibili e sempre all'altezza della situazione, qualsiasi essa sia. Io invece mi considero un essere umano normale e non ho paura di ammettere i miei errori: se sbaglio o se le cose non vanno come avrei voluto, torno indietro sui miei passi senza problemi. Non devo dare spiegazioni a nessuno e non devo giustificare le mie scelte. Sono libero di essere chi sono e di agire nel modo in cui ritengo più opportuno. Questo mio atteggiamento mi ha costretto a rinunciare a molte opportunità di lavoro, ma mi ha permesso di trovare un modo di agire efficace e infallibile, che mi ha permesso di scrivere questo libro e di condividere con voi queste strategie. Non vi chiedo di credere ciecamente alle mie parole, ma di metterle in pratica sul campo di battaglia della vostra vita quotidiana per valutarne l'efficacia e la veridicità.

Lezione n: 2: tutto è cambiamento

Einstein ci ha insegnato che tutta la materia è energia. Questo significa che se guardassimo al microscopio un pezzo di legno (o più in generale qualsiasi altro tipo di materia solida), in realtà scopriremmo che esso è composto per oltre il 99% da spazio vuoto, e che la componente "solida" è di molto inferiore all'1%. Questo apre le porte a una serie di considerazioni sulla bontà e sulla validità delle informazioni che ci arrivano attraverso i cinque sensi. Noi vediamo un tavolo in cucina e non ci passa neanche per la testa l'idea che possa trattarsi di un'illusione; al contrario per noi è molto reale, visto che possiamo anche toccarlo con le nostre mani o percepirlo con gli altri sensi. Eppure, diversamente da quanto la nostra esperienza soggettiva ci suggerisce, la scienza dice che la sensazione di compattezza che avvertiamo quando tocchiamo il tavolo non è qualcosa di esistente di per sé, ma è dovuta al fatto che la "lenta" vibrazione energetica del materiale di cui è composto il tavolo genera, a contatto con l'imperfetto strumento del senso del tatto, una sensazione di apparente durezza e compattezza. In altre parole i nostri sensi ci ingannano. In linea di massima, a meno che non sviluppiamo la percezione intuitiva, non potremo mai conoscere veramente la realtà per quello che è. I sensi sono dunque strumenti imperfetti. Ad esempio, in relazione al senso dell'udito, noi esseri umani non possiamo sentire le onde radio, a meno che non usiamo una radio. Per lo stesso motivo non possiamo vedere o percepire i raggi X o quelli infrarossi, pur sapendo che esistono.

Più recentemente la fisica quantistica ha potuto confermare la bontà e la validità di molte delle rivoluzionarie scoperte di Einstein. Il fatto che il mondo in realtà sia molto diverso da come invece lo percepiamo normalmente sarebbe già di per sé un motivo sufficientemente valido per rimettere in discussione tutto ciò che sappiamo. Molte branchie del sapere, come ad esempio la medicina, la psicologia o la religione, dovrebbero essere aggiornate con le più recenti scoperte scientifiche fatte dalla fisica quantistica. In attesa di quel giorno memorabile, quello che per il momento ci interessa è capire come questa nuova consapevolezza (ossia che tutta la materia sia in realtà energia) possa rivoluzionare la nostra percezione della realtà, non solo da un punto di vista intellettuale, ma anche da un punto di vista pratico.

Energia e movimento

Una delle principali caratteristiche dell'energia è il movimento. Dove c'è energia deve esserci anche movimento (a meno che non si parli di "energia potenziale"). Se dunque tutto è energia, tutto è anche movimento. Poiché dove c'è movimento c'è anche cambiamento, potremmo concludere che una delle principali caratteristiche del mondo in cui viviamo sia il continuo cambiamento. In altre parole in questo mondo non c'è niente di fisso e stabile, perché tutto è in continuo e costante cambiamento. Tutto ciò può sembrare sconcertante a prima vista, ma un'attenta analisi non può che dimostrare la correttezza di queste considerazioni.

La persona che siete oggi è molto diversa da quella che eravate una decina di anni fa. Potreste essere migliorati o peggiorati, ma di sicuro siete cambiati, non solo da un punto di vista fisico ma anche da un punto di vista psicologico e della personalità. Ma non siete cambiati solo voi: sono cambiate anche le persone che erano accanto a voi. Gli amici di un tempo ora forse sono vostri nemici, mentre altri per i quali provavate antipatia oggi sono invece i vostri migliori amici. Lo stesso principio si applica a tutte le altre relazioni sociali, incluso il matrimonio. Dopo un colpo di fulmine e le solenni promesse di amore eterno, il romanticismo cede presto il passo all'insofferenza e alle incomprensioni. La luna di miele generalmente dura poco, e se dura a lungo di solito lo fa a caro prezzo. La cosa ancora peggiore è che non cambiano solo le persone a noi vicine, ma anche il mondo stesso. Cento anni fa non esistevano i cellulari o i computer, così come tante altre cose. Anche le mode e le tendenze erano diverse, come pure le abitudini sociali o la mentalità della gente. Per quanto ciò possa sembrare strano, il mondo è come un fiume che scorre: mai uguale a se stesso per due secondi di fila.

Distacco

A questo punto la cosa importante è capire come affrontare la situazione. Come vive la maggior parte delle persone, sapendo che tutto, in questo mondo, è in qualche modo mutevole? La maggior parte della gente, infatti, pur di trovare qualcosa a cui aggrapparsi in questo continuo e costante flusso di cambiamento, si attacca a tutto ciò che gli passa vicino senza pensare troppo a quello che fa. Per questo le persone cercano di fare carriera o si sposano, sperando così di trovare un po' di sicurezza. La verità è che questa strategia non è quasi mai quella giusta, anche se in certe situazioni può aiutare. Questo è il motivo per il quale i matrimoni si trasformano in divorzi: a un certo punto della vita di coppia ci si rende conto che il nostro compagno non risponde più alle aspettative che noi avevamo nei suoi confronti, e l'unica cosa che possiamo fare è iniziare a lamentarci e a criticarlo. Se ci limitiamo a fare questo, tuttavia, il nostro rapporto ha i minuti contati. Per salvare il matrimonio è invece necessario salire a un livello superiore di comprensione e consapevolezza, perché solo così facendo esso diventa una grande opportunità di crescita personale. Affinché ciò accada sono necessari distacco, apertura mentale, comprensione e accettazione; l'attaccamento, il giudizio, la critica e la rabbia invece trasformano il matrimonio in un "conto alla rovescia".

L'attaccamento è il problema principale, non solo nel matrimonio ma in ogni relazione sociale e addirittura nella vita in generale. Infatti se tutto è in costante cambiamento, come possiamo pensare di poterci attaccare a qualcosa? L'attaccamento è un maldestro tentativo (peraltro destinato a fallire) di restare in contatto con qualcosa che altrimenti ci sfuggirebbe di mano. Per evitare che questo accada cerchiamo quindi di attaccarci a qualcosa o a qualcuno, nella speranza di trovare un po' di sicurezza. Come già detto non c'è niente di male nel fare carriera o nel fatto di sposarsi, purché lo si faccia con la giusta dose di distacco. Così facendo il matrimonio e la carriera possono diventare due elementi cardini del nostro sviluppo personale. Al contrario, se facciamo carriera o ci sposiamo nella speranza di poter fermare lo scorrere del tempo e trovare così la sicurezza che cerchiamo, la vita si mostrerà a noi in tutta la sua crudezza. Anche nostra moglie infatti ha le sue lezioni da imparare, e se le vogliamo bene veramente non possiamo che assecondarla e aiutarla in questo processo, lasciandole la libertà che le spetta e di cui ha bisogno. Anche la carriera può farci crescere in termini di ragionevolezza e responsabilità, se l'affrontiamo con la giusta apertura mentale e disponibilità. Al contrario può trasformarsi in una ossessione potenzialmente fatale, in grado persino di rovinarci la vita nel lungo periodo (sia da un punto di vista materiale, sia da un punto di vista psicologico ed emotivo).

Non abbiamo la possibilità di fermare né lo scorrere del tempo né i cambiamenti che esso porta con sé. Persino il nostro "fedele" corpo cambia in continuazione: nasciamo come piccoli inermi, completamente indifesi e dipendenti dalle cure dei genitori, e cresciamo fino a diventare persone completamente indipendenti, addirittura in grado di prendersi cura dei nostri figli. Ma anche dopo aver raggiunto questo invidiabile stadio dell'evoluzione, siamo comunque ancora soggetti al cambiamento e gradualmente invecchiamo fino a morire. Se persino il nostro corpo non può arrestare il flusso del cambiamento insito nella vita stessa, come possiamo aspettarci di farlo noi con i nostri familiari, i nostri cari o il lavoro? È semplicemente una cosa impossibile. Finché vivremo saremo soggetti al continuo e costante flusso del cambiamento, che ci piaccia o no. Dove c'è vita ci sarà sempre cambiamento, dal momento che la vita è energia. Prendere consapevolezza di questa grande verità è già un ottimo punto di partenza per potersi destreggiare nel mondo con facilità (o perlomeno senza incontrare troppe difficoltà). Imparare a vivere con distacco, lontano dall'emotività o dagli scoppi d'ira è sicuramente un modo eccellente per affrontare la vita. Essere distaccati mentre si adempie ai propri doveri è di sicuro la miglior strada che porta al successo interiore (ovvero alla vera felicità), perché ci fa assumere le nostre responsabilità senza però perdere la testa (molti dei problemi e delle difficoltà che incontriamo nella vita sono dovuti proprio all'attaccamento).

La morte

L'ultima parola in assoluto sulla vita spetta alla morte. Da questo punto di vista Dio è stato veramente giusto: a prescindere da quanto potenti, ricchi o famosi siamo, prima o poi tutti moriremo. Nessuno resterà qui su questo pianeta abbastanza a lungo per godersi pienamente i frutti delle sue conquiste terrene. Vista da un'altra prospettiva, ovvero quella delle persone malate o sofferenti, la morte rappresenta invece un toccasana, qualcosa che viene a liberare dall'agonia del dolore incessante. In ogni caso, a prescindere da come la percepiate, la morte resta una verità scolpita nella roccia, e quando ve ne andrete non potrete portare con voi né le cose belle che avete accumulato, né le esperienze negative che avete vissuto. Comunque sia, perderete tutto. Le uniche cose che rimarranno con voi nel mondo astrale saranno il livello di coscienza che avete acquisito in questa vita e il karma a esso associato.

Perché dunque attaccarsi alle cose materiali dell'esistenza, se poi non potremo portarle via con noi nella nostra prossima vita? Non è forse meglio concentrarsi sulle uniche due cose che porteremo con noi nell'aldilà? Il livello di coscienza acquisito ha a che fare con il grado di evoluzione spirituale che siamo riusciti a sviluppare nel corso dell'intera esistenza, che a sua volta dipende dal modo di affrontare la vita e di reagire agli eventi sfavorevoli. Il karma invece è la conseguenza diretta del livello di coscienza raggiunto: più esso sarà elevato, più avremo accumulato buon karma. Questi sono gli unici due elementi che determineranno le condizioni della nostra rinascita nel mondo astrale, che ci piaccia o no. Questo non vuole essere un invito alla negligenza. Al contrario vuole essere un monito a occuparsi dei propri doveri con abnegazione e distacco, senza però farsi eccessivamente coinvolgere troppo. Si può fare il proprio dovere anche senza perdere preziose energie psicofisiche (l'unica altra alternativa, infatti, è lo stress). Solo conducendo una vita responsabile potremo infatti creare il buon karma necessario per ottenere una buona rinascita astrale, dalla quale riprendere il cammino verso la liberazione finale.

Lezione n. 3: mettere in dubbio le convinzioni che diamo per scontate

Le convinzioni, anche conosciute con il termine di credenze, non sono altro che delle sensazioni di certezza riguardo a qualcosa. Non sempre queste convinzioni sono esatte, anzi nella maggior parte dei casi esse sono del tutto contrarie al buonsenso; tuttavia, quando si parla di convinzioni, la cosa più importante non è tanto la loro veridicità, ma piuttosto la certezza che noi abbiamo nei loro confronti. In altre parole, a prescindere dal fatto che le nostre credenze siano ragionevoli o meno, noi siamo al 100% sicuri della loro "verità".

Le convinzioni possono riguardare qualsiasi cosa, dalle banalità alle questioni esistenziali. Anche se a volte nascondono un fondo di verità, nella maggior parte dei casi le superstizioni sono le cose più sciocche che esistano. Se un gatto nero vi attraversa la strada mentre state guidando verso casa, ad esempio, potreste pensare che qualcosa di poco piacevole sta per succedere. I problemi esistenziali, al contrario, possono essere considerati le cose più serie in assoluto, alle quali, generalmente, le persone rivolgono la loro attenzione solo quando sono "costrette", come ad esempio quando ci si trova a faccia a faccia con la malattia, la morte o altre situazioni drammatiche (un altro motivo che spinge a porsi domande di natura esistenziale può provenire dalle vite passate). Cosa può esserci di più serio e appropriato del fatto di chiedersi quale sia il significato della vita, o di cosa succeda dopo la morte? Tra le superstizioni e le domande esistenziali, che sotto certi punti di vista rappresentano i limiti delle possibilità dell'indagine umana, esiste tutto il resto. Non ci sono dunque limiti di applicabilità: dovunque abbiate una certezza riguardo a qualcosa, lì c'è anche una convinzione.

Non è questione di giusto o sbagliato, ma di certezza: se ciò in cui credete è effettivamente vero o no, questo è un problema che esime dalla vostra convinzione. Infatti, per voi, credere in qualcosa significa essere sicuri al 100% della sua veridicità, a prescindere dal fatto che le cose stiano veramente così. Quindi le credenze esistono a un livello diverso rispetto alla verità delle cose, perché potete essere sicuri di una cosa che in realtà poi si rivela essere completamente sbagliata.

Ricordo ancora quello che successe quella volta in cui andai in trasferta fuori città con il mio datore di lavoro. Dovevamo aiutare un'azienda ad accedere a un portale web per completare una specie di dichiarazione dei redditi dell'energia elettrica consumata nell'anno precedente, così ci portammo dietro alcuni documenti cartacei e una chiavetta elettronica usb, che ci avrebbero aiutato nella compilazione del questionario a cui dovevamo rispondere. Al termine del lavoro, il mio capo mi consegnò la chiavetta usb per rimetterla in borsa. Per qualche motivo, invece di rimetterla nella borsa assieme agli altri documenti, me la misi in tasca. Forse ero distratto o stavo pensando a dell'altro, ma sicuramente si trattò di un gesto del tutto non volontario. Il giorno successivo, quando il mio capo mi chiese la chiavetta usb, gli dissi di averla messa in borsa assieme agli altri documenti cartacei. Cercò nuovamente ma non riuscì a trovarla, per cui mi chiese di nuovo dove l'avessi messa. Non ricordandomi dove l'avessi messa, continuavo a credere di averla messa nella borsa, perché era una cosa che avevo fatto decine di altre volte. Pur non ricordandomi consciamente il presunto momento in cui l'avevo messa in borsa, ero sicuro di averlo fatto, come d'altronde avevo sempre fatto in passato. Ero sicuro al 100%, anche perché non riuscivo a capire in quale altro posto avrei potuto metterla. Eppure stavolta non c'era e le ricerche non diedero l'esito sperato.

Dopo un paio di giorni, prima di un allenamento, uno dei miei compagni di squadra chiese chi di noi avesse perso una chiavetta usb. Quando la tirò fuori, feci fatica a credere che fosse proprio la chiavetta elettronica che non riuscivo più a trovare. Evidentemente me l'ero messa in tasca e la sera stessa, nel togliermi i pantaloni da lavoro per mettermi i pantaloncini da allenamento, mi era inavvertitamente scivolata fuori dalle tasche ed era finita nella borsa del mio compagno di squadra. Rimasi sbigottito e incredulo, perché non potevo ancora credere ai miei occhi. Dovetti accettare il fatto di essermi sbagliato, nonostante fossi ancora convinto al 100%, dentro di me, di averla messa nella borsa di lavoro assieme ai documenti cartacei.

Nell'esempio sopra riportato, la mia credenza viveva di vita propria a un livello diverso da quello della realtà effettiva delle cose: ciò che io credevo non coincideva con quelli che erano stati i fatti della realtà. In altre parole non è detto che le vostre convinzioni siano corrette, o che le cose siano andate in realtà come voi avete creduto o percepito. Ciò spesso e volentieri porta a fraintendimenti e incomprensioni, soprattutto in una relazione interpersonale. Di solito siamo talmente convinti di una cosa che non ci passa neanche per la testa l'idea che potremmo sbagliare, e quando ci accorgiamo di aver commesso un errore di valutazione, purtroppo, spesso è già troppo tardi. Una buona soluzione per ovviare a questo problema è quello di essere sempre disposti al confronto e sempre disponibili al dialogo. Così facendo, sforzandoci perlomeno di ascoltare il punto di vista altrui (la sua versione dei fatti), potremmo forse renderci conto (in tempo) di alcuni errori di valutazione che avremmo potuto compiere inconsciamente, e correggere la nostra posizione prima che nasca una discussione o una diatriba verbale.

Tre categorie di convinzioni

In generale le convinzioni possono essere raggruppate in tre grandi categorie: le credenze personali, quelle sociali e le regole (personali e sociali)[5]. Le convinzioni personali sono quelle che nascono e si sviluppano prevalentemente nell'ambito familiare o in quelli affini, trasformandoci di fatto in "copie psicologiche" dei nostri genitori o più in generale delle persone che si sono occupate di noi, poiché ci sono buone probabilità che tutti noi abbiamo assimilato buona parte del nostro *background* psicologico direttamente dai nostri genitori o dalle persone con le quali eravamo costantemente in contatto da piccoli (ad esempio i nonni o gli insegnanti).

Alcune tendenze subconscie le abbiamo apprese direttamente da nostra madre durante il periodo della gravidanza: anche se non eravamo consciamente consapevoli di essere vivi, la nostra mente stava già registrando le parole e le emozioni di nostra madre[6]. La maggior parte delle tendenze subconscie sono state apprese nel corso della giovinezza, e in particolare nei primi sette anni di vita, quando ha iniziato a formarsi la cosiddetta "mente critica", che ha la funzione di filtrare le informazioni che provengono dall'esterno per valutarne il contenuto e l'affidabilità. Fino a quando questa funzione della mente non si è sviluppata, la mente dei bambini è particolarmente influenzabile e dovrebbe essere protetta da ambienti o circostanze indiscrete o indesiderabili. Ciò implica il fatto di prestare attenzione che alla mente del bambino non giungano informazioni o comportamenti errati, e anzi stimolare le loro menti con esempi pratici di comportamenti, parole e atteggiamenti virtuosi[7].

Infine un ultimo periodo particolarmente importante per la formazione delle nostre convinzioni è quello che va dai sette ai diciotto anni circa. In questi anni infatti i giovani attraversano varie fasi di crescita, trasformandosi da inermi bambini a uomini o donne a 360 gradi. In questo lasso di tempo, a fronte degli innumerevoli cambiamenti che il corpo e la mente dei ragazzi e delle ragazze sono chiamati ad affrontare, la loro mente resta comunque altamente influenzabile, nonostante la mente critica si sia completamente formata e stia funzionando a pieno regime. Questo terzo momento di alta influenzabilità termina nel momento in cui i ragazzi iniziano ad avvicinarsi al mondo del lavoro, cosa che li spinge inevitabilmente a iniziare a pensare con la propria testa senza farsi troppo influenzare dalle idee o dalle opinioni altrui[8]. Durante questo periodo di tempo le principali fonti di influenza per i ragazzi non sono i genitori ma le persone con le quali questi entrano in contatto, tipicamente gli insegnanti e le altre figure dotate di autorità (come ad esempio gli allenatori della squadra di calcio o di pallavolo, i "maestri" delle palestre di arti marziali o le catechiste dei circoli religiosi). In un secondo momento le principali fonti di ispirazioni diventano gli amici e i coetanei in generale (anche attraverso i *social network*).

Un'altra tipologia di credenze è quella delle cosiddette "convinzioni sociali", che vengono chiamate in questo modo perché sono condivise dalla maggior parte della società. Ad esempio, prima della scoperta della validità della teoria eliocentrica, secondo la quale il Sole si trova al centro del Sistema Solare mentre la Terra e gli altri pianeti si limitano a girarci intorno, era convinzione diffusa che invece fosse vero proprio il contrario, ovvero che fosse la Terra a trovarsi al centro del Sistema Solare mentre il Sole e gli altri pianeti le giravano attorno. Un altro esempio di convinzione sociale del passato era l'idea che la Terra fosse piatta, teoria che è stata definitivamente sbugiardata con la scoperta dei continenti americani, nel 1492. Invece, una

---

[5] Confronta anche Roberto Re, *Leader di te stesso*, Oscar Mondadori, pag. 135 e seguenti.

[6] Confronta anche Roy Martina, *Equilibrio emozionale*, Tecniche Nuove, traduzione di Gloria Fassi, pag. 135 e seguenti.

[7] Per questa ragione è necessario assicurare ai bambini una solida e affidabile educazione.

[8] Spesso questo periodo della vita può protrarsi ben oltre il compimento del diciottesimo anno (è ciò che spesso accade, ad esempio, ai ragazzi che frequentano l'università).

convinzione sociale messa in discussione solo recentemente è quella relativa alla solidità della materia. Infatti, fino alla scoperta della teoria della relatività di Einstein, si pensava che la materia non fosse altro che un insieme di atomi solidi, che non potesse essere riconducibile a nient'altro. Oggi invece sappiamo che la materia non è altro che energia che vibra a una frequenza talmente bassa da apparire "solida" alla percezione dei sensi. Le credenze sociali sono dunque delle convinzioni largamente condivise dalla maggior parte (per non dire dalla quasi totalità) delle persone.

Queste credenze traggono la loro origine principalmente dagli ambienti accademici e della scienza, anche se come abbiamo visto negli esempi sopra considerati, c'è sempre la possibilità che la scienza si sbagli o che non disponga delle conoscenze e degli strumenti necessari per penetrare più acutamente nei misteri della vita e dell'universo. Ad esempio oggi la scienza non prende nemmeno in considerazione (o quasi) la possibilità che dietro a questo mondo materiale o energetico ci sia la mano di Dio, ma verrà un giorno in cui gli ambienti accademici disporranno delle conoscenze e degli strumenti per dimostrare che l'intero universo, così come noi lo conosciamo, è in realtà intessuto e imbevuto della coscienza di Dio, incluso il corpo umano.

Un'altra particolare tipologia di convinzione sociale è la superstizione, che proviene però dai "bassifondi" della cultura popolare, anche se molto spesso contiene dei fondamenti di verità. Ciononostante, anche questa tipologia di credenze è da prendere in considerazione con molta attenzione, dal momento che non possiamo darne per scontata la sua validità ed efficacia.

Infine le ultime tipologie di convinzioni sono le cosiddette regole, che possono essere sia individuali sia sociali. Le prime sono regole che ci poniamo noi stessi, le seconde sono regole che ci vengono imposte da altri per convenienza sociale. Le regole personali nascono quando attribuiamo agli eventi o alle situazioni della vita (o alle cose in generale) un significato particolare, come ad esempio quando decidiamo di arrabbiarci perché qualcuno non ha fatto ciò che avremmo voluto facesse. Dentro di noi abbiamo la convinzione che gli altri debbano sempre fare quello che vogliamo noi (convinzione personale, del primo tipo), che abbiamo associato alla seguente regola: *se gli altri non fanno ciò che vogliamo, ci mancano di rispetto e dunque abbiamo il diritto di arrabbiarci con loro.* Non c'è scritto da nessuna parte che sia lecito arrabbiarsi quando gli altri si comportano in modo diverso da come noi avremmo voluto, né tantomeno è una cosa saggia da fare. Altre persone potrebbero infatti avere una regola diversa; io, ad esempio, ho la seguente regola: *se gli altri non fanno quello che avrei voluto, rispetto le loro scelte e le lascio andare per la loro strada, mentre io vado per la mia.* In altre parole le regole individuali colorano di significato molte delle nostre situazioni di vita, soprattutto nell'ambito delle relazioni.

Le "regole sociali" invece derivano sia dall'imposizione della legge, sia dal comune buonsenso. Le norme e le leggi che stabiliscono ciò che si possa fare e ciò che invece debba essere evitato, sono ad esempio delle regole sociali, alla pari delle leggi che stabiliscono le pene per i trasgressori di tali norme. Le regole sociali che derivano dal comune buonsenso, invece, si riferiscono a modelli comportamentali e sociali dati per scontato e consolidati nel tempo. Ad esempio l'idea che i rapporti sessuali debbano essere limitati all'interno del rapporto di coppia, nel caso di persone sposate o fidanzate, è un esempio di regola sociale proveniente dal buonsenso e assodata dalla tradizione culturale (perlomeno nella maggior parte dei Paesi occidentali). Un altro esempio di regola sociale consolidata è quella che ci suggerisce di non andare in chiesa vestiti in costume di bagno, o in maniera indecorosa (ad esempio a petto nudo, per gli uomini) o succinta (soprattutto nel caso delle donne, in questo caso).

Come per le tipologie analizzate in precedenza, anche in questo caso non si tratta di esprimere un giudizio positivo o negativo su queste regole, individuali o sociali che siano, ma di prenderne atto tenendo sempre presente che potrebbero essere giuste o sbagliate. Molte leggi, ad esempio, sembrano fatte apposta per danneggiare le persone oneste e favorire i disonesti e i "furbetti": sono regole sociali sbagliate, che andrebbero modificate e cambiate. Allo stesso modo, anche l'idea che i rapporti sessuali debbano limitarsi all'interno di uno specifico rapporto di coppia può sembrare sbagliata per molte persone, che invece vivono la sessualità in modo diverso da come invece fa la maggior parte delle persone. Per un bambino di cinque anni, andare in chiesa in costume da bagno potrebbe sembrare una cosa del tutto normale, anche se la stessa cosa non si può dire riguardo a una persona di mezza età.

Mettere in dubbio le convinzioni

L'argomento è molto ampio e articolato e per trattarlo esaustivamente sarebbe necessario un libro intero, o meglio un'enciclopedia. Tuttavia, poiché questo volume è centrato sulle lezioni di vita, l'argomento delle convinzioni, anche se particolarmente interessante, viene affrontato esclusivamente dal punto di vista dello scopo del libro, tralasciando pertanto ogni altra considerazione associata al tema delle credenze. Per quanto ci interessa in questo preciso momento, l'unica cosa che vogliamo capire è cosa poter fare per evitare di inciampare sulle convinzioni e cadere per terra.

La cosa più utile di tutti, e anche la più facile da fare, è mettere in dubbio le nostre credenze. Ciò non significa né cercare di dimostrarne la validità, né cercare prove contrarie per dimostrarne la fallacia. Mettere in dubbio significa semplicemente verificare la verità delle vostre convinzioni sul terreno della vita di tutti i giorni; in altre parole vuol dire non dare per scontato il fatto che siano vere.

Non dovete schierarvi da una parte o dall'altra, suffragando di fatto la veridicità o la fallacia di una convinzione, ma dovete verificare se le premesse (e le promesse) in essa contenute siano o meno davvero veritiere. Dovete avere l'atteggiamento di un vero e proprio investigatore, che raccoglie prove a carico di un potenziale imputato per verificarne la colpevolezza o l'innocenza. Fate anche voi la stessa cosa, senza per questo schierarvi a priori dalla parte della veridicità. Analizzate con oggettività le vostre convinzioni e non fatevi influenzare dalla troppa familiarità: il fatto che abbiate creduto a una credenza fino a ora (ossia che abbiate avuto una specifica convinzione riguardo a qualcosa), non significa che dobbiate continuare a farlo per il resto della vostra vita, se scoprite che qualcosa non va.

Tutte le convinzioni infatti, così come tutte le altre cose di questo mondo, hanno anch'esse il loro ciclo di vita: nascono, si sviluppano e crescono, e infine muoiono, venendo sostituite da nuove credenze (che si spera siano legate a un sempre maggiore livello di saggezza, comprensione e consapevolezza). Di conseguenza non c'è nulla di male nell'accorgersi che una delle convinzioni che abbiamo assecondato fin dalla tenera infanzia sia in realtà quasi del tutto sbagliata: quando ne prendiamo consapevolezza acquisiamo anche il potere di cambiare la situazione, e di conseguenza la nostra vita. Le convinzioni di una persona riflettono sempre il suo livello di comprensione, conoscenza e consapevolezza. Ne consegue che, a mano a mano che questi standard si alzano, anche le nostre convinzioni subiscono delle modifiche e delle rettifiche. La vita è un'aula di scuola dalla quale non si può mai smettere di imparare, perché via via che diventiamo persone sempre più centrate in noi stesse, sagge e amorevoli, automaticamente saliamo anche i gradini della scala dell'evoluzione e acquisiamo il diritto di accedere a nuovi piani dell'esistenza, caratterizzati da un livello di comprensione, conoscenza e consapevolezza superiori[9]. In ciascuno di questi diversi "piani" sono presenti credenze e convinzioni diverse. Una persona che vive a un basso livello e che pensa ad esempio solo a mangiare e a bere, avrà convinzioni sicuramente diverse da quelle di una persona che vive a livelli più alti. Per questo motivo infatti da giovane non riuscivo a comprendere le scelte di vita dei sacerdoti e dei monaci, e mi interrogavo sulle motivazioni li spingevano a dedicare la loro vita a qualcosa della cui esistenza non ero (a quel tempo) nemmeno sicuro. Oggi invece, a distanza di molti anni, anch'io sto camminando su un sentiero spirituale e capisco perfettamente la loro scelta. Anche se non sono diventato né un sacerdote né un monaco, ho attraversato i piani di vita che separavano la mia coscienza dalla loro, arrivando persino a condividere, sotto un certo punto di vista, le loro scelte di vita. Non è che siano cambiate le mie convinzioni: semplicemente sono riuscito ad accedere a nuovi livelli di conoscenza, comprensione e consapevolezza, ai quali sono connesse nuove credenze, diverse da quelle presenti nei piani inferiori.

Inoltre c'è sempre anche la possibilità che le convinzioni che abbiate avuto in un determinato periodo della vostra esistenza fossero adatte in quel particolare momento ma non lo siano più adesso. Ad esempio, quando avevate quattro o cinque anni, molto probabilmente i vostri genitori vi hanno insegnato ad attraversare la strada solo in loro presenza, dando loro la mano. La vostra mente, per quanto giovane e inconsapevole, se vogliamo, ha immediatamente associato dolore

---

[9] Confronta anche Hay Louise L., *Puoi guarire la tua vita*, Edizioni My Life, traduzione di Katia Prando, pag. 20.

all'idea di attraversare la strada da soli, associando invece piacere all'idea di farlo dando la mano alla mamma o al papà. Era necessario che i vostri genitori infondessero nella vostra mente questa convinzione per evitare che potesse succedervi qualcosa di grave. Tuttavia, una volta che avete raggiunto una certa età non avete di certo bisogno del permesso dei genitori per attraversare la strada! Ciò che era utile e giustificato anni fa, ora non ha più alcun senso. Questo dimostra il fatto che alcune convinzioni, che appaiono assolutamente utili e ragionevoli in un determinato periodo della nostra vita, possono non esserlo più in un momento successivo, a distanza di qualche anno.

Per diventare l'investigatore della vostra convinzioni dovete cercare prove a sostegno della veridicità o della fallacia della vostra credenza. In altre parole chiedetevi: "Quali prove ci sono del fatto che questa convinzione sia vera?", e: "Quali prove invece dimostrano che è sbagliata?". Così facendo raccoglierete dati oggettivi a sostegno o meno della vostra convinzione. Alla fine dell'analisi confrontate i risultati a cui siete giunti e prendete una posizione precisa. C'è anche la possibilità che la vostra credenza possa essere vera solo in parte, o sia vera solo in determinati contesti e ambiti specifici. In questi casi prendete comunque atto della situazione e aggiornate la vostra convinzione, in modo che sia coerente con l'analisi che avete condotto e con i risultati conseguiti.

Un altro buon modo per mettere in dubbio una convinzione è cercare dei contro-esempi che dimostrino il contrario di quello di cui siete sicuri. Se ad esempio siete sicuri che tutti tentino sempre di fregarvi, sforzatevi di trovare un contro-esempio che dimostri il contrario. Forse non lo troverete nell'ambito professionale, ma lo potrete trovare nell'ambito della spiritualità. Anche se forse non basterà per cambiare la vostra credenza, perlomeno potrebbe aiutarvi a contestualizzarla o a modificarla leggermente. Per mettere in dubbio una convinzione, quindi, dovete cercare qualcosa che possa dimostrarne la fallacia (totale o parziale). Al contrario, se volete usare l'approccio opposto, potete dimostrare la validità di una convinzione cercando di trovare delle conferme concrete della sua veridicità[10].

In entrambi gli esercizi sopra suggeriti, l'importante è dunque mettere in dubbio la convinzione, non necessariamente cambiarla. Se dall'analisi che avete condotto risulta opportuno modificare, cambiare o contestualizzare meglio la vostra vecchia convinzione, allora fatelo. In alcuni casi dovreste gettare via completamente la vostra credenza, sostituendola con qualcosa di nuovo. Se invece vi accorgete che la convinzione è abbastanza solida, confermatela e continuate a vivere sulla base di essa. La modifica o la sostituzione di una credenza non è così importante quanto la sua messa in discussione: è infatti quando iniziamo a dubitare delle cose che creiamo i presupposti per poi cambiarle. Cambiare una convinzione senza aver prima condotto un'adeguata analisi sulla sua veridicità è come cercare di tagliare a cubetti una carota tenendo gli occhi chiusi sperando di non tagliarci anche le dita. Mettere in dubbio qualcosa invece è sufficiente per iniziare a smuovere le acque, perché a prescindere da quali saranno i risultati della nostra analisi, sicuramente impareremo a non dare mai troppo per scontate le cose che crediamo vere; così facendo diventeremo più prudenti ed eviteremo di compiere passi falsi.

Un altro beneficio del fatto di mettere in dubbio le nostre credenze è accorgersi di come stiano veramente le cose. Se metterete in dubbio le vostre credenze, infatti, presto vi accorgerete che la realtà dei fatti è molto lontana dal vostro abituale (e attuale) punto di vista; in altre parole, il mondo vi sta facendo credere quello che fa più comodo a lui, mentre le cose stanno in realtà in maniera molto diversa. Troviamo continuamente conferma di questo fatto quando indaghiamo dietro le quinte della politica e del mondo istituzionale, che governano in lungo e in largo il mondo in cui viviamo e dunque anche buona parte della nostra vita. L'effetto positivo associato a questa pratica è l'espansione della nostra comprensione e la nostra consapevolezza, grazie alle quali accelereremo il nostro progresso spirituale e avremo accesso ai livelli "superiori" dell'esistenza.

---

[10] Per chi desidera approfondire l'argomento si consiglia la lettura e la pratica del mio libro *La meditazione del guardare in profondità*.

Lezione n. 4: affrontare il disagio

La maggior parte delle persone è abituata a fuggire di fronte ai problemi, come se questi fossero pericolosi animali della jungla. In realtà le difficoltà sono il succo della vita, senza il quale l'esistenza diventerebbe solamente una tetra *routine* quotidiana. Quale modo migliore di mettere un po' di sale e pepe nella vita quotidiana? I problemi rendono la vita interessante, intrigante e stimolante. Non che troppi problemi siano desiderabili, non è questo che intendo dire. Come in tutte le cose ci vuole il giusto equilibrio (sempre che la vita ce ne conceda il lusso!), perché troppi problemi potrebbero prosciugare, nel lungo periodo, le nostre energie vitali e la voglia di vivere. Ma una giusta dose di difficoltà aiuta a trarre il meglio dalla vita perché ci sprona ad alzare l'asticella, a migliorare e a diventare più creativi.

Le difficoltà sono dunque le "vitamine" della crescita personale perché ci danno l'opportunità di guardare dentro di noi per scoprire cosa c'è che può essere migliorato. Se la vita non ci mettesse alla prova, come potremmo spingerci oltre i nostri stessi limiti? È proprio quando siamo messi alle strette che invece riusciamo a massimizzare le nostre forze e a sviluppare appieno i nostri talenti, perché non abbiamo altra via d'uscita. Di conseguenza dove ci sono problemi, lì si nascondono sempre anche grandi possibilità. Il problema a questo punto diventa se accettare o meno la sfida. Molte persone infatti, davanti a questi ostacoli, si ritraggono indietro e fuggono via, o cambiano idea (o strategia) all'improvviso per evitare di doverli affrontare. Si comportano come le tartarughe che ritraggono la testa dentro il guscio di fronte a una minaccia. O come gli struzzi, che di fronte al pericolo nascondono la testa sotto la sabbia.

Sentirsi a disagio è assolutamente comprensibile ma non è il giusto modo di fare le cose. Se avete preso la decisione di fare qualcosa in un determinato modo, dovete essere pronti ad affrontare inconvenienti e difficoltà. Dovete imparare a trovare modi creativi per superare tutti gli ostacoli che troverete lungo il cammino, perché così facendo diventerete inarrestabili e niente potrà più fermarvi. Se invece cambiate strada, la vita prima o poi vi farà incontrare altri ostacoli, identici o simili ai precedenti, che vi siete rifiutati di affrontare. E così via, almeno fino a quando non li avrete affrontati a faccia a faccia. Se rifiuterete continuamente, alla fine della vostra esistenza vi accorgerete di esservi sempre comportati come dei codardi, ma a questo punto sarà troppo tardi per cambiare. Al contrario, se combattete attivamente contro le difficoltà giorno dopo giorno, almeno avrete la sensazione dentro di voi di aver fatto tutto il possibile per farcela, o perlomeno di aver fatto del vostro meglio.

Non è questione di riuscire o meno a superare le difficoltà che incontriamo, ma di affrontare il disagio a esse collegate. Alla parola *disagio* molto spesso è però associata una grande carica emotiva: quando ci sentiamo a disagio in una particolare situazione, la prima cosa che ci viene in mente di fare è allontanarci più velocemente possibile da essa. È una reazione normale, dettata inconsciamente dall'istinto di sopravvivenza. Fuggire dal dolore è infatti la reazione istintiva più forte in assoluto dell'essere umano. Solo dopo esserci allontanati a sufficienza dal pericolo, poi potremo concentrarci sulla ricerca del piacere. Molte persone infatti credono erroneamente di poter controbilanciare la paura del dolore col desiderio di qualcosa di più piacevole, ma si sbagliano. Il piacere e il dolore sono sicuramente le due forze più importanti dell'esistenza, che di fatto determinano ogni aspetto della nostra vita. Tuttavia, tra le due, il dolore è quella più potente[11]. Il disagio che proviamo di fronte a una difficoltà non è altro che una versione ridotta della paura della morte che proviamo quando la nostra sopravvivenza è a rischio. Ne consegue che la nostra prima reazione di fronte alle situazioni di disagio, nella maggior parte dei casi, è simile a quella che avremmo se ci trovassimo di fronte a una situazione di pericolo di vita. Mentre in quest'ultimo caso bisogna fuggire immediatamente per mettere in salvo la vita[12], la stessa reazione non è giustificabile in contesti che non mettono a rischio la nostra incolumità. Che senso ha scappare immediatamente di fronte alla prima difficoltà, se dopo tutto non può accaderci niente di male? Se non c'è un pericolo immediato dietro all'angolo, perché non prendersi del tempo per analizzare la situazione e valutare come reagire?

---

[11] Confronta anche Roy Martina, *Sei un campione!*, Tecniche Nuove, pag. 14.

[12] In realtà c'è anche un'altra possibilità, oltre alla fuga: combattere attivamente il pericolo (la cosiddetta "reazione di attacco o fuga").

Il segreto del successo e del miglioramento personale consiste nel saper affrontare il disagio. Superarlo è difficile perché presuppone la capacità di saper affrontare il nostro istinto più profondo, che ci suggerirebbe di scappare e cercare un altro modo di fare le cose. Così facendo, però, vivremmo come se fossimo all'interno di un labirinto: a ogni punto cieco torneremmo subito indietro. In questo modo potremmo accorgerci, in punto di morte, di non essere riusciti a migliorare praticamente in nulla, e di essere identici a come eravamo quando eravamo adolescenti. Stesse convinzioni, stessi atteggiamenti e personalità: ottanta o novanta anni di vita non ci hanno cambiato di una virgola. Che tristezza!

Sono d'accordo con voi nel sostenere che sia positivo che alcuni tratti della nostra personalità si mantengano inalterati nel tempo, ma per quanto riguarda tutti gli altri aspetti non lo ritengo un grande risultato. Tutti noi abbiamo convinzioni limitanti (come ad esempio i preconcetti), atteggiamenti sbagliati e modi di fare inappropriati: per cambiarli non dobbiamo far altro che affrontare le situazioni di disagio che la vita ci mette davanti. Così facendo, pensando e agendo in maniera diversa da come solitamente siamo invece abituati a fare, potremo accedere a nuovi livelli di comprensione e consapevolezza, che a loro volta ci aiuteranno a sviluppare nuovi modi di vedere le cose (convinzioni), nuovi atteggiamenti e comportamenti. È possibile raggiungere un risultato simile anche attraverso la ricerca, lo studio e l'analisi intellettuale, ma le conclusioni alle quali si arriverà saranno indubbiamente diverse. Un conto è imparare le cose dai libri o dai corsi di formazione, un'altra è invece farne esperienza sulla propria pelle. Imparare attraverso l'intelletto e lo studio è una buona cosa, ma imparare attraverso l'esperienza di vita è ancora meglio. Impegnarci ad affrontare attivamente il disagio e le situazioni problematiche che inevitabilmente intralceranno il nostro cammino di vita è il modo migliore in assoluto per migliorare noi stessi e la propria personalità.

Come affrontare il disagio

Il modo più semplice per affrontare il disagio è posticipare più possibile la nostra reazione alla situazione problematica nella quale ci siamo imbattuti. In altre parole, se ci troviamo davanti a un problema inaspettato, anziché girarci immediatamente e cercare un'alternativa migliore, potremmo restare immobili a osservare. A volte bastano pochi secondi (o minuti) per cambiare radicalmente la nostra prospettiva delle cose.

Anni fa andai a fare una camminata in montagna con un mio amico. Decidemmo di percorrere un sentiero che attraversava alcune valli e diversi paesini di montagna, per terminare in una specie di riserva naturale nel quale erano presenti alcune grotte e un ponte di pietra naturale, frutto dell'opera incessante della natura e non dell'ingegno dell'uomo. Poco dopo essere partiti finimmo le nostre riserve di acqua e andammo a cercare lungo la strada degli alimentari per prendere dell'acqua e riempire le borracce. Purtroppo, come constatammo, tutte le botteghe erano chiuse perché si trattava di un giorno festivo. Dopo aver imprecato per buona parte della mattinata, a un certo punto ci imbattemmo in una signora che stava abbeverando le sue piante in giardino. Era una delle poche persone che avevamo incrociato lungo il percorso, fino a quel momento. Le chiedemmo se fosse disposta a riempirci cortesemente le borracce con la canna dell'acqua. Inaspettatamente, ci aprì la porta del cancello e ci fece persino entrare in giardino.

Non appena mettemmo piede nel giardino, due cani che fino a quel momento erano stati assolutamente mansueti e silenziosi, iniziarono veemente a correre verso di noi. Uno di essi, in particolare, iniziò ad abbaiare verso di me, ringhiando. Fui scosso da una grande paura e l'unica cosa che riuscii a pensare era di girarmi e correre fuori più velocemente possibile, prima che arrivasse da me. Sono sicuro che avrei fatto sicuramente così, se fossi stato solo. Per fortuna invece ero con un mio amico e con la proprietaria del cane, cosa che mi spinse a esitare qualche secondo, nella speranza che potesse succedere qualcosa che fermasse il cane. In quei brevi secondi di esitazione, la padrona dell'animale mi disse: "Però togliti il cappello, altrimenti il cane si arrabbia". Mi tolsi il cappello immediatamente. Improvvisamente il cane si calmò e divenne mansueto, iniziando persino a scodinzolare tra le mie gambe. La padrona a quel punto proseguì: "Evidentemente una volta qualcuno con un cappello deve avergli fatto qualcosa di poco gradevole, e ogni volta che questo vede una persona con il cappello reagisce in questo modo perché pensa di trovarsi di fronte a quella persona". Tirai un sospiro di sollievo e ringraziai la signora per il perfetto tempismo del suo consiglio. Ci riempì le borracce e ci diede persino delle nuove bottiglie di acqua. Ringraziandola per l'inaspettata gentilezza, la salutammo e proseguimmo per la nostra strada.

Il motivo per cui ho raccontato questa storia era evidenziare la piccola esitazione (appena qualche secondo) che ho avuto nel reagire alle minacce del cane. Se fossi scappato immediatamente (come vi assicuro ho già fatto in altre situazioni, nelle quali però il padrone del cane non era presente e il cane era molto distante da me), probabilmente avrei perso l'opportunità di affrontare le mie paure. Non che adesso sia diventato il miglior amico dei cani, ma posso capire meglio i loro comportamenti. A volte un piccolo dettaglio fa una grande differenza. La fuga rimane sempre la mia strategia preferita di fronte a un cane inferocito che mi corre incontro[13], ma ora ho anche altre opzioni. Soprattutto, adesso posso affrontare la situazione con più lucidità. Questa nuova conoscenza appresa e questo mio nuovo atteggiamento sono stati possibili solo grazie al fatto di aver posticipato la mia reazione di fronte alla situazione di disagio.

Questa strategia però è passiva, perché non prevede alcun intervento attivo da parte nostra. Un modo migliore è quello di agire concretamente per cambiare la situazione. Questo ovviamente può essere fatto solo se sappiamo cosa fare e se abbiamo il tempo di farlo. Nel mio caso, la padrona del cane sapeva come riuscire a calmare il suo animale in meno di un secondo, diversamente da me. Lei aveva sia le conoscenze necessarie sia le capacità per farlo, mentre io avrei solo potuto scappare (posticipare la fuga è già stato di per sé un miracolo!). Pertanto, quando le circostanze lo permettono, potete anche scegliere di combattere attivamente contro gli ostacoli della vita. Questo è il modo migliore per affrontare i problemi, quando si può fare.

È ovvio che ci sono alcune circostanze nelle quali ciò non è possibile: in questi casi dunque limitatevi a posticipare le vostre reazioni o andatevene. Ma per tutte quelle circostanze nelle quali non ci sono particolari pericoli, cercate di sforzarvi per trovare modi creativi per risolvere il problema. Non è detto che riusciate a trovarli subito, perché forse vi servirà del tempo (sempre che lo abbiate). A volte potrebbe servirvi il consiglio di qualcuno più esperto, o un aiuto professionale. Anche se non doveste riuscirci, almeno provateci. Se vi accorgete che è impossibile, almeno fermatevi qualche minuto a rifletterci sopra. Anch'io mi sono trovato di fronte a situazioni nelle quali l'unica opzione disponibile era andarmene, ma prima di farlo mi assicuravo *veramente* che non ci fossero altre vie d'uscita. Se le cose stanno veramente così (ovvero se siete al 100% sicuri che non esistono vie d'uscita), non c'è niente di male nell'andarsene per la propria strada, ma se non avete la matematica certezza di questa possibilità, sforzatevi di trovare il modo di venire a capo dei vostri problemi. Il disagio è una componente essenziale della vita perché porta con sé la possibilità di migliorare e spingersi oltre i propri limiti. Senza il sentimento del disagio, che spesso accompagna le nostre "prime volte" (ossia le cose nuove nelle quali ci imbattiamo per la prima volta), saremmo costretti a rimanere identici a noi stessi per tutta la vita, chissà per quante altre esistenze.

A volte possiamo posticipare la nostra reazione, altre volte no. A volte possiamo lottare e cercare nuovi modi creativi per superare le difficoltà, altre volte no. A volte possiamo scegliere tra quale dei due metodi sopra descritti possiamo utilizzare, altre volte no. Altre volte ancora, semplicemente, non abbiamo la possibilità di combattere e dobbiamo limitarci ad assecondare ciò che la vita ci offre. A prescindere dalla strategia, l'importante è capire che dietro ogni nostra paura e dietro ogni sentimento di disagio si nasconde sempre una grande opportunità: quella di superare i nostri limiti e diventare una persona migliore sotto qualche punto di vista.

Non tutto il male viene per nuocere

Nonostante le nostre buone intenzioni, a volte ci sono situazioni nelle quali è obiettivamente impossibile riuscire a superare gli ostacoli che la vita ha messo sul nostro sentiero di vita. Prima di mollare, tuttavia, dovremmo assicurarci che non ci siano veramente modi per venirne a capo. Se accertiamo che le cose stanno veramente così, allora siamo liberi di accettare la situazione per quello che è e di leccarci le ferite. Sono cose che capitano, e nella maggior parte dei casi succedono per riequilibrare qualche torto che abbiamo commesso in questa vita o in una di quelle passate.

In queste situazioni non cercate di fare gli eroi. Darsi attivamente da fare per cercare di superare gli ostacoli che incontrate è una buona cosa, ma quando avete la matematica certezza di non potercela fare, lasciate perdere tutto. Non fate come Don Chisciotte che si mise a combattere

---

[13] In verità voltare le spalle all'animale e fuggire via è una pessima strategia perché invoglia il cane a rincorrervi ancora più ferocemente.

contro i mulini a vento. Accettate la sconfitta e concentratevi su qualcos'altro. Leccatevi le ferite e riflettete sul motivo per il quale le cose sono andate in quel modo. Forse è dovuto all'azione della legge del karma (o causa-effetto) o forse è stata solo una casualità, oppure si è trattato di un fastidioso insieme di coincidenze negative che in realtà aveva il solo obiettivo di spingervi a camminare sul vostro vero sentiero di vita (il vostro *dharma*). Io stesso mi sono trovato ad affrontare più volte situazioni nelle quali, in tutta onestà, non avevo alcuna possibilità di successo. Gli ostacoli erano talmente grandi che non mi restava altra possibilità se non gettare la spugna e cambiare direzione. Può accadere, soprattutto quando vivete una vita improntata sulla spiritualità. A questo livello infatti, gli ostacoli e le difficoltà diventano strumenti con i quali Dio e l'Universo vi spingono, più o meno dolcemente, verso il vostro scopo di vita.

La vita non è tutto bianco o nero, o giusto e sbagliato. La vita è un insieme di eventi, circostanze e situazioni che si annodano l'una nell'altra, in accordo con il nostro karma e con quello delle persone che sono coinvolte nella situazione. Quello che a un primo sguardo veloce sembra essere privo di spiegazioni, da un altro punto di vista può acquisire un grande valore spirituale. Persino le guerre tra le Nazioni, che simboleggiano il punto più basso dell'intelligenza della specie umana, possono trovare ampie e soddisfacenti spiegazioni, alla luce del karma di massa dei vari popoli coinvolti.

La vita non è stata pensata per essere bella, piacevole o accattivante: è stata pensata come una palestra per l'anima, nella quale evolvere continuamente e costantemente fino a realizzare il nostro più alto potenziale. L'unica cosa che possiamo fare è continuare a dare il meglio di noi, senza pensare troppo ai risultati conseguiti o a quelli mancati. Dunque abituatevi a combattere con tutte le forze che avete senza mollare mai. Se per qualche ragione imponderabile la vita e l'Universo non vogliono che voi otteniate ciò che desiderate, lasciate perdere tutto e andate avanti con la vostra vita. Dio ha sempre un buon motivo per far andare le cose nel modo in cui vanno. Il nostro compito non è giudicare, ma dare il meglio di noi fino alla fine.

Lezione n. 5: rompere i modelli tradizionali

Una delle cose che ho fatto più fatica ad accettare è la necessità di rompere con i modelli tradizionali esistenti. Da piccolo pensavo che i miei genitori fossero perfetti e che le cose che mi insegnavano fossero verità scolpite nella roccia. Crescendo mi accorsi invece che i miei genitori avevano dei limiti (perlomeno dal mio punto di vista) e che le cose che mi avevano insegnato, e mi stavano ancora insegnando, erano più che altro una loro versione personale della verità. Questo fu un momento di grande rivelazione perché capii che se avessi voluto andare alla scoperta della Verità, avrei dovuto gettarmi alle spalle almeno una parte di ciò che avevo imparato. A un certo punto della mia adolescenza compresi dunque che non avrei potuto restare ancorato alle convinzioni e alla visione della vita dei miei genitori, perché ciò mi avrebbe impedito di diventare la persona che avrei dovuto essere. Queste convinzioni "prese in prestito" dai miei genitori mi avrebbero precluso la possibilità di vivere la vita che ero destinato a vivere. Non era una consapevolezza cosciente, ma una sensazione interiore che mi diceva che avrei dovuto andare oltre la loro visione del mondo, le loro convinzioni e il loro modo di essere, vivere e agire. Non che ci fosse in loro qualcosa di sbagliato, sono sempre stati dei buoni genitori e non mi hanno mai fatto mancare nulla. Tuttavia quello che io cercavo loro non l'avevano, e in realtà non ci avevano neanche mai pensato. Io dovevo ringraziarli per quello che avevano fatto per me e andare avanti per la mia strada. E così feci, almeno da un punto di vista della spiritualità.

Ogni generazione cresce in un ambiente che è in continuo mutamento: la vita sociale degli anni Settanta e Ottanta era molto diversa dalla vita sociale di oggi. Quelli erano gli anni del dopoguerra, nei quali ci fu il boom economico e demografico. Poiché molti Stati erano da poco usciti dalla seconda guerra mondiale, la situazione era veramente drammatica. Le perdite in termini di vite umane e la povertà dilagavano ovunque e le persone facevano persino fatica a trovare qualcosa da mangiare. La società era praticamente inesistente e c'era da ricostruire tutto. Il boom economico che si registrò in quegli anni rese possibile anche l'aumento demografico della popolazione: quando hai abbastanza lavoro e denaro, puoi permetterti di fare dei figli. La famiglia divenne un elemento cardine della società e tornò a svolgere un ruolo imprescindibile all'interno della comunità sociale, anche grazie alla memoria ancora viva della sofferenza e della miseria (per non dire del dolore) causati dalla guerra. Questi sono i motivi principali per i quali, durante quegli anni, le persone avevano sostanzialmente due scopi principali nella vita: trovarsi un lavoro e farsi una famiglia. I miei genitori fanno parte di quella generazione e incarnano alla perfezione (assieme alla maggioranza delle persone della loro età) lo spirito della società dell'epoca.

Oggi però i tempi sono cambiati in modo quasi diametralmente opposto. Oggi i ragazzi hanno praticamente già tutto e non hanno quasi più nulla da conseguire. I nostri genitori lavoravano una vita per mantenere una famiglia e comprarsi una casa, oggi invece i giovani ereditano gli appartamenti dei loro genitori senza aver fatto praticamente nulla per meritarsi tale fortuna. Anche l'ambiente sociale è cambiato: l'introduzione di internet e dei computer ha radicalmente trasformato non solo la società ma anche il mondo del lavoro. Una volta c'erano solo i telefoni di casa e la cabine telefoniche, nelle quali si poteva andare a telefonare con qualche monetina o utilizzando una scheda telefonica. Oggi le cabine telefoniche sono rare e ormai praticamente tutti hanno il cellulare (già dalla scuole elementari i genitori regalano ai loro figli uno *smartphone*). Nell'ambito lavorativo molti processi sono stati automatizzati e l'interesse per i lavori manuali è gradualmente diminuito, mentre allo stesso tempo sono aumentati l'interesse per i lavori d'ufficio e la domanda per i lavori "digitali", che quarant'anni fa non esistevano nemmeno. La conseguenza di tutti questi grandi cambiamenti è stata la perdita dell'identità sociale: i giovani sono talmente oberati dalla quantità di cose che hanno che si annoiano perché non hanno più niente da perseguire o realizzare. Di conseguenza le cattive abitudini prendono il largo, i matrimoni si sfaldano e le famiglie si disintegrano.

Non è questione di giusto o sbagliato, ma di *cambio generazionale*. Quello che andava bene per i nostri genitori non va più bene per noi. In questo particolare momento storico, infatti, non c'è più il lavoro che c'era un volta perché il mercato tradizionale è saturo sotto quasi tutti i punti di vista (diversamente da quanto invece accadde durante gli anni della ripresa economica). Gli stipendi sono sempre più bassi e i prezzi dei beni e dei servizi aumentano invece sempre di più. Come può un giovane oggi comprare una casa e costruirsi una famiglia, se non riesce a trovare un lavoro fisso che gli garantisca uno stipendio sicuro? I cambiamenti tecnologici avvenuti negli ultimi venti anni hanno profondamente trasformato la nostra società, sotto tutti i punti di vista. Le cose che andavano bene trent'anni fa ora non vanno più bene. Allo stesso tempo anche le esigenze delle persone sono cambiate: se quarant'anni fa una persona voleva solo lavorare e farsi una famiglia, oggi i giovani hanno altre priorità (in parte causate dall'ambiente esterno, come abbiamo già visto).

Questo discorso non vale solo per i giovani d'oggi, ma si può estendere a ogni generazione. I nostri figli vivranno in un mondo diverso rispetto a quello nel quale stiamo vivendo noi, con la conseguenza che avranno desideri e bisogni diversi dai nostri. Questo potrebbe condurre a un'ulteriore evoluzione o più probabilmente a un ritorno al passato, ma non è questa la cosa rilevante. È invece importante capire come ogni generazione abbia il dovere di rompere con i modelli tradizionali del passato per costruire nuovi modelli basati sulla realtà del momento, che naturalmente è cambiata nel corso degli anni. Il progresso tecnologico è generalmente l'aspetto che determina più di ogni altro fattore la velocità del cambiamento sociale: più la tecnologia si sviluppa in fretta e più aumenta il gap generazionale. Guardate cos'è successo con internet e i computer: nel giro di appena trent'anni hanno radicalmente rivoluzionato la vita delle persone e della società in generale, tanto che a volte può diventare persino difficile stare al passo con il cambiamento.

Ricordo ancora quella volta nella quale aprii il mio primo conto corrente bancario online. Le banche stavano iniziando a digitalizzarsi, offrendo ai clienti la possibilità di eseguire le principali operazioni comodamente da casa attraverso una connessione internet, senza bisogno di recarsi fisicamente allo sportello. La possibilità mi eccitava e condivisi il mio entusiasmo con i miei genitori. Mio padre mi guardò di traverso e mi suggerì di tenere bene gli occhi aperti, perché diceva che mi avrebbero presto rubato i soldi dal conto corrente. Non nego che il pericolo ci sia sempre stato e sia tutt'oggi incombente, ma ritengo anche che i protocolli di sicurezza sviluppati dalle banche siano ampiamente all'altezza della situazione. Sicuramente ci sono casi di violazioni degli account bancari personali, ma ciò non è dovuto tanto all'inaffidabilità del sistema informatico bancario, quanto piuttosto all'inaffidabilità dei sistemi informatici di molti siti web. Infatti gli hacker potrebbero rubare informazioni personali dal sito internet sul quale abbiamo fatto il nostro ultimo acquisto e così spendere i soldi della nostra carta di credito, bypassando i controlli degli istituti di credito. Io stesso, quando compro online, prendo sempre tutte le precauzioni possibili: non compro mai su siti web che mi sembrano poco affidabili e utilizzo sempre una carta prepagata sulla quale metto sopra esattamente l'importo della spesa che devo effettuare, in modo che in caso di furto dei codici di accesso gli hacker non potrebbero erodere l'importo presente sul mio conto corrente. Sto anche molto attento alla pulizia del computer e all'utilizzo dei *browser* con i quali fare acquisti *online*.

Non sono un fanatico della sicurezza online, ma non voglio nemmeno mancare di lungimiranza: prendo gli accorgimenti necessari usando il buonsenso e poi metto tutto nelle mani di Dio. Io stesso in qualche occasione sono stato coinvolto personalmente nel furto dei dati della carta di credito, ma la cosa, anche grazie agli accorgimenti sopra descritti, non ha avuto praticamente alcun effetto negativo, a parte il fatto di dover bloccare la carta e richiederne una nuova. Nonostante questi spiacevoli inconvenienti, non ho smesso di fare acquisti *online*, così come non ho smesso di prestare attenzione al modo in cui li faccio. In ogni caso queste rarissime violazioni non rappresentano un valido motivo per smettere di fare acquisti con la carta di credito, o per smettere di accedere all'area privata della banca *online*. Il mondo va avanti e sarebbe un'inutile perdita di tempo andare in banca per fare un bonifico, quando posso farlo comodamente dal salotto di casa mia. Ovviamente se la situazione legata alla sicurezza informatica dovesse peggiorare sarei il primo a fare un passo indietro. In generale, tuttavia, è sempre una buona idea assecondare i cambiamenti tecnologici, perlomeno quando essi danno prova della loro utilità su grande scala (ovvero a partire dal momento in cui riescono a dimostrare la loro validità, sicurezza ed efficacia su vasta scala).

Un ultimo aspetto da valutare attentamente è quello dell'utilità di questi cambiamenti. Infatti, anche se i tempi cambiano, siamo proprio sicuri che rompere i modelli tradizionali sia la cosa più giusta da fare? La risposta non è sempre così scontata come potrebbe sembrare. Nel caso della tecnologia, ad esempio, abbiamo appena visto che è quasi sempre una buona cosa seguirne l'evoluzione, dopo averne appurato la bontà e l'utilità. Persino mia nonna, che aveva più di novant'anni, aveva un telefono cellulare. Non era capace di usarlo nello stesso modo in cui lo facevo io, ma perlomeno sapeva chiamare. La strada della moderazione è un buon modo per introdurre i cambiamenti tecnologici nella nostra vita perché ci permette di restare al passo con i tempi senza tuttavia snaturare le nostre tradizionali abitudini (devo anche aggiungere di essere un vero maestro in questo, data l'avversione che provo per le innovazioni tecnologiche!).

Su altri aspetti la risposta non è sempre così chiara. Ad esempio, per quanto riguarda il lavoro, sicuramente non invidio i giovani di oggi. Penso che sarebbe per loro più facile (e più utile) trovare un lavoro e farsi una famiglia, piuttosto che passare la vita a cercare un lavoro fisso che sembra non arrivare mai. Penso anche che sarebbe meglio (per loro) passare le giornate al parco a giocare a calcio con gli amici piuttosto che trascorrere i pomeriggi a giocare al computer o con gli *smartphone*. In questo ambito dunque credo che in passato si stesse meglio, almeno sotto certi punti di vista.

Lo scopo di questo capitolo non è giudicare se il cambiamento sia qualcosa di giusto o di sbagliato, ma di farvi prendere consapevolezza della necessità di rompere, in un modo o nell'altro, con i modelli tradizionali del passato. Molto spesso infatti la bontà e l'utilità del cambiamento dipende dal modo stesso in cui esso è condotto: se viene eseguito con moderazione e buonsenso generalmente è una buona cosa, in caso contrario tende a generare risultati poco piacevoli (perlomeno nel lungo periodo).

Disobbedienza civile

Lo stesso principio si applica anche ai temi sociali. Nel libro *Intelligenza emotiva in azione* mi sono soffermato sul ruolo degli uomini e delle donne nella società, prevalentemente con l'intenzione di mostrare quale sia il modo corretto di restare connessi con il proprio centro. È tuttavia inoppugnabile che questi ruoli abbiano subito negli ultimi decenni un considerevole riassestamento. Mentre una volta gli uomini si occupavano quasi esclusivamente di lavorare e mantenere la loro famiglia, nella società moderna sono sempre più coinvolti anche in attività domestiche. Parimenti le donne, che in passato erano quasi completamente dedite alle faccende domestiche, oggi sono sempre più coinvolte anche nel mondo del lavoro. In *Intelligenza emotiva in azione* mi sono soffermato sull'argomento da un punto di vista della centratura in se stessi, spiegando quali siano i prerequisiti da rispettare affinché uomini e donne siano innanzitutto sempre in contatto con la propria innata identità. Questo libro invece affronta un aspetto diverso della questione, che per certi versi può anche sembrare antitetico. Dobbiamo dunque tornare all'età della pietra, quando gli uomini pensavano solo a lavorare e le donne solo alle faccende domestiche? Certamente no! Il mondo va avanti e le cose cambiano. Come già detto in *Intelligenza emotiva in azione*, è lecito che le energie maschili e quelle femminili si mescolino nella società, senza però snaturarsi a vicenda. Piuttosto il vero problema è trovare il modo di assecondare il cambiamento sociale senza che questo generi squilibri sociali nel lungo termine.

La stessa cosa si può dire per quanto riguarda l'omosessualità. Cinquant'anni fa era un tabù persino parlarne, oggi invece potete vedere omosessuali che camminano tranquillamente per la strada come se essere gay (o lesbiche) fosse la cosa più naturale del mondo. Dobbiamo dunque tornare all'età della pietra e impedire loro di manifestare apertamente la loro inclinazione sentimentale e sessuale? No di certo, non c'è n'è bisogno. Più che altro, anche in questo caso diventa importante riuscire a trovare il giusto equilibrio, in modo che questi cambiamenti non producano situazioni sociali inopportune, nel lungo periodo. Un conto dunque è dire se le unioni omosessuali siano giuste o sbagliate da un punto di vista delle leggi di natura, un altro è dire se sia necessario reprimerle o combatterle. Se in passato (e anche oggi in alcuni Paesi) gli omosessuali venivano perseguitati e persino condannati a morte, oggi queste pratiche non sono più necessarie. Possiamo permettere loro di vivere la loro vita senza per questo essere costretti a dover dar loro ragione.

Un altro *trend* che fa invece fatica a cambiare è quello del razzismo. Per quanto siano stati indubbiamente fatti passi in avanti da un punto della percezione delle differenze in termini di colore della pelle, sembra che la società abbia sempre dei forti anticorpi all'idea che tutte le persone sono uguali e hanno gli stessi diritti. Nonostante gli sforzi fatti e i progressi compiuti, c'è sempre qualcuno che valuta le persone sulla base del colore della loro pelle. Sono d'accordo nel sostenere che i diversi popoli possano avere un ruolo diverso all'interno del piano divino, ma questo non significa che alcuni popoli siano migliori di altri. Come nel mondo del lavoro, tutte le attività sono importanti. Se mancassero i netturbini, le strade sarebbero piene di rifiuti e diventerebbero semplicemente impraticabili. Gli inservienti che puliscono i bagni delle stazioni ferroviarie sono importanti tanto quanto i manager delle multinazionali; le due categorie di lavoratori hanno un ruolo diverso, ma entrambe hanno una loro utilità nel quadro generale più ampio del servizio sociale. La stessa cosa si può dire dei diversi popoli: pur avendo caratteristiche e tradizioni culturali e religiose differenti gli uni dagli altri, tutti hanno il loro posto all'interno del quadro generale della società civile mondiale.

Ad esempio se i popoli del Medio-Oriente e le grandi potenze orientali non si opponessero con forza ai tentativi degli occidentali di conquistarli (fisicamente o economicamente), il mondo sarebbe già diventato una colonia dell'Occidente. Per quanto strano possa sembrare, ogni popolo ha il suo ruolo all'interno del piano divino. Oggi ad esempio stiamo assistendo a un cambiamento di percezione anche in quest'ambito: se cinquant'anni fa gli Stati Uniti d'America erano considerati all'unanimità (perlomeno in Europa) il "popolo salvatore" del mondo, oggi vengono invece sempre più spesso visti come aggressori e provocatori. Al contrario la comprensione delle ragioni e dei punti di vista dei popoli più notoriamente lontani dalla cultura europea si sta approfondendo sempre di più. Anche questo cambiamento sintetizza un cambio di paradigma in essere, un nuovo modello geopolitico che sta nascendo. Prima di schierarsi dalla parte di una nazione piuttosto che dall'altra, è dunque importante ascoltare attentamente le ragioni di entrambe le parti coinvolte, perché molto spesso le guerre di aggressione (o le provocazioni) nascondono in realtà desideri di espansione e conquista territoriali (o economici).

Un ultimo elemento degno di considerazione per il tema trattato è quello delle ormai frequenti proteste di massa in piazza. Che si tratti di Hong Kong che protesta contro la Cina, dei cittadini americani che protestano apertamente contro il loro stesso governo, o del popolo della Catalogna che protesta contro la Spagna della quale non condivide più (o forse non ha mai condiviso) i valori, resta il fatto che il malcontento generale sembra essere diventato una nuova tendenza sociale. Persino in Medio-Oriente, dove queste situazioni erano praticamente inesistenti appena un decennio fa, le manifestazioni di piazza stanno iniziando a prendere il largo. I tempi cambiano ed è inutile aggrapparsi disperatamente al passato perché quest'ultimo sarà comunque spazzato via, in un modo o nell'altro. Piuttosto, un'attività di gran lunga migliore sarebbe quella di cercare di capire i motivi di questo malcontento generale, per dare a essi una risposta politica concreta. Sotto questo punto di vista, una maggior libertà di legiferazione e di azione sarà sicuramente qualcosa che contraddistinguerà buona parte dei modelli geopolitici futuri (tale autonomia decisionale trova la sua massima espressione nelle forme di governo indipendenti o confederate, oppure, in modo minore, in quelle federate). Se le nazioni di tutto il mondo non vorranno cadere sotto il peso delle manifestazioni di piazza, dovranno per forza prestare ascolto ai bisogni e alle richieste dei cittadini che scendono in strada, per trovare modi costruttivi per risolverli, nel rispetto di tutte le parti coinvolte.

Non c'è nulla di male nel manifestare apertamente e pubblicamente le proprie idee, anzi, sotto certi punti di vista, è l'unico modo per riuscire a farsi sentire. Anche se nella maggior parte dei casi queste proteste di massa non contribuiscono a raggiungere alcun obiettivo concreto (generalmente vengono infatti soffocate dalle forze dell'ordine, o addirittura represse con la forza), almeno servono a far salire alla ribalta una specifica problematica (il motivo per il quale si scende in piazza). In altre parole servono a sensibilizzare la società civile. L'importante è che le proteste avvengano pacificamente e nel pieno rispetto dei diritti civili, senza violenze, saccheggi o devastazioni. Niente riesce a creare un cambiamento di coscienza più duraturo di una manifestazione di massa pacifica (basti pensare alle campagne politiche indiane del Mahatma Gandhi, o alle più recenti manifestazioni pacifiche avvenute in tutta la Catalogna).

Boicottaggio

Personalmente non sono un grande amante delle manifestazioni di piazza e preferisco ribellarmi alla società in modi diversi. Il boicottaggio è uno dei miei mezzi preferiti, ad esempio. Ad esempio, se a seguito di qualche crisi sociale i negozianti aumentano i prezzi delle merci (dai generi alimentari ai vestiti, e più in generale di qualsiasi cosa), ci sono due possibilità: o si va in piazza a manifestare contro il rincaro e l'inflazione, o li si boicotta. Per boicottarli basta smettere di comprare merci e prodotti che non sono strettamente indispensabili. Per quanto riguarda invece i generi di prima necessità, possiamo sempre cambiare negozio o fornitore.

Proprio recentemente mi è successo qualcosa di particolarmente sgradevole. Durante la pausa pranzo sono andato a comprare qualcosa da mangiare al supermercato, come faccio abitualmente. Sulla confezione del prodotto c'era un'etichetta che indicava uno sconto del 40%. Notando il forte sconto, ho deciso di mettere quel prodotto (che altrimenti, senza sconto, non mi sarei mai sognato di comprare) nel carrello. Una volta arrivato alla cassa ho pagato e sono uscito, per poi accorgermi, mio malgrado, che al prodotto sopra menzionato era stato applicato il prezzo pieno, senza lo sconto. Pensai che si fosse trattato di un disguido o di un errore tecnico, e mi dimenticai della cosa. Un paio di giorni dopo, tuttavia, mi successe la stessa identica cosa con un altro prodotto. Sono rimasto aperto alla possibilità che possa essersi trattato dello stesso disguido (o errore tecnico) che si era già verificato la volta precedente, ma iniziarono a sorgermi i primi ragionevoli dubbi. Prima che scoppiasse l'emergenza sanitaria legata alla diffusione del coronavirus, una cosa del genere non mi era capitata. Ho buone ragioni per credere che dietro a questi "giochetti" ci siano campagne di marketing studiate a tavolino fin nei minimi dettagli (anche in considerazione del fatto che il supermercato, per colpa del lavoro a distanza nato come conseguenza del coronavirus, ha perso almeno il 50% dei suoi clienti abituali). Forte di questa convinzione ho deciso che d'ora in avanti andrò a fare la spesa in un altro supermercato lì vicino. La stessa cosa l'ho fatta molte altre volte, come ad esempio con i conti correnti bancari.

Il boicottaggio è la forma più civile di disobbedienza sociale che esiste. Uno dei miei campi di "battaglia" preferiti resta comunque il consumismo (o l'aumento ingiustificato dei prezzi). Trovo sciocco, inutile e insensato continuare a comprare sempre nuovi beni e prodotti anche quando non ce n'è un reale bisogno. A volte il consumismo assume le vesti di una nuova abitudine sociale, o di una tradizione straniera trapiantata nel proprio Paese di appartenenza. Ad esempio, perché la festa di *Halloween* si festeggia in Italia? Non fa parte della nostra cultura e non c'è alcuna ragione per festeggiarla qui, se non il fatto di spingere le persone a spendere denaro che altrimenti si terrebbero in tasca.

Lo stesso principio (del boicottaggio al consumismo sfrenato) vale anche per le tradizioni nostrane. Non ho mai capito veramente quale sia, ad esempio, l'utilità delle tradizioni sociali che sono nate attorno alle figure di Santa Lucia, della Befana o di Babbo Natale. Per quanto affabili, queste esperienze creano solo problemi nella mente di un bambino piccolo. Non tanto per il fatto di portare dolci e regali senza alcun apparente motivo (cosa generalmente assai gradita ai bambini piccoli), quanto piuttosto per le conseguenze psicologiche ed emotive che il bambino affronterà quando i genitori, inevitabilmente, prima o poi gli diranno la verità (ovvero che Santa Lucia, o la Befana, o Babbo Natale in realtà non esistono). Quando gli viene comunicata l'infausta notizia, la prima reazione emotiva di un bambino è la delusione, assieme alla disillusione. La seconda reazione è quella di iniziare a dubitare dei suoi genitori, perché "*se mi hanno mentito in questo modo su Santa Lucia, chissà quante altre volte lo hanno fatto*". La logica (e sotto certi punti di vista persino naturale) conseguenza è che il bambino inizia a sviluppare dentro di sé l'idea che i suoi genitori non siano in realtà così giusti come invece gli hanno sempre cercato di far credere. Ad aggravare la situazione c'è il fatto che tutto questo generalmente avviene proprio a ridosso degli anni dell'adolescenza; in altre parole è come dare ai nostri figli un buon motivo per non credere alle nostre parole e per disobbedirci. Tutto questo solo per perpetuare una sciocca tradizione culturale e per mandare avanti l'economia. Sinceramente non mi sembra davvero che ne valga la pena.

Finché il boicottaggio resta nei limiti del buonsenso e della ragionevolezza va bene. Quando però si oltrepassano questi limiti esso diventa negazionismo, che invece può essere molto pericoloso. Negare ad esempio il cambiamento climatico e il surriscaldamento globale è una follia. Sicuramente ci saranno anche valide giustificazioni scientifiche per questi fenomeni, ma è indubbio che l'aumento di emissioni di gas a effetto serra produca un innalzamento del livello medio delle temperature sul pianeta.

Per fare un altro esempio, in questo momento è in corso quella che viene comunemente chiamata la "seconda ondata" dell'epidemia del coronavirus. Dopo più di quarantadue milioni di casi e oltre un milione di morti, c'è ancora gente che dice che il virus non esiste ed è un'invenzione di qualche organizzazione segreta del mondo, di cui l'*establishment* sarebbe parte integrante. Su questo argomento non accetto insegnamenti da nessuno: ho passato il coronavirus sulla mia pelle e posso assicurare a chiunque che esiste. Io per fortuna non ho avuto bisogno di ricoveri ospedalieri, ma il solo ricordo di quei lunghi e interminabili giorni in cui ero costretto a rimanere sdraiato nel letto con la febbre alta che non voleva scendere, e con nessuno che mi poteva venire a visitare, mi lascia sgomento. Tutti quelli che hanno perso dei familiari o lo stipendio (o l'attività economica, nel caso degli imprenditori), saranno sicuramente d'accordo con me. Eppure c'è ancora gente che va in giro senza mascherina e che addirittura organizza manifestazioni di piazza. Quindi, quando si tratta di boicottaggio, bisogna sempre stare attenti che esso non degeneri nell'irragionevolezza, perché altrimenti farà sicuramente più danni di quelli che ci sarebbero stati invece senza alcuna attività di boicottaggio (molti cosiddetti negazionisti, infatti, hanno poi contratto il coronavirus e alcuni sono anche deceduti; molti di essi, inoltre, sono stati contagiati proprio in occasione di una di queste manifestazioni di piazza, nelle quali, ovviamente, nessuno portava la mascherina di protezione delle vie respiratorie).

Termini di applicabilità

A prescindere dalla strategia che preferite adottare (le manifestazioni di piazza, il boicottaggio o una combinazione di essi), la rottura dei modelli tradizionali è qualcosa che può potenzialmente coinvolgere qualsiasi aspetto della nostra esistenza. L'unico prerequisito è che questo paradigma, nel presente, non sia più valido come lo era in passato. Ancora una volta è importante prestare attenzione alle parole che si usano. Non ho detto "che questo paradigma non sia più utile", ma "che non sia più valido". Che differenza c'è tra queste due parole? Una cosa è valida quando si armonizza e si integra alla perfezione con l'ambiente sociale in cui si manifesta, mentre è utile se apporta significativi miglioramenti nel livello di qualità della vita. I computer e la tecnologia, in generale, sono sia validi sia utili: sono utili perché hanno cambiato radicalmente la storia dell'umanità, e sono validi perché ormai sono diventati parti integranti della società. Gli *smartphone*, ad esempio, sono sicuramente qualcosa di valido, dal momento che sono diventati un bene di consumo di massa, ma possono diventare non utili quando spingono i ragazzi a passare i pomeriggi davanti al cellulare piuttosto che andare a giocare al parco con gli amici. Il consumismo è sicuramente qualcosa di valido per il mondo occidentale, ma allo stesso tempo non serve in alcun modo ad aumentare il livello di qualità della vita (anzi lo peggiora sensibilmente).

Il principio che sta dietro l'idea di rompere con i modelli tradizionali del passato può dunque trovare espressione anche nell'ambito religioso. Sempre meno persone, oggi, credono nelle autorità ecclesiastiche che rappresentano le confessioni religiose più tradizionali. Molte persone sentono infatti il bisogno di cercare nuove risposte, avvicinandosi al mondo della *new age* o studiando le antichissime tradizioni spirituali dell'Oriente, come ad esempio il buddhismo e lo yoga[14]. Cose simili stanno accadendo nel campo della salute (con la salita alla ribalta delle medicine alternative) e della scienza, con l'avvento della fisica quantistica. Nel corso dei prossimi anni si apriranno le strade di molte altre esplorazioni in nuovi contesti e ambiti di applicazione. Muoversi verso nuove direzioni diventa fondamentale, se non vogliamo restare ancorati a un passato che non c'è più. L'importante, come già detto, oltre che valutare l'effettiva validità, efficacia e bontà di un nuovo cambiamento, è trovare il modo di elaborare questi cambiamenti con moderazione e buonsenso, evitando che creino lacerazioni e strappi sociali troppo difficili per poter essere ricuciti.

---

[14] Non le posture dell'*hatha yoga*, ma lo yoga vero e proprio.

Lezione n. 6: godersi la vita

Penso sempre che la maggior parte delle persone non abbia alcun bisogno di qualcuno che le ricordi di godersi la vita. Ho maturato questa convinzione durante gli anni della gioventù, quando io pensavo solo a studiare e ad allenarmi duramente mentre i miei coetanei non pensavano né a studiare né tantomeno ad allenarsi. A loro bastava divertirsi: al bar, con le ragazze o con gli amici, per loro non faceva molta differenza. L'importante era trarre la maggior quantità di piacere possibile dalla vita, senza pensare a nient'altro, come se non ci fosse un domani. Io al contrario pensavo solo ai doveri, ignorando completamente il divertimento. Così sono cresciuto con la ragionevole certezza che la maggior parte delle persone semplicemente non abbia bisogno che qualcuno le spieghi come divertirsi; al contrario, semmai, avrebbe bisogno di qualcuno che le insegni a prendere la vita un po' più seriamente.

Nonostante questa mia imperfetta convinzione, essa è stata parte integrante di me per molti anni. Poi un giorno mi sono accorto che quelle stesse persone che avevano passato la loro gioventù a divertirsi in maniera a dir poco spensierata, gradualmente si sposavano e mettevano su famiglia, prendendosi impegni duraturi che si sarebbero protratti nel tempo. Altri invece si concentravano sul lavoro, nella speranza di riuscire a fare carriera e con l'ambizione di diventare qualcuno di importante. Così pian piano tutti i miei coetanei (o quasi) passarono dalla parte opposta della barricata: con un lavoro impegnativo, una moglie e una famiglia da accudire, persero ben presto lo spirito "garibaldino" degli anni passati e si incamminarono invece su un sentiero di grandi sacrifici e austerità (nella maggior parte dei casi), anche in considerazione della situazione economica e lavorativa di questo particolare momento storico.

Questo repentino cambio di prospettiva mi ha fatto riflettere molto sul ruolo che il divertimento e il piacere hanno nella vita. Da un punto di vista prettamente tecnico, divertimento e piacere non sono la stessa cosa, anche se nella maggior parte dei casi sono considerati sinonimi[15]. Il divertimento è uno stato d'animo vero e proprio, mentre la ricerca del piacere è un atteggiamento di vita. Il divertimento può essere considerato una delle modalità attraverso la quale ricerchiamo il piacere, ma non è l'unico, in questo libro mi focalizzerò prevalentemente sull'atteggiamento che sta dietro il divertimento, ossia la ricerca del piacere.

Innanzitutto è bene ricordare che il piacere è, assieme al dolore, una delle due forze che determina praticamente ogni aspetto della nostra vita. Dopo aver trovato un ambiente sicuro (cioè dopo essersi allontanato dalle situazioni potenzialmente dolorose o problematiche), la cosa successiva che gli esseri umani cercano di raggiungere nella vita è proprio il piacere.

Fatte queste doverose premesse, per trovare il piacere bisogna fare solo due cose: fare ciò che ci piace e trovare il modo di farci piacere ciò che facciamo. La prima opzione è facile da capire perché il divertimento è uno di questi strumenti. Seguire le proprie passioni e dedicarsi ai propri hobby è un ottimo modo per divertirsi. Un'altra opzione consiste nel concedersi periodicamente dei periodi di svago, nei quali possiamo fare ciò che ci piace. In questi momenti non è necessario dedicarsi ai propri hobby o divertirsi per forza, basta fare qualcosa che ci piaccia. Io, ad esempio, nel mio tempo libero vado a correre o a passeggiare in mezzo alla natura, in riva al fiume Po. Altre volte vado a farmi un bel giro in bici, altre ancora una camminata in montagna. Non ho una particolare passione per queste attività, ma una volta alla settimana (o anche due, possibilmente) mi piace stare in mezzo alla natura. Farlo mi aiuta a riconciliarmi con la vita, oltre che a restare connesso con il mio centro. Quando devo riflettere su qualcosa o su qualche decisione importante che devo prendere, andare a farmi una camminata in mezzo al verde è il mio modo preferito per trovare le risposte che cerco (stare in mezzo alla natura, in particolare, resta la mia attività preferita).

Anche voi avrete sicuramente delle cose che vi piace fare. A qualcuno piace passare la domenica pomeriggio a fare shopping nei centri commerciali, mentre altri preferiscono stare seduti sul divano a guardare la televisione. Alcuni preferiscono fare una passeggiata in mezzo ai campi fioriti, altri andare al parco giochi con i bambini. Ognuno ha il suo modo per staccare la spina e ricaricare le batterie fisiche e psicologiche. L'importante è non trasformare lo svago in qualcosa di stupido, come ad esempio bere alcol o fumare droghe; questi non sono svaghi ma cattive abitudini

---

[15] Anche nel mio precedente libro *Intelligenza emotiva in azione*, divertimento e piacere sono stati considerati come sinonimi.

che vi tormenteranno per tutta la vita, se non fate uno sforzo consapevole per starne lontani (o di venirne fuori, se siete già caduti nella loro trappola). Svagarsi invece deve essere un'attività prettamente rigenerativa, utile e piacevole nel senso più elevato del termine.

Se la pratica di godersi la vita si limitasse a questo, tuttavia, la vita potrebbe lasciarci molto amaro in bocca. Non sempre, infatti, abbiamo la possibilità di poter fare ciò che vogliamo. Alcune volte non abbiamo la disponibilità economica per poter soddisfare i nostri desideri, come ad esempio quando vogliamo viaggiare e girare il mondo ma non abbiamo i soldi per farlo. Se abbiamo i soldi per farlo, invece, molto probabilmente avremo altri problemi (una famiglia di cui prenderci cura o la mancanza di tempo). A prescindere dal tipo di impedimento che ci ostacola la strada, sembra esserci sempre qualcosa che si mette di traverso tra noi e i nostri desideri. Se godersi la vita si limitasse a fare quello che ci piace, dunque, saremmo frustrati e insoddisfatti per buona parte della nostra esistenza. Per fortuna questo è solo un lato della medaglia. L'altra metà dell'equazione del piacere consiste nel farsi piacere ciò che si ha, ovvero nel trovare piacere in ciò che si fa.

Da un punto di vista prettamente motivazionale, l'idea di adattarsi alla situazione nella quale ci si trova e farsela piacere non è particolarmente stimolante. In alcuni casi, infatti, adattarsi alla situazione nella quale si è coinvolti, però, è l'unica cosa da non fare. Gli ambienti carichi di violenza e rabbia, o saturi di cattive abitudini, sono particolarmente deleteri per lo sviluppo della personalità. In questi casi vale sicuramente la pena cercare di allontanarsi da essi nel modo più veloce possibile, per trovare rifugio in qualche ambiente migliore. In tutti gli altri casi, o perlomeno nei casi in cui le vibrazioni della situazione nella quale ci troviamo non sono particolarmente negative, vale la pena fermarsi un attimo a riflettere se la circostanza nella quale ci siamo imbattuti sia davvero così "drammatica" come la nostra mente ce la dipinge, o se invece sia solo frutto di un'eccessiva e troppo fervida immaginazione. Da questa semplice analisi potremmo accorgerci di aver esagerato nella valutazione di alcune situazioni, perché a guardar meglio sembra invece che le cose siano diverse da come ci erano sembrate finora.

È quello che ha fatto il mio amico Loris nell'ambito lavorativo, quando si è accorto di non poter riuscire a fare tutto ciò che avrebbe voluto e potuto fare. Per lui è stata una grande delusione: aveva idee geniali dalle quali anche i suoi vecchi datori di lavoro avrebbero potuto beneficiare, ma nessuno gli ha mai accordato la possibilità di realizzarle. Lo vedevano come un pivello, uno dei tanti che erano passati di lì e solo il "prossimo" della loro lunga lista. Lui invece era veramente un "genio": se solo fosse riuscito a lavorare sulle sue idee, sarebbe sicuramente riuscito a trasformare in realtà buona parte dei suoi progetti. Purtroppo i suoi datori di lavoro non erano dello stesso avviso e lo consideravano invece solo un impiegato come tutti gli altri. Se sapessero a cosa hanno rinunciato, lo rimpiangerebbero di sicuro. Dopo aver appurato l'impossibilità di perseguire i suoi sogni, Loris si è presto reso conto che la situazione che si era creata gli avrebbe forse precluso per sempre la possibilità di fare carriera nel mondo del lavoro, ma realizzò anche che questo gli avrebbe aperto le porte a una molteplicità di altre possibilità.

Iniziò dunque ad accettare la situazione per quello che era e, soprattutto, a farsela piacere. Iniziò a lavorare solo otto ore al giorno: quando scattavano le sei del pomeriggio, spegneva il computer e si catapultava fuori dall'ufficio, dimenticandomi completamente di quello che stavo facendo appena un minuto prima. Iniziò anche ad andare a mangiare in pausa pranzo (e ancora oggi si chiede per quale ragione abbia deciso, un paio di anni prima, di saltare la pausa pranzo). Cosa più importante di tutte, iniziò a fregarsene di tutte le cose che andavano male in ufficio: non gli interessava più niente se non il fatto di arrivare a fine giornata e ricevere lo stipendio a fine mese.

Le cose andarono avanti così per un po' e non molto tempo dopo iniziò ad affacciarsi alla sua mente l'idea di poter investire tempo ed energia a fare qualcosa di *veramente* importante, qualcosa che avrebbe concretamente potuto "fare la differenza". Iniziò a riflettere e a pensare in che modo avrebbe potuto riuscirci, e dopo un po' gli venne l'idea di creare un sito web attraverso il quale avrebbe potuto condividere con gli altri le sue idee e i suoi messaggi. Così facendo avrebbe anche potuto raggiungere persone che si trovavano dall'altra parte del mondo. Oggi, a distanza di qualche anno, la sua attività è ben avviata e lui è molto felice e soddisfatto della nuova direzione che è riuscito a dare alla sua vita. Oggi non baratterebbe mai la vita che ha con quella che avrebbe potuto avere se avesse trovato qualcuno che gli avesse concesso la possibilità di fare carriera.

Quello di Loris è solo un esempio di come a volte si possa trovare il modo di farsi piacere ciò che si fa. Per avere successo è necessario utilizzare in abbondanza le armi segrete della creatività e della sincerità. Poiché Loris non è mai sceso a compromessi con i suoi valori, e poiché si è sempre comportato onestamente con i suoi datori di lavoro, la vita lo ha ricompensato abbondantemente, suggerendogli nuovi modi attraverso i quali poter trarre maggior soddisfazione da una situazione che al contrario stava diventando a dir poco noiosa e ormai quasi disperata. Avrebbe potuto licenziarsi e cambiare lavoro, invece di riorganizzare il suo modo di affrontare la situazione. Sarebbe potuta essere una buona soluzione, ma Loris preferì mantenere la sua occupazione e cambiare invece suo approccio.

Sesso... giusto o sbagliato?

Fare sesso è uno dei modi più sicuri per trovare piacere, non solo a livello fisico ma anche psicologico. Infatti l'atto sessuale di per sé non produce particolare piacere, se non per il fatto che a esso viene generalmente associato un particolare significato, o per il fatto che il suo perpetuarsi soddisfi alcune nostre specifiche aspettative. La componente mentale, dunque, è un aspetto essenziale dell'atto, e ne è parte integrante.

Non possiamo negare che l'atto sessuale sia uno dei modi più efficaci per soddisfare il nostro bisogno di piacere: tutte le tradizioni culturali della storia hanno sottolineato la sacralità dell'orgasmo. Sotto certi punti di vista, è anche uno dei modi più facili con cui raggiungere "le sponde del piacere": basta avere una partner (o un partner) e il problema è già virtualmente risolto. Le persone ne fanno di tutti i colori per poter fare sesso con regolarità: alcuni si sposano, altri si fidanzano e altri ancora vanno con le prostitute o con altre donne con cui condividono lo stesso interesse. La cosa strana è che nessuno lo ammette. I giovani si sposano perché dicono di amare le loro fidanzate, ma in realtà quello che vogliono dire è che muoiono dalla voglia di fare sesso con loro. Altri si sposano con l'idea di scrollarsi un problema di dosso, perché dopo il matrimonio perlomeno avranno la certezza di poter fare sesso con la loro moglie per il resto della vita.

Senz'altro c'è anche una componente romantica nei rapporti di coppia (meno male!), ma la componente sessuale non è comunque da sottovalutare. Sto esagerando? Non credo. Se mi sbagliassi, allora le persone si fidanzerebbero e si sposerebbero solo per amore, e farebbero sesso con la loro partner solo un paio di volte nella vita, solo per avere figli. Se amate davvero una persona, che bisogno c'è di fare sesso con lei? L'amore è qualcosa che trascende completamente il sesso e che non deve necessariamente andare a braccetto con esso. Ad esempio i più puristi concepiscono il sesso esclusivamente come uno strumento di procreazione e si impegnano a utilizzarlo solo per concepire figli. Al contrario, per tutti gli altri, il sesso è in realtà il loro primo pensiero, che cercano di giustificare razionalmente sotto le vesti dell'amore romantico. Di conseguenza, che ci piaccia o meno, il sesso rappresenta un elemento importante non solo della nostra vita, ma anche del modello sociale in cui viviamo.

Sotto un certo punto di vista, le persone che vanno con le prostitute o che hanno rapporti sessuali non stabili sono molto più oneste con se stesse: non si prendono in giro dicendosi che si sono innamorate, ma sono consapevoli che la loro prossima partner avrà solo lo scopo di soddisfare il loro bisogno di fare sesso. Purtroppo nemmeno i rapporti sessuali saltuari o i fenomeni come la prostituzione possono però essere la soluzione definitiva al problema. Anzi, piuttosto che passare la vita ad andare a prostitute, è senza dubbio sicuramente più saggio sposarsi, almeno questo vi aiuterà a creare uno stile di vita più raccomandabile (oltre che darvi la possibilità di imparare a controllare il desiderio sessuale, trasformandolo in amore).

In generale, in ogni caso, la ricerca del piacere sessuale non deve diventare un'ossessione. In altre parole anche nella sfera sessuale bisogna coltivare la moderazione. Questa è dunque la prima soluzione da mettere in campo se abbiamo permesso al desiderio sessuale di acquistare troppo potere all'interno della nostra vita. Ridurre gradualmente la presa che il piacere sessuale ha su di noi e allo stesso tempo sostituirlo con nuovi fonti di piacere meno pericolose (come ad esempio la meditazione scientifica), è un ottimo modo per liberarsi dalla sua presa. Gradualmente, paragonando le gioie del sesso a quelle della meditazione profonda, ci convinceremo da soli della futilità delle prime.

In un secondo momento, invece, quando il nostro desiderio sessuale sarà tornato a essere sotto controllo, potremo "ucciderlo" definitivamente con la spada dell'autocontrollo. Questo a sua volta nasce dalla saggezza di capire quale sia il vero scopo del sesso e quali effetti collaterali negativi esso provochi nella mente e nel corpo di colui che lo pratica, quando se ne abusa. Sono d'accordo che quest'obiettivo non sia alla portata della maggior parte delle persone, ma ciò non toglie che sia l'unica strada per uscire vittoriosi da questa sfida.

Lezione n. 7: sviluppare stati d'animo positivi

Il mondo è un riflesso di noi stessi e non fa altro che restituirci ciò che abbiamo dentro di noi. In particolare, la maggior parte delle nostre questioni irrisolte si manifesta attraverso emozioni e stati d'animo negativi. Il termine *negativo* non si riferisce alla qualità intrinseca di un particolare sentimento, ma piuttosto alla sua posizione all'interno di quella che ho definito, nell'appendice 1 del libro *Intelligenza emotiva in azione*, la "scala degli stati d'animo". Per chi non avesse ancora comprato quel libro, la descrivo brevemente in modo che possiate capire ciò che intendo.

Ogni stato d'animo ha una sua specifica frequenza vibrazionale che lo caratterizza e lo identifica. Alcuni stati d'animo hanno una vibrazione alta (che si avvicina alla frequenza dell'amore), altri invece più bassa (più lontana dal sentimento dell'amore). Ascoltando intuitivamente ciascun sentimento, o sperimentandolo sulla propria pelle nella vita di tutti i giorni, è possibile classificare gli stati d'animo in due grandi gruppi: quelli "positivi" e quelli "negativi". La linea di demarcazione tra le due tipologie è rappresentata da quella che è stata chiamata linea della neutralità (detta anche "linea zero").

Tutti gli stati d'animo la cui frequenza vibratoria si trova sopra questa linea sono chiamati positivi, mentre tutti quelli che si trovano al di sotto di essa sono chiamati negativi. Dunque i termini *positivo* e *negativo* si riferiscono esclusivamente alla posizione che lo stato d'animo assume nei confronti della neutralità (ovvero della linea zero), e non hanno dunque nulla a che fare con il significato tradizionalmente attribuito ai due termini. Infatti, in alcune circostanze, uno stato d'animo positivo (che si trova sopra la linea zero) può danneggiare una persona, al contrario di uno stato d'animo negativo (che si trova sotto la linea zero). Ad esempio, se vi dovessero diagnosticare una grave malattia, accettarla senza combattere potrebbe essere la cosa sbagliata da fare, perché potrebbe voler dire accettare la morte. Al contrario, uno stato d'animo di accettazione mista a rabbia potrebbe invece spingervi ad affrontare la situazione con speranza, determinazione e fiducia. Per lo stesso motivo alcuni stati d'animo negativi potrebbero invece essere utili a una persona, in particolari situazioni. Se fate un lavoro pericoloso e lavorate ad esempio a venti o trenta metri di altezza, avere la giusta paura vi aiuterà a essere prudenti e ad agire di conseguenza (ovviamente la paura non deve paralizzarvi, altrimenti diventa altrettanto pericolosa). Ogni sentimento, dunque, ha aspetti utili e altri meno utili, che dipendono prevalentemente dal contesto della situazione nella quale ci si trova coinvolti.

Una volta capito questo siamo a metà dell'opera. L'altra cosa che resta da comprendere è che buona parte delle nostre questioni irrisolte (ossia il nostro karma passato che ancora non ha trovato modo di manifestarsi nella nostra vita) hanno a che fare con gli stati d'animo negativi. Ciascuno di questi, a sua volta, ha una relazione più o meno diretta con uno dei sentimenti che si trovano invece nella parte alta della scala, sopra la linea zero. In altre parole, buona parte delle lezioni associate agli stati d'animo negativi sono in qualche modo legate agli stati d'animo positivi. Questo significa che, per imparare una lezione legata ad esempio alla rabbia, dovrete prima o poi imparare a essere pazienti.

Questo a sua volta vuol dire che se imparate a vivere sulla base degli stati d'animo positivi, automaticamente brucerete anche buona parte del vostro karma irrisolto. Infatti l'unico scopo degli stati d'animo negativi è quello di stimolare la vostra attenzione. Provare rabbia non è una cosa normale: lo scopo della rabbia è insegnarvi qualcosa che vi permetta di lasciarla andare sostituendola con qualcos'altro (generalmente la pazienza). Se dunque vi impegnate sin dall'inizio a sviluppare la pazienza (senza aspettare che le vostre questioni irrisolte scatenino dentro di voi la rabbia), a questo punto non avrete più bisogno di passare attraverso la rabbia. In altre parole se svilupperete gli stati d'animo positivi creerete le condizioni affinché quelli negativi non siano più necessari. Se sviluppate in anticipo il coraggio, non avrete bisogno di sperimentare la paura.

Questo non significa che i sentimenti negativi abbiano solo ed esclusivamente lo scopo di fare da tramite verso quelli positivi. Come già detto in precedenza, in alcune situazioni i sentimenti negativi sono molto più importanti di quelli positivi. Se fate un lavoro pericoloso, avere coraggio potrebbe infatti farvi diventare imprudenti, mentre avere paura vi aiuterebbe a restare vigili e attenti. Dunque anche gli stati d'animo positivi non sono una soluzione sicura e affidabile al 100%, perché molto dipende dalla specifica situazione nella quale ci si trova. Non avere paura di qualcuno che vi minaccia con una pistola, ad esempio, potrebbe costarvi la vita. Da un punto di vista karmico, tuttavia, gli stati d'animo positivi rappresentano la sintesi di tutte le lezioni associate agli stati d'animo negativi, e poiché in questo capitolo ci si sta riferendo agli stati d'animo da questo specifico punto di vista, i sentimenti positivi sono qualcosa a cui tutte le persone dovrebbero ambire.

In questo momento non è strettamente indispensabile conoscere in dettaglio tutte le corrispondenze tra stati d'animo negativi e positivi, che non sono state affrontate neppure nel libro *Intelligenza emotiva in azione*. In esso mi sono limitato a descrivere gli stati d'animo positivi, presentando anche semplici modi (processi mentali o azioni vere e proprie) attraverso i quali riuscire a svilupparli. Per imparare dunque le lezioni di vita associate agli stati d'animo negativi, la miglior soluzione è dunque quella di imparare a padroneggiare gli stati d'animo positivi, e per farlo vi suggerisco di basare la vostra pratica su *Intelligenza emotiva in azione*. Quel libro, frutto di un processo di canalizzazione intuitivo, offre davvero una panoramica unica sugli stati d'animo positivi. Esso descrive i trentaquattro principali stati d'animo positivi che possiamo sperimentare nella vita, offrendo contestualmente strumenti pratici e concreti con i quali imparare a padroneggiarli. Sotto molti punti di vista, il libro è qualcosa di rivoluzionario e rappresenta il primo passo di un percorso scientifico "pensato" per accelerare il percorso evolutivo spirituale dell'anima[16]. Sul tema degli stati d'animo, dunque, non avrebbe alcun senso, in questo testo, offrire alcuni spunti di riflessione sull'argomento perché sarebbero comunque parziali e frammentari. Per lo stesso motivo non avrebbe alcun senso riportare nella sua integrità uno qualsiasi dei trentaquattro stati d'animo analizzati in *Intelligenza emotiva in azione*, perché comunque sarebbe come vedere dieci minuti di un film senza conoscerne né la parte iniziale né quella finale. Di conseguenza, se volete diventare esperti nella gestione degli stati d'animo positivi, non posso che consigliarvi di leggere, studiare e soprattutto mettere in pratica i suggerimenti contenuti nel libro sopra citato, interamente dedicato all'argomento.

Per condurre una vita improntata sugli stati d'animo positivi non bastano una settimana o dieci giorni di pratica, ma mesi e anni di sforzo. Lo scopo della pratica è far diventare gli stati d'animo positivi uno stile di vita: solo a quel punto potrete essere sicuri di aver creato solide fondamenta su cui fondare la vostra nuova vita. A mano a mano che svilupperete i trentaquattro stati d'animo descritti in *Intelligenza emotiva in azione*, gradualmente avrete accesso a nuovi livelli di salute, felicità e benessere psicofisico. È sufficiente praticare uno stato d'animo per tre mesi per iniziare ad accorgersi dei cambiamenti positivi che esso porta con sé[17]. A mano a mano che la vostra pratica si rafforzerà e si stabilizzerà, inizierete ad attirare a voi nuove persone e nuove situazioni di vita, che vi spingeranno sempre di più nella direzione del vostro scopo di vita. Se anche solo decideste di ignorare completamente tutte le altre lezioni di vita presentate in questo libro, e decideste di concentrarvi esclusivamente sulla pratica degli stati d'animo positivi, fareste comunque una buona scelta perché attraverso la vostra pratica riuscirete comunque a creare un cambiamento a 360 gradi nella vostra vita.

---

[16] Questo libro che avete tra le mani è il secondo passo.

[17] Confronta Roy Martina, *L'anello mancante del segreto*, Bis Edizioni, traduzione di Elena Dettamanti – Odoya Srl, pagg. 69-70.

Lezione n. 8: usare il buonsenso

Apparentemente può sembrare banale, ma imparare a usare il buonsenso è una delle cose più importanti che possiamo fare. Dove c'è buonsenso lì si trova anche il giusto modo di comportarsi, di essere e di agire. Tutto in natura è fondato sui principi del buonsenso e della pazienza. Ogni legge di natura è incline al buonsenso, incluse le leggi spirituali. Molti credono erroneamente che il buonsenso e la spiritualità siano due cose che non hanno nulla a che fare l'una con l'altra, ma in realtà è vero l'opposto. La spiritualità, quando praticata e vissuta a 360 gradi nella propria vita, rafforza il buonsenso e l'esercizio di quest'ultimo, a sua volta, dà alla spiritualità un tocco di concreta praticità.

Buonsenso significa ragionevolezza. Essere ragionevoli significa a sua volta capire quando è il momento di fare o dire qualcosa, e quando invece è il momento di non fare o non dire nulla. Anche se questo può sembrare facile, è invece una tra le cose più difficili da mettere in pratica. Se le persone usassero buonsenso non ci sarebbero guerre tra Stati e disaccordi tra le persone. Tutte queste incomprensioni nascono dalla mancanza di buonsenso, oltre che dal fatto di non comprendere che anche gli altri hanno il diritto di pensare, essere e vivere sulla base delle loro (più o meno giuste) convinzioni, e ovviamente nel rispetto di quelle altrui.

Avere buonsenso significa dunque capire il momento specifico di una situazione, agendo di conseguenza. Qualche secolo fa era ragionevole trovarsi un lavoro vicino a casa perché non c'erano automobili o mezzi di trasporto pubblici. Il mezzo più veloce che esisteva era la bicicletta. Oggi invece ci sono metropolitane e aerei che ci permettono di raggiungere un luogo dall'altra parte della città o del mondo nell'arco di pochi minuti o ore. Il mondo è dunque oggi molto diverso da come lo era in passato, e trovarsi un lavoro anche distante da casa non è più impossibile come lo era una volta, visto che ci sono le automobili.

Dunque il buonsenso è strettamente connesso anche con il periodo storico e l'ambiente sociale e civile nei quali si vive. In passato, ad esempio, le donne si concedevano ai loro amati solo dopo essersi regolarmente sposate in Chiesa; oggi sappiamo che le cose stanno diversamente. Anche in questo caso i tempi sono cambiati e le cose hanno iniziato a funzionare in modo diverso. Non si tratta di giudicare se sia un bene o un male, ma di prenderne atto. Se cento anni fa avere buonsenso poteva voler dire uscire di casa solo con i pantaloni lunghi o con le gonne lunghe sotto le ginocchia, oggi invece uscire di casa con le gambe al vento può già essere considerato un atto di buonsenso, considerando che la maggior parte delle ragazze oggi esce di casa praticamente in mutande[18].

La stessa cosa si può dire per quanto riguarda l'omosessualità. Una volta i gay erano poco numerosi mentre oggi il loro numero è in continuo aumento. Quello che è cambiato inoltre è la percezione dell'omosessualità, che non è più vista come una "malattia" ma come una scelta. Anche in questo non si tratta di dire se è giusto o sbagliato, ma semplicemente di prendere atto che i tempi sono cambiati. Oggi avere buonsenso può voler dire essere preparati a tutto questo, cosa che qualche decennio fa non passava nemmeno per la testa della gente.

Più in generale, dunque, avere buonsenso significa anche sapere quando agire e quando invece fermarsi. Io stesso ho ripetutamente sperimentato sulla mia pelle questo particolare aspetto del buonsenso: prima con il calcio, poi con il lavoro e infine in altri ambiti. Giocare a calcio, ad esempio, è stata una delle cose più importanti della mia vita, ma arrivato a un certo punto ho capito che avrei dovuto gradualmente rallentare fino a fermarmi del tutto. Qualche anno dopo infatti ho smesso completamente, senza provare nemmeno il minimo attaccamento per le vecchie abitudini.

La stessa cosa è successo con il desiderio di fare carriera: ho cercato in tutti i modi di mettere a frutto la mia perspicacia e creatività, ma non ho mai trovato le persone giuste che avessero fiducia in me. Alcune delle idee alle quali avrei voluto dedicare tempo ed energia, oggi avrebbero trovato terreno fertile per crescere e svilupparsi. Ho anche capito, in tutti questi anni, che tutto ciò è successo perché la vita aveva in serbo altro per me. Evidentemente era volontà dell'Universo che io usassi la mia creatività e intraprendenza per fare qualcosa di molto più importante per la vita delle persone, come ad esempio scrivere. Sono sicuro che se fossi riuscito a sviluppare il progetto di lavoro al quale avevo pensato a lungo, oggi non avrei sviluppato questo sistema di coaching e

---

[18] Indossando quelli che oggi vengono comunemente chiamati *short*.

non potrei scrivere i miei libri perché non avrei niente da raccontare agli altri. È stato sempre il buonsenso a suggerirmi che la vita voleva da me qualcosa di diverso dal solito successo materiale del mondo del lavoro: quando le cose non vanno come avremmo desiderato, non bisogna cercare di trasformarle in quello che non sono mai state (dicendoci ad esempio che sono state un successo).

Infine, come abbiamo già visto, avere buonsenso significa anche capire quando reagire alle cose che ci succedono e quando invece accettarle o far finta di niente. Se ad esempio una persona vi punta un coltello alla gola per rubarvi il portafoglio, rinunciare a pochi spiccioli per salvare la vita è un atto di buonsenso. A cosa vi serviranno i vostri soldi se quel furfante vi pianta un coltello in pancia? Meglio rinunciare ai soldi e salvarsi la vita. Allo stesso tempo, tuttavia, in alcune circostanze il buonsenso potrebbe suggerirvi che darla vinta agli altri non sia il modo migliore d'agire. Se ad esempio vedete una persona che, in preda a una crisi di nervi o in una condizione psicologica delirante, sta per gettarsi da un cavalcavia, il buonsenso potrebbe dirvi di suggerirle di ritornare sui suoi passi e cercare altri modi per risolvere i suoi problemi. Molto spesso infatti le persone compiono gesti estremi (come il suicidio) semplicemente perché sentono di non avere alternative, mentre in realtà il mondo trabocca di occasioni e nuove possibilità: pensano che non esiste nulla che possa aiutarle e quindi non vedono altra via d'uscita se non quella di farla finita. Il suicidio è una grande trasgressione alle leggi della spiritualità, perché il compito di porre fine a una vita spetta esclusivamente a Dio.

Anche uccidere gli altri è una cosa da evitare, ma se uno entrasse in casa vostra con un mitra con l'intenzione di uccidervi tutti, perché dovreste aspettare che prema il grilletto? Anche voi avete l'obbligo spirituale di difendere la vostra vita, e se per farlo dovete uccidere il vostro aggressore questo non può sicuramente essere considerato un omicidio, bensì un atto di legittima difesa. La differenza tra l'omicidio e la legittima difesa è proprio questo: nel primo caso siete voi gli aggressori, mentre nel secondo caso non fate altro che difendervi. Un conto è andare ad aggredire gli altri con l'idea di ucciderli, e un conto è uccidere colui che vorrebbe farvi fuori.

Lo stesso principio si applica alla guerra: aggredire un popolo con la falsa giustificazione di liberarlo dall'oppressione è solo una scusa per mettere le mani sui suoi giacimenti petroliferi o sulle ricchezze della sua terra. Al contrario, difendersi in tutti i modi possibili da questo tipo di aggressione è invece un atto di coraggio basato sull'onore e sull'amore per la patria. Sotto questo punto di vista, dunque, l'opinione pubblica occidentale dovrebbe riconsiderare con forza le intenzioni che soggiacciono a molte delle attività militari delle nazioni guerrafondaie, per le quali il mercato delle armi e gli investimenti in ambito bellico costituiscono elementi particolarmente rilevanti delle proprie economie.

Essere ragionevoli significa inoltre sapere in che modo reagire alle situazioni, se questa è la cosa giusta da fare. Se ad esempio vostro figlio prende una nota a scuola, riempirlo di botte non è sicuramente la risposta appropriata. Nemmeno aggredirlo verbalmente o psicologicamente lo è. Discutere la cosa in un clima sereno e conciliatorio è invece il modo migliore per far trionfare il buonsenso.

Il modo in cui reagiamo alle situazioni della vita a volte è molto più importante della reazione di per sé. Se ad esempio la vita vi dà un bel pugno sul viso (metaforicamente parlando), come reagite? Non perdere la testa è la prima cosa da fare, anche se normalmente non è sempre così facile riuscirci. Una volta riusciti a fare questo, dovrete mantenere la lucidità per prendere una decisione basata sul buonsenso. Tuttavia, a prescindere dalla qualità o dalle caratteristiche proprie della scelta che farete, ben più importante sarà il vostro atteggiamento. Mollerete e butterete via tutti gli sforzi di una vita? O vi rimboccherete di nuovo le maniche, a prescindere da quanto difficile possa essere, per ricominciare tutto daccapo?

Se vi viene diagnosticata una grave malattia, la prima cosa da fare è restare lucidi. Questo non vuol dire far buon viso a cattivo gioco o far finta che non sia successo nulla. Al contrario rimanere lucidi significa prendere atto della situazione senza per questo farsi travolgere da essa. Un conto è piangere in preda alla disperazione, convinti che il nostro destino sia già scritto, e un conto è piangere per buttar fuori dal nostro corpo tutta l'amarezza che accompagna la situazione. Così facendo, infatti, diventeremo anche consapevoli di avere ancora la possibilità di fare qualcosa per modificare l'esito finale della partita. Dopo aver espresso la nostra amarezza, la cosa successiva da fare è decidere dentro di noi che ci sono ancora buoni motivi per continuare a combattere, a prescindere da quale sia la sfida che la vita ci sta presentando (e sempre che questa sia la scelta giusta, come lo è sicuramente nel caso della diagnosi di una malattia).

Poi dovremo anche prendere la decisione giusta su quello che dovremo concretamente fare per uscire da questa situazione. Ad esempio, nel caso delle guarigioni, numerose testimonianze sembrano dimostrare che l'atteggiamento con il quale si affronta la situazione è in realtà ben più importante della terapia stessa: che scegliate di seguire solo i consigli del medico o di abbinare a esso una qualche altra forma di terapia olistica, o che scegliate di fare qualsiasi altra cosa, il successo dipenderà più che altro dal vostro atteggiamento, dal modo in cui affronterete la terapia e da come reagirete alla situazione. Ci sono persone che sono addirittura guarite da gravi malattie grazie al potere della risata[19]. Non c'è limite a quello che possiamo conseguire con il giusto atteggiamento: la terapia diventerà in questo caso solo lo strumento attraverso il quale la guarigione si manifesterà.

Cosa centra tutto questo con il buonsenso? Semplice: è il buonsenso che ci suggerisce quale sia il giusto atteggiamento con cui reagire agli eventi. Accettare lo stato dell'arte di qualcosa come un dato di fatto, impegnandosi tuttavia a cambiare la situazione nella quale ci si trova, è sicuramente la miglior strategia con cui rispondere ai colpi bassi della vita.

Il buonsenso è sempre stato uno dei miei strumenti preferiti. Per molte persone, tuttavia, è una sfida. Questo capitolo è stato dunque scritto per tutti coloro che pensano di poterne fare a meno, contando esclusivamente sulla loro intelligenza o sui loro talenti. Strada facendo vi accorgerete che non potete fare a meno del buonsenso, perché esso è parte integrante dell'esistenza, così come lo sono il respiro, il cibo e le relazioni umane. Usatelo dappertutto: al lavoro, in famiglia, nella vita sociale e nell'ambito della spiritualità.

In generale, non ci sono particolari effetti collaterali legati all'uso del buonsenso. La ragionevolezza porta con sé solo cose positive. A dire la verità, forse, l'unico caso nel quale potreste essere chiamati ad agire *senza* seguire il buonsenso è nel caso degli istinti primordiali, come ad esempio nel caso della sopravvivenza. Se doveste trovarvi a faccia a faccia con la morte, infatti, non credo avreste il sangue freddo per usare il buonsenso. Sicuramente cerchereste il modo più semplice e veloce per togliervi dalla situazione pericolosa, senza pensarci su più di tanto. In generale comunque, fatta eccezione per alcune situazioni veramente rare, usare il buonsenso in ogni cosa è davvero la cosa più saggia che si possa fare.

---

[19] Confronta anche Robbins Anthony, *Come ottenere il meglio da sé e dagli altri*, Bompiani, traduzione di Francesco Saba Sardi, pag. 151.

Lezione n. 9: prendersi cura del proprio corpo

Una delle lezioni più basilari che bisogna imparare per poi ambire a calcare i gradini più alti della scala dell'evoluzione è prendersi cura del proprio corpo. Per quanto banale possa sembrare, resta di fondamentale importanza per il nostro benessere personale.

Qualche decennio fa le persone erano quasi del tutto ignare dei bisogni del loro corpo: lo vedevano come una macchina nella quale bastava mettere della benzina per farla funzionare. Sotto molti punti di vista il cibo era davvero l'unica cosa che serviva per far star bene il corpo, l'unica cosa che meritasse davvero l'attenzione della gente. Il cibo, forse anche per colpa della guerra da poco finita, era il toccasana dell'intera società, come spesso accade nei momenti immediatamente successivi a gravi carestie, epidemie o appunto tragici eventi. Il fatto di avere da mangiare sembrava già un privilegio di per sé. Ovviamente non si prestava quasi alcuna attenzione ad aspetti come la combinazione degli alimenti o le condizioni nelle quali il cibo veniva coltivato o prodotto. Oggi i tempi sono relativamente cambiati, grazie al miglioramento delle condizioni igieniche e al miglioramento della qualità della vita. Questi miglioramenti, assieme alla diffusione dei mezzi di comunicazione, hanno permesso la diffusione di una cultura alimentare più approfondita e perspicace.

Oggi sappiamo che alcuni cibi sono più salutari di altri, così come sappiamo che alcuni cibi andrebbero evitati completamente. La carne, ad esempio, di cui una volta si faceva un uso smodato (e in parte anche oggi), è uno dei cibi che bisognerebbe mangiare meno possibile, sostituendola con altri prodotti altrettanto nutrienti e più facilmente digeribili[20]. Molte persone sono però rimaste ferme alle tradizioni di una volta: "Se mio nonno mangiava carne tre volte al giorno e ha vissuto fino a novant'anni, perché io non dovrei fare lo stesso?". La domanda è sicuramente ragionevole, ma non prende in considerazione almeno un paio di fattori.

Innanzitutto il motivo per il quale una persona ha vissuto per tanto tempo non è detto che sia esclusivamente ascrivibile alla sua dieta, dal momento che ci sono molti altri fattori coinvolti, come ad esempio lo stile di vita e l'inquinamento dei cibi o dell'ambiente in cui si vive. In secondo luogo la sopracitata affermazione non tiene in considerazione l'aspetto karmico che potrebbe aver svolto un ruolo determinante. Infatti, come fate a sapere se vostro nonno, che mangiava carne tre volte al giorno, non aveva creato così tanto buon karma, nelle vite passate, da controbilanciare l'effetto karmico derivante dal fatto di mangiare carne in questa vita? Inoltre chi vi può assicurare che vostro nonno, quando si reincarnerà nella prossima vita, non dovrà sperimentare sulla propria pelle gli effetti negativi delle scelte alimentari fatte in questa vita? Perché pensate che ci sono bambini grassi sin dall'infanzia, se non sono coinvolti particolari problemi di salute o genetici? Ho conosciuto molte persone che, da giovani, pur non mangiando molto, erano comunque molto più grosse e robuste degli altri. Le cause che non sembrano trovare spiegazioni nella vita attuale sono riconducibili alle esistenze passate, perché Dio è sempre corretto e onesto con tutti, dando a ciascuno ciò che merita a seconda delle azioni commesse nel corso delle molteplici vite. Inoltre resta anche da considerare che i tempi sono cambiati e che bisogna in parte anche adattarsi a essi. Una volta non esistevano nemmeno i ristoranti vegetariani, mentre oggi praticamente quasi ogni ristorante offre anche la possibilità di mangiare vegetariano o vegano.

Io non sono mai stato un fanatico del cibo, anche se seguo alcune semplici linee guida. Mangio un po' di tutto e uso la moderazione e il buonsenso. Periodicamente faccio delle ricerche sul cibo e sui suoi effetti sulla mente e sulla salute fisica dell'uomo, e "aggiusto" di volta in volta le mie abitudini alimentari a seconda delle specifiche esigenze che sento di avere in un particolare momento della mia vita. In questo preciso momento, ad esempio, sento il bisogno di mangiare molta più frutta rispetto a quanto sempre fatto. So che questo è dovuto al fatto che le tecniche di meditazione che sto praticando stanno innalzando la mia vibrazione corporea, stimolando la mia coscienza a mangiare più frutta e verdura, gli unici cibi di cui non si può mai mangiarne abbastanza. Il fatto che sia piena estate è un altro valido motivo a giustificazione della mia decisione.

In generale riconosco la validità di seguire un regime alimentare ricco di frutta e di verdura, non tanto perché lo dicono anche gli esperti della materia, ma perché l'ho sperimentato direttamente sulla mia pelle. Fare esperienza sul campo resta sempre il modo migliore per imparare qualcosa.

---

[20] Confronta Roy Martina e Roberto Re, *Energy!*, Sperling & Kupfer, pagg. 168-169.

Dunque consiglio anche a voi di apportare alcune semplici modifiche al vostro modo di mangiare, se non lo avete già fatto. Così facendo potrete verificare direttamente in prima persona se il cibo è tutto uguale o se invece i diversi alimenti abbiano un effetto diverso sul vostro corpo e sulla vostra mente. Se deciderete di fare questo esperimento assicuratevi di darvi almeno dieci mesi di tempo, perché per vedere i primi risultati vi serviranno almeno sei mesi.

Vi consiglio anche di seguire un processo graduale, senza stravolgere letteralmente il vostro regime alimentare dall'oggi al domani. Se non siete abituati a mangiare frutta e verdura, iniziate con poco. Magari potete iniziare a fare colazione con della frutta una volta alla settimana, o potete iniziare a mangiare un po' di verdura cruda prima dei pasti, una o due volte alla settimana. In un secondo momento potreste gradualmente aumentare sia la frequenza dei cambiamenti che state cercando di apportare (da una o due volte alla settimana a tutti i giorni), sia la quantità del cibo coinvolto (ad esempio arrivando a mangiarvi una bella insalata cruda prima del pranzo o della cena).

Non essendo mai stato un fanatico del cibo, non mi sono mai identificato con un particolare sistema di convinzione o con qualche "etichetta" specifica. Non mi sento vegetariano o vegano, anche se riconosco la validità di molte delle assunzioni che queste due scuole sostengono. Uso il buonsenso e la moderazione, senza identificarmi con nessuna tipologia di regime alimentare. Questo mi permette anche di fare delle eccezioni alle regole, senza dovermi più di tanto giustificare.

Ad esempio, una delle cose che iniziai a fare almeno una decina anni fa, fu ridurre la quantità di carne che mangiavo. Oggi mangio carne solo raramente e cerco di evitare sempre quella di manzo e di maiale. Se devo scegliere se mangiare la carne o il pesce, preferisco il pesce (se posso scegliere). Se devo scegliere tra maiale e pollo, mi sforzo di scegliere il pollo. Ogni tanto faccio delle eccezioni, quando ne sento il bisogno. L'alimentazione non deve trasformarsi in uno strenuo sforzo, ma deve essere qualcosa che dà piacere sia dal punto di vista nutrizionale, sia dal punto di vista del gusto.

Le persone che non mangiano carne, dunque, non lo fanno perché sono convinte che faccia male, ma perché hanno sperimentato sulla propria pelle che i legumi e le noci, ad esempio, offrono al corpo le stesse sostanze nutritive della carne, senza però appesantirlo (e senza appesantire la mente). Dunque la scelta del cibo non deve provenire dall'adesione a una particolare corrente ideologica o alimentare, come ad esempio il vegetarianismo o il veganismo, ma da un processo di naturale affinamento del livello di coscienza. Quando sarete pronti a smettere di mangiare la carne, o perlomeno a ridurne la sua assunzione, allora vorrà dire che non vi sentirete costretti a rinunciarvi, ma al contrario sarete ben disposti a farlo, perché vi renderete conto che l'assunzione di carni animali porta con sé molti meno benefici, a livello fisico e psicologico, di quelli che vi hanno sempre fatto credere.

Inoltre, il fatto di non identificarsi con una particolare etichetta è utile anche quando andrete a mangiare al ristorante, con i vostri parenti o amici. Innanzitutto non dovrete spiegare nulla a nessuno e potrete essere liberi sia di mangiare secondo le vostre normali abitudini, sia di fare delle eccezioni. Nessuno vi dirà nulla se sceglierete di mangiare un pasticcio di verdure anziché una braciola di maiale. Sembrerà una vostra scelta personale come tante altre, diversamente da come potrebbe sembrare se invece diceste agli altri che siete vegetariani.

Per lo stesso motivo non dovrete fare violenza a voi stessi, se sentite il desiderio di mangiare ogni tanto della carne. Perché se doveste scegliete la braciola di maiale, nessuno dei presenti si chiederà perché invece non avete scelto il pasticcio di melanzane. Al contrario, se vi foste deliberatamente dichiarati vegetariani, non avreste potuto prendere la carne e avreste commesso un atto di violenza psicologica contro voi stessi, scegliendo un cibo non perché vi piaceva veramente ma perché altri vi hanno detto che non bisogna mangiare la carne.

In terzo luogo, il fatto di non identificarsi con una particolare forma di alimentazione non vi impedisce in alcun modo di restare fedeli ai vostri principi, dal momento che, al giorno d'oggi, praticamente quasi tutti i ristoranti propongono cibi alternativi alla carne (fatta eccezione per quei locali specializzati in menù a base di carne, ovviamente).

In ogni caso, gli ingredienti che non devono mai mancare nella vostra dieta devono essere il buonsenso e la moderazione. Il primo deve spingervi a mangiare un po' di tutto, senza fossilizzarvi particolarmente su qualcosa a scapito di qualcos'altro. La moderazione invece deve spingervi sia a mangiare *un po'* di tutto, sia a non mangiare troppo in generale. Quando sentite di aver mangiato abbastanza, perché riempirvi ancora la pancia, per stare male poi tutto il pomeriggio? È molto meglio restare leggeri, anche perché comunque vi siederete a tavola tra non più di qualche ora. Se doveste restare a digiuno forzato per i prossimi quattro giorni, vi consiglierei di abbuffarvi più che potete finché ne avete la possibilità, ma se così non è e avete la certezza che mangerete regolarmente due volte al giorno anche nei prossimi giorni, è meglio usare la moderazione.

Una cosa altrettanto importante è la variabilità del cibo: come già detto, abituatevi a mangiare un po' di tutto. A parte frutta e verdura, delle quali potete mangiare praticamente quanto volete, per tutto il resto abituatevi a variare. Un giorno mangiate della pasta a mezzogiorno e legumi alla sera. Il giorno successivo mangiate pesce a mezzogiorno e un po' di formaggio e di verdure crude alla sera. Il giorno dopo scegliete qualcos'altro, come ad esempio riso o un po' di carne. E così via, fino a quando non avrete creato una routine che sarà diventata parte di voi. Ogni tanto fate anche qualche strappo alla regola, se ne sentite il bisogno. Non sforzatevi troppo di resistere, la vita è già dura così com'è senza bisogno di combattere anche contro il cibo! (a meno che non abbiate qualche serio problema di salute; in questo caso attenetevi strettamente ai consigli che avete ricevuto, resistendo alla tentazione di fare qualche strappo alla regola).

Un'ultima ma semplicissima regola di alimentazione è quella di scegliere prodotti freschi e di stagione[21]. In altre parole, evitate i prodotti fuori stagione o quelli confezionati. Questo vuol dire acquistare in abbondanza frutta e verdura che crescono naturalmente in quello specifico periodo dell'anno. Anche le coltivazioni in serra, che ricostruiscono artificialmente ambienti tradizionalmente più caldi, sarebbero da evitare. Ogni stagione ha le sue caratteristiche e ogni periodo dell'anno restituisce i frutti e le verdure adatte; la natura è molto più efficace della mano dell'uomo, per cui è bene seguirla e nutrirci con ciò che offre di stagione in stagione. Per quanto riguarda i prodotti tradizionalmente confezionati, la cosa migliore è evitare di usarli. Se proprio non potete, cercate di acquistare prodotti locali, che verosimilmente potrebbero essere "trattati" in modo diverso rispetto ai prodotti che trovate nei supermercati.

Combinazione degli alimenti

Anche se può sembrare una cosa da poco, anche lo stomaco ha le sue regole. Riempirlo come un cestino della spazzatura con qualsiasi cosa ci passi tra le mani non è il modo migliore per prendersene cura. Al contrario seguire una serie di semplici regole vi aiuterà a mettere in ordine il vostro stomaco in maniera che non vi crei più alcun problema.

Alcuni cibi, ad esempio, necessitano di un ambiente basico per essere digeriti, mentre altri hanno bisogno di un ambiente acido. A seconda del cibo ingurgitato, lo stomaco crea, al suo interno, le condizioni ottimali (acide o basiche) per digerire quello specifico cibo che è stato introdotto. Se dunque mangiate cibi che, per essere digeriti, richiedono rispettivamente un ambiente basico e uno acido, il vostro stomaco cercherà di ricreare le condizioni per digerire il cibo acido e basico introdotto. Nel secernere i succhi gastrici, però, questi si annulleranno a vicenda, dal momento che uno è acido e l'altro è basico. La conseguenza di questa naturale reazione biochimica è che il cibo ingerito fatica a essere digerito, creando putrefazione all'interno dell'organismo una volta passato negli intestini. Tutto questo per aver mangiato assieme cibi che invece avreste dovuto mangiare separatamente (uno oggi e l'altro domani).

Senza scendere troppo in profondità nell'argomento (anche perché questo libro non vuole trattare il tema esaustivamente), ma solo per offrire qualche semplice spunto di riflessione che possa concretamente cambiare le vostre abitudini alimentari, prendete come regola di riferimento quella di fare pasti monotematici. Questo significa che se scegliete di mangiare carboidrati, mangiate solo quelli, senza mescolarli con le proteine. Se mangiate proteine, non mescolatele con altre cose, come i carboidrati o i grassi. Mangiate un tipo di cibo alla volta, in ogni pasto. Se a mezzogiorno mangiate carboidrati, alla sera mangiate proteine. Non fate miscugli che hanno il solo risultato di appesantire la vostra digestione. Se seguirete anche solo questa semplice regola, vi stupirete di quanti progressi riuscirete a compiere in poche settimane (dal punto di vista del benessere psicofisico). A essere precisi le cose non stanno proprio così dal punto di vista nutrizionale, perché alcuni cibi avrebbero bisogno di una modesta quantità di altri cibi per facilitarne l'assimilazione. In ogni caso, per quanto ho avuto modo di appurare dalla mia personale

---

[21] Confronta anche Deepak Chopra, *Benessere totale*, Sperling Paperback, traduzione di Alessandro Magherini, pag. 299.

esperienza, il pasto monotematico è già un ottimo punto di partenza. In aggiunta potremmo anche dire che, in questo momento, l'importante è evitare di riempire lo stomaco come un cestino della spazzatura.

L'ultima ulteriore raccomandazione che vi consiglio di mettere in pratica è quella di non seguire ricette prestabilite o confezionate a priori, a meno che non siate certi dell'affidabilità del vostro mentore. Oggi sono nate un sacco di professioni che ruotano attorno al tema dell'alimentazione, con il grande problema che non c'è un ente prestabilito che controlli le competenze di questi professionisti. In altre parole chiunque può diventare un "esperto" della materia e dirvi cosa dovete mangiare, senza per questo esserlo veramente (e soprattutto senza peraltro rispondere in prima persona di eventuali problemi di salute in cui incorrerete). Di conseguenza siate cauti e non prendete per oro colato tutto quello che vi dicono di fare (questo vale anche per il libro che avete tra le mani e per le informazioni in esso contenute). Dovreste essere relativamente scettici anche in merito a quello che vi dice il vostro medico di base, per quanto riguarda l'alimentazione. Ci sono medici di base che ancora oggi consigliano di mangiare carne tre volte al giorno, perché la medicina tradizionale non ha ancora ufficialmente riconosciuto gli effetti negativi che le proteine animali hanno sul corpo umano nel lungo periodo. La colpa non è tanto della medicina ma piuttosto dell'economia, dal momento che il settore alimentare è una delle economie più redditizie del pianeta (all'interno del comparto alimentare, un ruolo di primo piano lo gioca sicuramente l'industria della carne animale). Quindi è difficile immaginare che i vari governi si prendano la responsabilità di affossare l'economia per convincere le persone a ridurre i consumi di carne; è più probabile che questi cambiamenti prendano piede a partire dal basso, con l'innalzamento del livello di coscienza da parte delle masse.

Bevande

Poiché il nostro corpo è costituito da oltre il 70% di acqua, questa resta sempre la miglior bevanda in assoluto. Può sembrare banale dirlo, ma dall'acqua dipende la sopravvivenza non solo degli esseri umani, ma anche degli animali e delle piante. Se volete bere qualcosa di diverso i succhi di frutta sono una valida alternativa. Per succo di frutta non si intende un prodotto industriale pieno di coloranti e conservanti, ma un succo ottenuto direttamente spremendo il frutto. L'ideale sarebbe bere immediatamente il succo così ottenuto, in modo da assimilare tutte le sostanze nutrienti in esso contenute (cosa che invece non accade, o succede solo in parte, nel caso di consumo posticipato). Oggi esistono anche spremitori professionali che sostituiscono il vecchio lavoro a mano; anche se il loro costo è generalmente elevato, nella maggior parte dei casi il beneficio che ne consegue in termini di salute e vitalità, e la comodità che deriva dal loro utilizzo, di solito bastano a rendere comunque vantaggioso l'investimento. Se non volete spendere soldi, potete affidarvi ai vecchi spremitori, che vanno sempre bene: l'unico "difetto" che hanno è che dovrete fare un po' di sforzo per spremere il vostro frutto. Io preferisco ancora spremere a mano direttamente al momento della consumazione, sia perché mi piace farlo sia perché mi dà anche un po' di soddisfazione, come per tutte le cose che si fanno con le proprie mani.

La cosa importante da specificare, nel caso dei succhi di frutta, è che comunque essi non sono sostitutivi dell'acqua (anche se generalmente ne contengono molta). L'acqua è imprescindibile e tutti dovrebbero berne un'adeguata quantità ogni giorno, coerentemente con il loro stato di salute e con il livello della temperatura ambientale (è noto che in estate si consuma molta più acqua che non in inverno, ad esempio). I succhi di frutta possono essere dei buoni integratori, utili sia per soddisfare il bisogno di bere qualcosa di diverso dal solito, sia per ricaricare il corpo e la mente di nuova energia (grazie agli zuccheri naturali contenuti nella frutta). I succhi di frutta non hanno controindicazioni e possono essere consumati virtualmente senza alcun limite[22], visto che hanno solo effetti positivi sul corpo e sulla mente.

Oggi, grazie agli spremitori professionali si è diffusa anche l'abitudine di bere estratti vegetali di verdure o miscugli di frutti e verdure. Come per i succhi di frutta, gli estratti di verdura sono sicuramente alimenti salutari e benefici, altamente rivitalizzanti. Se avete possibilità di berli, sicuramente ne ricaverete dei benefici. Un'altra cosa importante, a questo riguardo, è che gli estratti (di frutta, di verdura, o misti) comunque non devono mai essere considerati sostitutivi degli

---

[22] Fatta eccezione per coloro che invece devono limitare (o addirittura escludere) certe tipologie di frutti dalla loro dieta per particolari motivi di salute.

alimenti utilizzati per ottenerli; in altre parole, bere un succo di mela non sostituisce il fatto di mangiare una mela, così come bersi un estratto di spinaci non sostituisce un buon piatto di spinaci.

Questo perché il nostro corpo ha comunque bisogno di una certa quantità di cibo solido per poter funzionare correttamente. Ad esempio, mangiare una mela fa sicuramente meglio che berne il succo. Questo perché una volta digerita, la mela (e più in generale tutta la frutta e la verdura) agisce come una scopa all'interno del nostro intestino, contribuendo all'eliminazione dei prodotti di scarto che si sono accumulati al suo interno. Inoltre, mangiare frutta e verdura favorisce l'evacuazione regolare, cosa che a sua volta aiuta a mantenere il corpo pulito e purificato. Di conseguenza gli estratti di frutta e di verdura possono essere usati liberamente come integratori alimentari dell'acqua, ma non devono fungere da sostituti dei rispettivi cibi veri e propri.

Se fate colazione con la frutta, ad esempio, dovreste abituarvi a mangiarla così com'è e non a farvi un estratto. L'estratto può andare bene quando rientriamo a casa dopo aver trascorso un'intera giornata sotto il sole cocente: poiché siamo stanchi e assetati, bere un buon succo di frutta può aiutarci a dissetarci e a reintegrare nell'organismo con facilità sali minerali o altre sostanze nutritive. Anche in queste situazioni io preferisco comunque mangiare il frutto nella sua interezza. Ad esempio, nei caldi pomeriggi estivi o dopo un giro in bicicletta, mi taglio una fetta di anguria (o di melone) e la mangio così com'è, senza spremerla. Bevo volentieri i succhi di frutta invece quando sto poco bene o ho la febbre, sia per bere qualcosa di diverso rispetto all'acqua, sia per ingerire energia e zuccheri naturali che mi aiutano a riprendermi in fretta. In ogni caso la cosa importante è ricordare che anche la parte solida del cibo ha una sua importante funzione all'interno delle dinamiche del corpo.

Esercizio fisico regolare

Un altro elemento fondamentale per la salute è l'attività fisica regolare. Che cosa vuol dire fare esercizio fisico regolarmente? Non significa necessariamente mettersi a fare sport. Se lo praticate è una buona cosa, ma se non lo fate, intraprendere qualche forma di attività sportiva presenta sicuramente i suoi vantaggi sotto molti punti di vista. Io ho sempre giocato a calcio e quindi non mi sono mai particolarmente informato sugli altri sport esistenti che, per quello che ne sapevo io, si riducevano alla pallavolo, al ciclismo, alla pallacanestro, al nuoto e a poco altro. Quando ho smesso di giocare a calcio ho iniziato a scoprire che esistevano una grande quantità di altri sport: tiro con l'arco, bocce, alpinismo, arrampicata, atletica e molto altro. Con mia grande sorpresa, scoprii non solo che esistevano una grande quantità di altri sport di squadra, rispetto a quelli tradizionalmente più conosciuti e diffusi, ma anche che esistevano altri sport individuali di cui non avevo quasi mai sentito parlare. Ad esempio, andando in montagna scoprii che c'erano molti ciclisti che, in sella a una mountain bike, salivano ai rifugi che si trovavano in alta quota. Non avrei mai pensato che fosse una cosa possibile, visto che era già abbastanza complesso arrivarci a piedi! Questo mi fece capire che lo sport offre davvero un'enorme opportunità. Gli sport di squadra danno anche la possibilità di sviluppare relazioni sociali che gli sport individuali non possono offrire. Anche le arti marziali vanno bene, anche se non possono essere considerate degli sport.

Se non trovate uno sport che fa al caso vostro, o se non volete iniziare una nuova attività per qualche ragione, almeno tenetevi in movimento. Per farlo basta fare una camminata di qualche decina di minuti ogni giorno, o fare qualche altra attività che permetta di muovere il corpo (come ad esempio curare un orto). Le attività sedentarie invece vanno bene solo per creare relazioni sociali, ma non certo per tenere il corpo in movimento. Giocare a carte al bar con gli amici è un buon modo per restare attivi mentalmente, ma non avrà ricadute particolarmente positive sulla vostra salute fisica. Affinché questo avvenga dovete perlomeno fare una passeggiata o un po' di ginnastica. Non siete obbligati ad andare in palestra, basta fare un po' di movimento. Se potete permettervelo, fate addominali e flessioni, o esercizi per i muscoli dorsali, perché così facendo vi sentirete sempre in forma. In particolare gli addominali sono forse i muscoli più sottovalutati del corpo umano; se prenderete l'abitudine di farli regolarmente, tuttavia, guadagnerete in termini di salute e di postura.

Se questo genere di attività sono troppo impegnative, camminare non dovrebbe esserlo. Se lo fosse, almeno fate un po' di ginnastica per le spalle, magari muovendo le braccia in ampi cerchi, in avanti e all'indietro. O fate qualche torsione del busto, che vi aiuterà a muovere le anche, la schiena e il bacino. Se la vostra situazione fisica è precaria, prima di intraprendere qualche forma di attività fisica fatevi consigliare da un fisioterapista o dal vostro medico di base. La corsa (assieme al nuoto) resta una delle attività fisiche migliori in assoluto, perché coinvolge l'intera fisiologia del corpo. Se correre è troppo impegnativo, fare una passeggiata è comunque efficace. Inoltre, se volete fare qualcosa di diverso rispetto agli altri, potete frequentare qualche corso di *hatha* yoga, *tai chi* o *qi gong*, disponibili ormai in quasi qualsiasi città. Una delle cose più facili e utili che possiate fare, a questo scopo, è praticare (possibilmente due volte al giorno) gli *Esercizi di ricarica* di Paramhansa Yogananda, una particolare forma di *qi gong*. Richiedono solo quindici minuti di pratica ma i benefici che apportano sono incommensurabili sotto molti punti di vista: fisico, psicologico, emotivo e spirituale.

Non serve molto fare un po' di attività fisica una volta ogni tanto. Sicuramente, piuttosto di non fare mai attività fisica, è meglio farla sporadicamente. Ma se volete realmente raggiungere ottimi livelli di salute, dovrete fare attività fisica con regolarità. Non necessariamente tutti i giorni, anche se questa sarebbe sicuramente una scelta ottimale. Fare esercizio fisico almeno due o tre volte alla settimana è già qualcosa di eccellente. Una volta alla settimana è un po' poco, ma è meglio di niente. La parola chiave, in ogni caso, resta la regolarità. Che scegliate di fare esercizio fisico due volte al giorno o una volta alla settimana, l'importante è che lo facciate sempre. Così facendo prenderete un impegno con voi stessi e farete diventare questa attività parte integrante del vostro stile di vita. Potrete essere sicuri di aver creato una buona abitudine solo quando non potrete farne a meno, o quando ne sentirete la mancanza in quelle rare occasioni nelle quali non avete potuto esercitarvi come al solito. Allora vorrà dire che sarete riusciti a trasformare l'attività fisica in una parte integrante della vostra personalità e della vostra quotidianità.

Lo scopo dell'attività fisica va ben oltre i semplici benefici fisici. Tra questi, i principali sono quelli di mantenere il corpo in forma e di eliminare le sostanze di scarto attraverso il sudore. Da un punto di vista energetico, l'attività fisica aiuta a far scorrere l'energia nei meridiani del corpo, favorendo anche il benessere emotivo. Io stesso andavo sempre a correre quando avevo bisogno di sfogarmi, e per me la corsa rappresentava il modo migliore per farlo. Mi aiutava a gestire la rabbia, anche se a un certo punto ho capito che non era il modo migliore per farlo (tant'è che più tardi ho iniziato a praticare arti marziali).

Al di là del fatto che possa aiutarvi a gestire una specifica emozione, l'attività fisica vi aiuta anche a rimettere in moto *tutte* le energie del corpo (o almeno buona parte di esse). Il risultato è dunque una sensazione di rinnovato benessere non solo a livello fisico, ma anche emotivo. A questo si aggiunge il beneficio prettamente mentale, dal momento che molte persone cercano nell'esercizio fisico la risposta ai loro problemi. Io stesso, quando devo prendere una qualsiasi decisione, importante o meno che sia, vado a camminare nei campi o a farmi un giro in bici. Queste attività mi aiutano a calmare la mente e a capire più chiaramente quale sia la cosa giusta da fare. Nella peggiore delle ipotesi, il solo fatto di essere più rilassati alla fine dell'attività fisica è di per sé un motivo già sufficiente per dedicarsi all'esercizio fisico. Quindi oltre al beneficio fisico ed emotivo, c'è anche un concreto beneficio mentale, che si manifesta come sensazione di rilassatezza o di chiarezza mentale.

Infine, un ulteriore e non trascurabile beneficio che deriva dall'attività fisica riguarda la longevità e l'invecchiamento. È infatti risaputo che le persone fisicamente attive, o che si sono mantenute in attività per tutta la vita, invecchiano meglio delle loro controparti sedentarie. Tutti dobbiamo invecchiare, ma se possiamo scegliere è meglio farlo con piacere e mantenendo a buoni livelli la nostra salute. Svolgere attività fisica regolare ci aiuterà dunque a invecchiare "bene", tenendo lontano i problemi di salute fisici o i disturbi mentali. Anche solo questo aspetto sarebbe di per sé sufficiente per convincerci dell'utilità dell'esercizio fisico regolare nella nostra vita.

Lezione n. 10: siamo stati noi a "scegliere" i nostri genitori e l'ambiente in cui vivere

Ho conosciuto molte persone che si lamentano dei propri genitori o dell'ambiente sociale in cui sono cresciuti. Chi non si lamenta con i genitori generalmente lo fa con i maestri dell'asilo o delle scuole elementari, o addirittura con la propria infanzia. Ogni scusa è buona per scaricare le colpe sugli altri, a maggior ragione quando ci si riferisce a quel periodo della nostra vita nel quale eravamo impotenti e inermi, o non avevamo potere decisionale. Il 99,9% delle persone attribuisce la colpa dei propri problemi alla famiglia d'origine, agli educatori che hanno incontrato in gioventù o alla società nel suo complesso, per la durezza e l'inaffidabilità dell'ambiente nel quale sono cresciute. Indubbiamente ci sono situazioni nelle quali i genitori, gli educatori e l'ambiente sociale non sono all'altezza del compito di far maturare i giovani, ma questa non può diventare una scusa valida per giustificare la maggior parte delle persone che, al contrario, ha avuto dei buoni genitori ed educatori, in un contesto sociale sano e positivo.

La psicologia moderna e le più recenti neuroscienze concordano sul fatto che la maggior parte dei problemi che le persone affrontano da adulte ha radici nei primi anni di vita. In particolare, i primi sette anni sono particolarmente importanti perché precedono la formazione di quella che viene comunemente chiamata *mente critica*, e che in qualche modo è connessa con lo sviluppo della personalità del bambino. Prima di quell'età, infatti, un bambino generalmente non ha la capacità di valutare autonomamente la bontà e la validità dei contenuti che gli vengono sottoposti dai genitori come parti integranti della realtà. Dopo i sette anni, invece, il bambino acquisisce gradualmente la capacità di giudizio, valutando in prima persona (nel limite delle proprie capacità) se ciò che gli educatori gli insegnano sia vero o meno. Qualche volta il processo di formazione della mente critica inizia qualche anno prima, altre volte qualche anno dopo. Generalizzando, potremmo dire che i sette anni sono un buon punto di riferimento per la maggior parte dei bambini. In ogni caso, va da sé che il processo di formazione della mente critica prosegue per molti anni, talvolta decenni, e quindi non si tratta di un fenomeno *una tantum*, ma di un processo lento e graduale che genera cambiamenti nella personalità che, sotto molti punti di vista, potremmo definire quasi definitivi. Il processo inizia intorno ai sette anni e prosegue fino a quando non si è sviluppata compiutamente la propria capacità di elaborare giudizi in merito alle cose.

Ancora più delicati sono i primi anni di vita, e ancor di più il periodo della gestazione nel grembo materno. Durante il periodo di formazione del feto, infatti, madre e figlio vivono una specie di simbiosi, nella quale entrambi si influenzano reciprocamente sotto tutti i punti di vista: fisico, psicologico, mentale ed emozionale. Ne consegue che i nove mesi di vita intrauterina del nascituro sono in qualche modo i più delicati, in quanto il feto in fase di sviluppo è completamente dipendente dal corpo della madre e può sensibilmente risentire dell'influenza di un ambiente malsano[23]. Anche i primi anni di vita sono particolarmente importanti, dal momento che il piccolo trascorre buona parte della sue giornate dormendo o comunque in uno stato di dormiveglia. Quando questo accade, la mente del bambino è particolarmente ricettiva alle influenze dell'ambiente esterno, tant'è che molte delle convinzioni che si acquisiscono nel corso della vita sono proprio riconducibili a questo periodo dell'esistenza.

Tutto questo è vero e persino le scienze moderne sono d'accordo con queste dinamiche psicologiche. Il problema è che nessuno ha mai spiegato la *vera* ragione di tutto questo. In altre parole, se la vita si limitasse al caso, essa assomiglierebbe molto a una roulette russa. Se siete fortunati e avete dei buoni genitori, creerete le basi per condurre una vita sana, felice e di successo, altrimenti sarete quasi certamente destinati alla malattia, all'infelicità e al fallimento. In ogni caso, a prescindere dalla fortuna che avete avuto alla nascita, avete comunque ricevuto anche il dono del libero arbitrio e della volontà, che avrebbero dovuto aiutarvi ad affrontare la situazione nella quale vi siete trovati. Questo è vero ed è sufficiente per restituire un po' di speranza all'interno di un quadro che altrimenti avrebbe ben poco di rassicurante.

Tuttavia resta il fatto che la buona sorte sembrerebbe restare legata al caso fortuito. Tutte le scuse che generalmente si adducono per giustificare le proprie incapacità o inadeguatezza, di solito si basano sull'assunto che la vita non sia stata particolarmente fortunata perché non si sono

---

[23] Confronta anche Bruce H. Lipton, *La biologia delle credenze*, Macro Edizioni, traduzione di Gianpaolo Fiorentini, pag. 182 e seguenti.

create sin dall'inizio le migliori condizioni possibili. In base a questa logica, invece, coloro che sono nati in una famiglia ricca e benestante avrebbero buoni motivi per ringraziare Dio.

Il problema di questa visione delle cose è che manca all'appello un importante pezzo del puzzle. Avere genitori ed educatori all'altezza del compito e un ambiente sociale adatto alla crescita personale non è frutto della semplice e pura causalità, o della "roulette russa" della vita. È piuttosto qualcosa di molto più complesso e articolato, che coinvolge le leggi della natura. I genitori, gli educatori e l'ambiente sociale in cui viviamo, infatti, sono la conseguenza delle azioni che abbiamo messo in atto nella nostra ultima vita precedente a quella attuale. Affrontata da quest'altro punto di vista, a livello karmico attiriamo a noi le persone, gli eventi e l'ambiente adatti a stimolare continuamente il nostro processo di crescita personale e spirituale.

Quindi ci sono almeno due elementi implicati nella questione: il karma e il *dharma*. Il primo ha a che fare con le cause poste in essere nella vita passata: se siamo state persone gentili molto probabilmente in questa vita abbiamo avuto dei buoni genitori e un ambiente protetto e sicuro in cui crescere. In caso contrario, è possibile che l'ambiente malsano nel quale siamo cresciuti sia in qualche modo legato, dal punto di vista karmico, a qualcosa che abbiamo coltivato o fatto nella vita precedente. Forse avevamo l'abitudine di frequentare brutte compagnie, o avevamo cattive abitudini: quello che importa è che quell'energia malsana ha creato una specifica vibrazione karmica che ha attirato nella nostra nuova vita un ambiente altrettanto malsano. In altre parole, nel bene o nel male siamo "*noi*" i creatori del nostro destino, anche se molto spesso lo facciamo in modo del tutto inconsapevole. Per lo stesso motivo le azioni che compiamo oggi determineranno le condizioni della nostra prossima rinascita (inclusa la tipologia di genitori ed educatori che avremo e le qualità dell'ambiente in cui cresceremo).

Un secondo aspetto è legato al *dharma*, la legge eterna. Essa prevede che l'evoluzione degli esseri umani segua un percorso ben definito e specifico, che la tradizione indiana ha identificato nelle cosiddette "caste". Incarnazione dopo incarnazione, attraversando gradualmente ciascuna delle quattro caste, l'anima ascende la scala dell'evoluzione spirituale, prendendo via via consapevolezza della sua essenza divina[24]. È un processo troppo articolato e complesso per essere spiegato esaustivamente in questo libro. Ciò che è importante capire, in questo momento, è che possono esserci dei momenti, nel corso dell'evoluzione, in cui la vita stessa forza un po' la mano. Questo è il motivo per il quale alcune persone tendenzialmente buone e gentili (ossia che sono state buone e gentili nelle vite precedenti) ricevono invece in dono dei cattivi genitori in questa esistenza. In questo caso non è la legge del karma ad agire, ma quella del *dharma*. In altre parole Dio stesso forza la mano per spingerci a progredire ulteriormente sulla via dell'evoluzione, senza per questo esserne colpevoli in alcun modo.

Io stesso mi sono trovato alcune volte in questa situazione, come credo sia capitato a tutti. A volte succede che le cose negative accadano alle persone più buone del mondo. Anche se ciò può sempre trovare una plausibile spiegazione nel karma irrisolto potenzialmente presente da qualche parte dentro di noi (ossia proveniente da un lontano passato), resta comunque il fatto che Dio ha previsto una specifica traiettoria che tutte le anime devono seguire per ricongiungersi a lui. Quando la situazione raggiunge una situazione di stallo, Dio può forzare la mano e imporre a un'anima reincarnata le specifiche circostanze che l'aiuteranno a riprendere il cammino spirituale. In questo caso l'intervento divino è un privilegio che ci viene concesso per accelerare il nostro processo evolutivo; in altre parole un vero e proprio dono. A prescindere dal fatto che ci sia o meno anche del karma irrisolto da pagare, nascosto sotto le sabbie di qualche lontana vita passata, resta il fatto che ogni anima deve comunque seguire un preciso cammino spirituale, e che se per qualche motivo tale percorso è compromesso, Dio può sicuramente forzare temporaneamente la mano per creare le condizioni adatte alla nostra evoluzione. Così facendo egli ci offre l'opportunità di crescere ancora più in fretta, risparmiandoci inutili dolori, sofferenze e fatiche.

Alcuni potrebbero dire che non esistono né il karma né il *dharma* e che si tratti solo di ereditarietà. Questo è buon modo per eludere diplomaticamente la questione, ma ancora una volta non risolve il problema della questione. Per quale ragione infatti una persona dovrebbe ereditare qualcosa di buono invece che di malvagio? L'ereditarietà è lo strumento attraverso il quale ogni anima viene messa in contatto con le conseguenze delle azioni le cui cause sono state messe in

---

[24] Confronta Paramhansa Yogananda, *Autobiografia di uno Yogi*, Ananda Edizioni, traduzione di Elisabeth Ornaghi (edizione originale del 1946), pagg. 379-380.

atto in una vita passata; in altre parole le tendenze delle incarnazioni precedenti si manifestano sottoforma di ereditarietà.

Per un motivo simile alcuni attribuiscono al caso fortuito l'esistenza e la natura dell'Universo. Oltre che essere una scelta miope e offensiva nei confronti dell'intelligenza dell'uomo, negare l'esistenza di qualche forma di potere superiore all'umanità (ovvero di Dio) è il modo più facile per nascondere la testa sotto la sabbia. L'ateismo è infatti il modo migliore per evitare di affrontare a faccia a faccia non solo i misteri dell'esistenza, ma anche i problemi e le difficoltà della vita di tutti i giorni. Dire che non esiste un'entità superiore che tiene in mano le redini della vita è un po' come tirare per aria delle carte da briscola e aspettarsi che ricadano sul tavolo formando un castello di carte. Non è mai una cosa saggia giocare a nascondino con le verità della vita, anche se a volte sono dure da accettare.

Una volta capito questo possiamo capire il motivo per cui la vita, in realtà, è perfetta. Sia che siamo caduti nella trappola del karma o nel "tranello *dharmico*" di Dio, abbiamo comunque attirato a noi le migliori circostanze possibili per crescere spiritualmente. Di conseguenza dobbiamo concludere che abbiamo avuto i genitori, gli educatori e l'ambiente ideali per metterci alla prova. Se questi tre elementi fossero stati diversi da come invece sono stati, oggi non saremmo la persona che siamo diventati. Se avessimo avuto genitori migliori o un ambiente migliore in cui crescere, non avremmo potuto sviluppare l'esperienza necessaria per diventare chi siamo invece diventati. Forse avremmo avuto una vita più comoda, ma la vita non è stata pensata per essere comoda o bella. La vita è stata pensata come una "palestra spirituale" in cui l'anima si reca per imparare a massimizzare le sue potenzialità di figlia del Creatore. Di conseguenza la vita, per avere successo in questo scopo, deve innanzitutto essere *utile*. E spesso, perché ciò accada, è necessario sperimentare il dolore e la sofferenza (anche se questi elementi, di per sé, non sono strettamente indispensabili). Si potrebbero imparare le lezioni della vita anche attraverso il piacere e la gioia, ma molto spesso accade che le persone non lo facciano, rapite dalla felicità illusoria di questo mondo. Così Dio è costretto a metterci a faccia a faccia con la malattia, l'infelicità, il dolore e la sofferenza, in modo da costringerci a riflettere sul senso della vita. Nella maggiore dei casi questa strategia produce l'effetto desiderato, perché ci spinge a cercare il vero motivo che si nasconde dietro all'esistenza. Vivere dunque non deve necessariamente rivelarsi un'esperienza piacevole, ma prima di tutto deve essere *utile* allo scopo dell'anima. A prescindere da quanto difficile possa essere da accettare, i genitori che abbiamo avuto e l'ambiente in cui siamo cresciuti sono stati gli strumenti perfetti attraverso i quali abbiamo potuto ripagare i nostri debiti karmici provenienti dal passato, o in alternativa sono stati gli strumenti attraverso i quali abbiamo potuto avanzare sul terreno dell'evoluzione spirituale verso la mèta divina.

Genitorialità consapevole

Il funzionamento delle leggi del karma e del *dharma* non sono scuse valide per giustificare le nostre mancanze. Se siamo genitori dobbiamo sforzarci di compiere il nostro dovere al meglio delle nostre possibilità. Trascurare i nostri doveri di genitori sull'altare della falsa giustificazione karmica o *dharmica* è come cercare di accusare Dio per non aver superato l'esame di maturità. Noi siamo gli strumenti attraverso i quali le leggi del karma e del *dharma* operano nei confronti dei nostri figli; il nostro dovere è però quello di fare la nostra parte al meglio delle nostre possibilità. Se non lo faremo, creeremo una cascata di karma negativo che invece di riversarsi sui nostri figli, si abbatterà direttamente sulle nostre teste. Un'altra legge che regola la vita infatti prevede che si adempiano le proprie responsabilità con responsabilità e buonsenso, soprattutto quando esse sono il frutto di decisioni consapevoli (come lo è una gravidanza). Se avete figli dovete prendervi le vostre responsabilità e impegnarvi a fare del vostro meglio. Evitarlo, o farlo in maniera inappropriata, non è il modo corretto di fare le cose.

La genitorialità consapevole apre le porte a un argomento particolarmente complesso e articolato. Essere genitori è sempre stato (e sempre sarà) il mestiere più difficile del mondo. In questo preciso momento storico lo è ancora di più, considerando che molte abitudini e consuetudini stanno rapidamente cambiando una dopo l'altra. Quando io ero piccolo non esistevano i cellulari ma solo i telefoni di casa. I pochi cellulari che esistevano erano appannaggio di pochi distinti uomini d'affari, ed erano più grandi di un mattone da costruzione. Oggi al contrario le persone non hanno quasi più la linea telefonica fissa, ma in compenso tutti i membri della famiglia hanno almeno un telefono cellulare (inclusi i bambini). Quando io ero piccolo i computer erano appena stati inventati (o quasi). Oggi invece persino i bambini ne hanno uno tutto loro (inoltre oggi esistono anche i *tablet*, che non esistevano nemmeno qualche decennio fa). Il mondo corre velocemente ed è sempre più difficile restare al passo con i tempi: figurarsi con i figli.

Una delle cose che il mondo sta perdendo, invece, sono i valori sociali. Tenere fede a una promessa (come poteva essere il matrimonio, ad esempio) era considerato un atto d'onore, appena qualche decennio fa. Oggi invece le persone divorziano con la stessa velocità con la quale si sposano, quasi incuranti delle cascate di conseguenze negative che le loro azioni comportano su se stesse, sui loro figli e su tutti gli altri. Farsi una famiglia era la cosa più importante di tutte, qualche decennio fa. Oggi invece le persone vogliono farsi una famiglia ma allo stesso non vogliono rinunciare alla carriera o agli amici. Il principio della rinuncia alle cose meno importanti ha perso ogni posizione nella scala dei valori sociali, sostituito dall'egoismo e dall'ingordigia di avere sempre di più rispetto a ciò che si ha già. In questo contesto poco rassicurante, l'unica via d'uscita è quella di ritornare (almeno parzialmente) ai valori di un tempo. Vivere una vita semplice e accontentarsi di ciò che si ha sono dei buoni punti di partenza.

Se volete essere dei buoni genitori, insegnate ai vostri figli ad avere dei sani valori. Ci sono molte altre cose che potreste fare per diventare dei buoni genitori, ma nessuna di esse potrebbe in qualche modo rivelarsi più utile del fatto di insegnare ai vostri figli i valori della semplicità, dell'onestà, della sincerità, del buonsenso, dell'integrità e del sacrificio (inteso come sforzo finalizzato al conseguimento di qualcosa). Questa manciata di parole contiene l'essenza stessa della vita, il nucleo essenziale dell'esistenza. Se insegnerete ai vostri figli a vivere sulla base di questi valori, valorizzerete al massimo non solo i vostri sforzi, ma anche le potenzialità dei vostri figli. Cosa da non sottovalutare, contribuirete a creare un mondo migliore in cui i vostri figli vivranno, e nel quale essi avranno a loro volta un ruolo importante da svolgere per il futuro dell'umanità.

La seconda metà della vita

Il grande maestro indiano Paramhansa Yogananda diceva che nella prima parte dell'esistenza generalmente si brucia il karma proveniente dal passato, mentre nella seconda metà si creano le condizioni della futura rinascita. Questo è compatibile con quanto abbiamo analizzato in questo paragrafo: i genitori che abbiamo avuto, gli educatori che si sono presi cura di noi e l'ambiente nel quale siamo cresciuti, sono in qualche modo connessi (totalmente o in parte) alle condizioni create in una vita precedente. Per lo stesso motivo il modo stesso in cui scegliamo di reagire alle cose che ci capitano nella prima parte della nostra vita creerà un paradigma energetico che andrà a influenzare la seconda metà dell'esistenza; questa, a sua volta, creerà il paradigma energetico che si manifesterà nella prima parte della nostra prossima vita.

Quindi tutto è interconnesso ed è parte integrante della nostra storia, che ci piaccia o no. In tutto questo non c'è niente (o quasi) di personale; è tutto solo ed esclusivamente una questione di energia. È quest'energia che attira nella nostra vita le persone e gli eventi a essa compatibili. Ed è quella stessa energia che noi rimettiamo in circolo quando decidiamo di reagire in un modo o in un altro a qualcosa che ci succede. Dopotutto, sia che si parli di passato, di presente o di futuro, si tratta comunque sempre del nostro karma. Siamo *noi* a essere i creatori del nostro destino, anche se in molte circostanze abbiamo invece la sensazione di essere alla sua mercé. Solo noi possiamo assumerci la responsabilità di cambiare i nostri pensieri e le nostre azioni, se la vita che abbiamo in questo preciso momento non ci piace. Il potere è nelle nostre mani, e solo noi possiamo decidere se usarlo o meno.

Lezione n. 11: trovare il proprio potere

Molti credono erroneamente di non aver alcuna possibilità di poter concretamente incidere sulla propria vita. Si sentono impotenti e inadeguati, come una barca in balia di una tempesta. Così facendo (o meglio "così pensando") passano la loro vita come delle marionette mosse dalle abili mani di qualcun altro. Studiano, si trovano un lavoro abbastanza decente che permetta loro di tirare avanti, si sposano e passano il resto della vita ad aspettare con trepidazione l'ora della pensione con la convinzione di potersi finalmente godere la vita al 100%. Di per sé non c'è niente di male in tutto questo; tutto sommato è uno stile di vita affidabile e sicuro e, se non avete particolari esigenze, potrebbe essere anche lo stile di vita giusto per voi.

Se invece siete alla ricerca di qualcosa di più profondo, quello che funziona per la maggior parte della gente non andrà bene per voi. Non voglio dire che farsi una famiglia o cercarsi un lavoro discreto che ci permetta almeno di sopravvivere sia sbagliato. Anzi al contrario è proprio un buon punto di partenza. Non voglio nemmeno sostenere che questo tipo di stile di vita sia inadeguato, perché al contrario lo ritengo forse il migliore, tra tutti i possibili. Quello che voglio dire è che limitarsi ad accettare quello che la vita ci dà può essere, per qualcuno, particolarmente limitante.

Se dunque sentite dentro di voi qualcosa di speciale, qualcosa che vi chiede di pretendere di più dalla vita, non ignoratelo. Che abbiate o meno una famiglia o un lavoro con uno stipendio dignitoso, cercate di liberare la creatività e di metterla al vostro servizio. Dentro di voi ci sono tutte le risorse che vi servono per manifestare al meglio il vostro progetto di vita, qualunque esso sia. A meno che non ne sentiate l'esigenza, non limitatevi a uniformarvi alla massa. Siate voi stessi e cercate di esprimere quei talenti e quelle potenzialità uniche che vogliono esprimersi attraverso di voi.

La prossima settimana mi ritroverò con dei vecchi amici per mangiare assieme una pizza. Eravamo compagni di squadra e il nostro feeling era così profondo che a distanza di oltre un decennio ci piace ancora ritrovarci a mangiare qualcosa assieme, una volta all'anno. Alcuni di essi hanno smesso di giocare a calcio, altri stanno ancora giocando. Inevitabilmente, in questi ultimi dieci anni sono cambiate molte cose nella vita di tutti noi. Alcuni che erano *single*, oggi sono sposati e hanno figli. Altri erano operai e poi sono diventati imprenditori. Altri ancora erano senza lavoro e oggi sono liberi professionisti e sono titolari di uno studio professionale che si sta consolidando giorno dopo giorno. C'è anche qualcuno che purtroppo ha percorso il percorso opposto: da fidanzato è diventato *single* e da operaio si è improvvisamente trovato senza lavoro. Io all'apparenza sono rimasto sempre uguale a me stesso, ma dentro di me sono cambiato molto. Sono rimasto *single* e faccio sempre l'impiegato, ma nel frattempo ho iniziato a meditare regolarmente due volte al giorno, ho scritto un libro e indosso un anello astrologico che dovrebbe aiutarmi a sviluppare maggiore discriminazione. Questi sono solo alcune delle decine di cose che ho fatto in questi anni; elencarle tutte sarebbe troppo lungo. Non è che mi sento più bravo o più furbo degli altri: semplicemente quello che ha funzionato per loro non andava bene per me. Sono dovuto andare per la mia strada perché era quello che sentivo dentro. Evidentemente gli altri non hanno avvertito la stessa esigenza, e quindi si sono costruiti una vita relativamente normale. Ma se dentro di noi sentiamo che una vita relativamente normale non ci si addice, perché dovremmo far finta che lo sia? Meglio andare per la propria strada e avventurarsi su nuove rotte, se è la cosa giusta da fare.

La prima cosa da precisare, a questo riguardo, è che seguire le naturali inclinazioni del proprio cuore non deve diventare una scusa per gonfiare il proprio ego. Come già detto, io non ho mai pensato di essere più bravo o più furbo degli altri solo perché ho scritto uno o due libri. Al contrario mi sono sempre sentito uno come tutti gli altri, anche se la vita mi chiede di fare cose diverse rispetto a quello che chiede agli altri. Tutti adempiamo ai nostri rispettivi doveri, nonostante siano diversi. Questo è l'atteggiamento giusto con cui affrontare la vita, soprattutto se vi sentite diversi dagli altri. Andare per la propria strada deve dunque diventare un modo per realizzare le aspirazioni profonde della nostra anima. Così facendo impareremo a vivere in sintonia con essa, piuttosto che glorificare il nostro ego.

In secondo luogo bisogna capire che dentro di noi abbiamo già tutte le risorse di cui abbiamo bisogno per avere successo nel nostro cammino. Sia che abbiamo una vita relativamente normale o che conduciamo un'esistenza non convenzionale, a prescindere da quella che è la nostra strada abbiamo dentro di noi le risorse necessarie per affrontare questo "viaggio" con successo. Attenzione: non sto dicendo che tutto andrà sempre per il meglio e che la vita sarà una passeggiata; al contrario è probabile che incontrerete numerosi ostacoli e difficoltà. Questo perché la vita non è stata pensata per essere piacevole o divertente, ma è stata concepita come una palestra per l'anima. Gli imprevisti, i problemi, le difficoltà e persino i dolori e le sofferenze sono necessari per spingerci al livello successivo, in un'ottica di crescita e di miglioramento continui. Da questo punto di vista non potremo mai dire di essere arrivati a destinazione, almeno fino a quando non riusciremo a manifestare attraverso di noi la Coscienza Cosmica che pervade l'intero Universo. Persino a quel punto, tuttavia, la strada non sarà ancora finita, perché la crescita in Dio è letteralmente infinita, e c'è sempre la possibilità di andare sempre più in profondità. Le difficoltà e i problemi sono dunque necessari per la nostra evoluzione perché ci permettono di imparare dagli errori commessi e crescere.

Quello che voglio dire, quando dico che abbiamo dentro di noi tutte le risorse necessarie, è che abbiamo dentro di noi (incorporate nel nostro essere più profondo) tutte le potenzialità per affrontare le difficoltà che incontreremo e uscirne vincitori. Il fatto stesso che la vita ci ponga davanti dei problemi vuol dire che ci sta mettendo alla prova, perché da qualche parte dentro di noi abbiamo la chiave della soluzione. A volte è difficile da credere, soprattutto quando siamo messi con le spalle al muro. Può succedere, capita a tutti prima o poi. In momenti come questi ci sentiamo del tutto impotenti e completamente impossibilitati a trovare una via d'uscita. È successo anche a me e non è stato per niente divertente. Quello che però ho scoperto con il tempo è che tutto ciò che mi è successo è avvenuto per un motivo ben preciso, anche se in quel momento non ero in grado di comprenderlo. Quello che mi è capitato, in altre parole, in realtà mi ha fatto conoscere chi sono veramente, facendomi entrare in contatto con il mio percorso di vita.

A suo tempo, quando le cose andavano male, maledivo la vita e mi chiedevo perché tutto questo fosse toccato proprio a me. Anni dopo invece mi rendo conto che quel momento mi ha fatto nascere veramente: la mia vera vita è iniziata lì. Quindi se doveste trovarvi ad affrontare sfide apparentemente impossibili da superare, ricordatevi sempre che c'è sempre un motivo specifico dietro ogni cosa, anche se a volte è difficile da riconoscere. Forse non state camminando sul vostro sentiero di vita o avete del karma da pagare che proviene dalle vite passate; in ogni caso, tutto quello che vi succede è in definitiva un bene per la vostra anima (anche se raramente per la vostra attuale vita, verrebbe da dire!). Mentre noi pensiamo in termini di anni, l'Universo pensa in termini di eternità. Noi vediamo solo questa esistenza ma l'Universo vede anche tutte le vostre vite passate e quelle future, e ci guida dolcemente lungo la strada migliore per la nostra evoluzione.

Macrocosmo e microcosmo

C'è una sottile ma importante relazione tra il mondo esterno (quello là fuori) e quello interiore (dentro di noi). Anche se ci vediamo e ci sentiamo separati dal resto del mondo, abbiamo in comune con esso molto più di quanto si potrebbe pensare. Ogni volta che respiriamo, ad esempio, inaliamo ossigeno che è stato prodotto dagli alberi e liberato nell'aria. Il fatto stesso di dover mangiare e bere è la dimostrazione incontestabile del nostro indispensabile legame con il mondo esterno (considerando che, direttamente o indirettamente, tutto il cibo proviene dalla natura).

Oltre a ciò che è facilmente verificabile in prima persona, la fisica quantistica oggi ci insegna anche che quello che noi pensiamo essere solamente spazio vuoto, in realtà è *pieno* di energia sottile, invisibile all'occhio umano. In sostanza siamo immersi in una specie di "brodo energetico" che permea ogni centimetro quadrato di questo universo. In altre parole c'è una matrice energetica sottostante dalla quale si origina ogni cosa, sia ciò che è visibile (i nostri corpi fisici e la materia in generale, ad esempio) sia ciò che non lo è (l'aria, le onde radio o l'elettricità, ad esempio). Una volta capito questo, la convinzione di essere separati dal mondo che ci circonda è solamente una grande illusione.

Le nostre energie sono in costante comunione con le energie di questa matrice sottostante, nonostante si differenziano in essa per una loro peculiare frequenza vibratoria. È un po' come se all'interno di quel brodo energetico primordiale si sviluppassero poi altre forme energetiche autonome, ciascuna delle quali contraddistinta da una sua particolare vibrazione.

Le relazioni tra le diverse componenti facenti parte di questo brodo energetico avvengono a livello vibrazionale. In particolare ci sono due modi principali attraverso i quali queste interazioni avvengono: attraverso la legge dell'attrazione o mediante la legge del karma.

La legge dell'attrazione è la legge di natura secondo la quale ogni persona (e più in generale, ogni "entità" energetica) attira a sé eventi, circostanze e persone che hanno la sua stessa frequenza vibrazionale. In altre parole i simili (a livello energetico) si attraggono. Questo vuol dire che se siete una persona scontrosa, molto probabilmente vivrete in un ambiente che rispecchia la vostra attitudine, o in alternativa incontrerete un gran numero di persone che vi faranno arrabbiare facilmente (al lavoro, in famiglia o con gli amici). Se siete una persona mite e gentile, al contrario attirerete a voi persone misurate, calme e gentili. Questa legge contiene molte particolarità e sfaccettature, che però non approfondiremo in questo libro. In questo momento è sufficiente capire che attraverso il nostro modo di essere, di comportarci e di pensare (inclusi i nostri stati d'animo e le emozioni), attraiamo nella nostra vita persone, eventi e situazioni che in qualche modo sono caratterizzati dalla stessa frequenza energetica di base; da questo punto di vista siamo un po' come delle piccole stazioni emittenti di vibrazioni energetiche.

La seconda legge che regola il nostro rapporto con il mondo esterno da un punto di vista energetico è la legge del karma. Secondo quest'ultima, una persona attira nella sua vita persone, situazioni o eventi che la aiuteranno ad affrontare il proprio karma. Lo scopo di tutto questo è imparare le nostre lezioni e diventare persone migliori (ovvero più sagge, amorevoli e lungimiranti). In altre parole, secondo questa legge la vita stessa ci farà incontrare le persone e le situazioni che ci permetteranno di cancellare il nostro karma negativo, dandoci la possibilità di rimediare agli errori commessi in passato (ossia le lezioni di vita che non abbiamo ancora voluto imparare). La legge del karma dice sostanzialmente la stessa cosa di quella dell'attrazione, solo che a differenza di quest'ultima apre le porte alla possibilità che ci possano accadere nella vita delle cose apparentemente inspiegabili, o che possano accadere senza un motivo apparentemente valido. Questo accade appunto perché il karma si mette in mezzo tra noi e la nostra vita, chiedendoci o di godere dei privilegi che ci spettano, o di pagarne il conto. Ecco perché anche alle persone buone succedono cose cattive: è il loro karma passato (molto probabilmente proveniente da precedenti incarnazioni) che bussa alla loro porta. È per lo stesso identico motivo che a volte anche alle persone malvagie succede invece qualcosa di buono; anche se a prima vista potrebbe sembrare del tutto immeritata, se confrontata con i misfatti compiuti in questa vita, la ricompensa invece è evidentemente meritata sulla base di azioni poste in essere o nel lontano passato di questa vita, o addirittura nelle esistenze precedenti. Chi oggi è un furfante può essere stato una brava persona in una delle sue vite passate, o viceversa. Solo la legge del karma sa cosa è giusto e cosa è sbagliato per ciascuno di noi, e prima o poi restituisce a chiunque ciò che gli spetta (per questo motivo è consigliabile vivere una vita di rettitudine).

Entrambe queste leggi, quella dell'attrazione e del karma, ci restituiscono un grande potere: quello di essere i padroni del nostro destino. Nel primo caso questo potere ci viene concesso con le buone maniere, nel secondo caso con le cattive. Se dunque non siamo contenti della vita che abbiamo, tutto quello che dobbiamo fare è cambiare la nostra vibrazione energetica di base: questo significa cambiare atteggiamenti, comportamenti, pensieri, emozioni, stati d'animo e a volte addirittura la personalità. È semplice da dire ma difficile da fare, perché bisogna assicurarsi di essere riusciti a cambiare più che altro la frequenza vibrazionale *sottostante* ai nostri pensieri, atteggiamenti e comportamenti. Tuttavia questo resta il modo migliore per promuovere il cambiamento, perché in questo caso agiamo noi stessi come agenti (promotori) del cambiamento (siamo noi che prendiamo l'iniziativa con una decisione più o meno consapevole).

La legge del karma, al contrario, ci concede la possibilità di diventare padroni del nostro destino tramite coercizione. In altre parole, che ci piaccia o no, la vita ci metterà davanti le conseguenze dei nostri misfatti karmici, per vedere se abbiamo imparato o meno la lezione della rettitudine (ossia vivere coerentemente e in armonia con le leggi di natura). Se abbiamo imparato la lezione, sopporteremo con eroismo le conseguenze dei dolori e delle sofferenze che abbiamo causato agli altri in passato, reagendo però con saggezza e amorevolezza. In caso contrario reagiremo brutalmente come già fatto molte volte in passato, senza imparare niente dalla situazione; in questo caso dunque non potremo considerarci completamente vincitori, perché prima o poi il karma ci restituirà nuovamente le conseguenze della nostra brutale reazione. Diversamente da quanto accade con la legge dell'attrazione, la legge del karma non ci lascia alternativa: o scegliamo di imparare le nostre lezioni e crescere, o scegliamo di continuare a soffrire.

Per quanto poco piacevole possano essere, i colpi bassi della vita portano sempre con sé grandi possibilità e potenzialità, se vengono affrontati nella maniera corretta. Dunque la scelta spetta a ciascuno di noi, e sempre fino a un certo punto (visto che comunque la legge del karma continuerà a sorvegliare la nostra vita). La scelta migliore che possiamo fare, dunque, resta quella di prendere l'iniziativa e intraprendere con *consapevolezza* un cammino di crescita personale e spirituale (in modo da iniziare a mettere in moto la legge dell'attrazione); strada facendo incontreremo comunque difficoltà e ostacoli karmici, che dovremo affrontare imparando le nostre lezioni e diventando persone sempre più sagge e amorevoli.

Assumersi la responsabilità della propria vita

Una volta capito il funzionamento di queste due leggi di natura, il passo successivo è assumersi la responsabilità della propria vita. Ormai non ci sono più scuse: con le buone o con le cattive sarete chiamati a prendere in mano le redini del vostro destino. Questa è un concetto rivoluzionario per la maggior parte delle tradizioni religiose occidentali. In Oriente invece tutti i sentieri spirituali sostengono da sempre il ruolo privilegiato dell'uomo come creatore del proprio destino. Senza entrare nel merito delle convinzioni religiose, e più in generale senza entrare nel merito delle convinzioni personali, resta il fatto che, in relazione al destino, esistono tre possibili scenari.

Il primo prevede l'esistenza di un fato predeterminato che l'uomo non ha alcun potere di modificare. In altre parole, l'uomo è come una marionetta nelle mani del "burattinaio cosmico" che si diverte alle sue spalle a suo piacimento[25]. Personalmente non credo questa possa essere una rappresentazione veritiera della realtà: perché Dio ci avrebbe dato il libero arbitrio, se non serve a nulla perché tutto è già stato deciso in anticipo? La natura non genera nulla di superfluo, tutto ha uno scopo e un fine preciso. Pensiamo al corpo umano: c'è forse qualcosa di inutile o superfluo in esso? Ne dubito. Data la sua complessità, piuttosto, sono più propenso a credere che anche quelle parti del corpo che allo stato attuale delle conoscenze sembrerebbero apparentemente privi di particolare utilità pratica, in realtà abbiano un ruolo ancora tutto da scoprire (c'è anche la possibilità che questo ruolo sia svolto prevalentemente a livello energetico, piuttosto che fisico). La natura è talmente perfetta ed efficace che non ha tempo per creare qualcosa di superfluo: tutto quello che vediamo esiste per una ragione e il libero arbitrio esiste affinché venga utilizzato.

Piuttosto il problema è un altro: usiamo bene o male la libertà che ci è stata concessa? Mangiare cibo spazzatura o cibo biologico non è la stessa cosa. Il nostro stomaco si riempie ugualmente, questo sì, ma nel lungo periodo, se mangiamo solo cibo spazzatura, andremo inevitabilmente incontro a numerosi problemi di salute (senza contare l'impatto che i diversi tipi di cibo hanno sulla mente e sulle capacità percettive). Dunque la scelta di mangiare cibo spazzatura o biologico ha un considerevole impatto sulla nostra vita, e influisce concretamente su di essa.

Questo ci conduce al secondo possibile scenario: l'uomo è al 100% responsabile del suo destino. Questa prospettiva, diversamente dalla precedente, sostiene l'inesistenza di un potere superiore che governa la nostra vita. In altre parole il destino è interamente nelle mani dell'uomo, perché Dio, se c'è, non se ne preoccupa più di tanto. Questo punto di vista è sicuramente più stimolante del precedente, ma non rispecchia completamente la realtà delle cose.

Ad esempio, chi di voi non ha mai conosciuto una persona che mangiava sano, faceva regolarmente attività fisica, non aveva vizi, eppure è morta improvvisamente, apparentemente senza una "buona" giustificazione? In passato mi sono fatto molte volte questa domanda, soprattutto quando vedevo che le cose brutte succedevano quasi sempre alle brave persone, invece che a quelle cattive. Credere di essere al 100% padroni del proprio destino è un'idea bella e stimolante ma non rispecchia la realtà dei fatti, altrimenti il mondo sarebbe un posto molto migliore di quello che invece è (o, cambiando punto di vista, potrebbe anche essere molto peggiore di quello che è). Inoltre, se l'uomo fosse al 100% responsabile di se stesso e della sua vita, non si spiegherebbero i misteri della vita e dell'Universo, visto che non sono stati fatti dall'uomo. Anche questo secondo scenario presenta numerose lacune e vicoli ciechi, ai quali non siamo in grado di dare una risposta esaustiva.

Il terzo scenario disponibile è una via di mezzo tra le due soluzioni proposte in precedenza. Da una parte c'è Dio (a prescindere dal nome che le varie tradizioni religiose del mondo gli attribuiscono) e dall'altra ci sono le nostre responsabilità. Secondo questa prospettiva l'essere

---

[25] Una versione alternativa a questo primo scenario è quella dello "scaricabarile", secondo il quale la colpa di quello che vi succede nella vita è da attribuire esclusivamente agli altri.

umano è continuamente sballottato di qua e di là tra questi due scenari, soffrendo talvolta per colpa sua e talvolta per volontà di Dio. Questa terza opzione spiegherebbe molte cose, rispondendo alle domande che le due precedenti alternative lasciavano invece in sospeso. L'idea di essere responsabili del proprio destino nei limiti della volontà di Dio è forse meno stimolante dal punto di vista motivazionale, ma offre sicuramente una prospettiva molto vicina alla realtà. Questa è anche la versione normalmente presa come punto di riferimento dalle religioni di tutto il mondo.

Se non vi piace credere alla presenza di un Dio che possa influenzare la vostra vita con le sue decisioni, potete chiamarlo *karma delle vite passate*. In altre parole, se vi succede qualcosa che apparentemente sembra non trovare alcuna giustificazione nella vostra vita, anziché prendere in considerazione l'idea di Dio ce l'abbia con voi, vedete la cosa come l'effetto del karma negativo che proviene da qualche vita passata (che voi stessi, o meglio il vostro *alter* ego passato, ha creato in un passato vicino o lontano). In questo terzo scenario il libero arbitrio dell'uomo si mescola alla volontà di Dio (o alle sue leggi di natura, tra le quali quella del karma), per creare un piano nel quale ogni cosa è riconducibile all'una o all'altra causa.

Anche se quest'ultimo scenario sembra avere le risposte a tutte le nostre domande, non potremo mai sapere con certezza se esso è realmente quello veritiero. Per saperlo dovremo aspettare di morire, e forse nemmeno allora riusciremo a capirlo perché c'è sempre la possibilità che l'aldilà, com'è comunemente chiamato, sia un posto molto diverso da come ce lo siamo sempre immaginato. L'unica cosa sicura è che in questo momento siamo qui su questa Terra e siamo chiamati a dare il meglio di noi assumendoci la responsabilità della nostra vita. A prescindere da quanti ostacoli troveremo lungo il cammino, siamo noi che pensiamo, parliamo, agiamo e prendiamo decisioni. Se sviluppiamo la determinazione di non farci influenzare negativamente dagli eventi esterni, possiamo superare tutte le difficoltà che incontriamo. Tutte le grandi religioni dell'umanità hanno sottolineato la possibilità di poter conseguire la salvezza spirituale già in questa stessa esistenza. Sinceramente non credo che sia un conseguimento alla portata di tutti, ma le Sacre Scritture di ogni tradizione parlano chiaro: abbiamo il potere di cambiare (o perlomeno influenzare) il nostro destino. Non possiamo starcene qui con le mani in mano ad aspettare che Dio decida quando è ora di alzare il siparo. Dobbiamo fare del nostro meglio adesso, in ogni momento di ogni giornata, non perché non avremmo in futuro altre possibilità, ma perché sarebbe sciocco sprecare inutilmente questa preziosa occasione.

Molte persone potrebbero dire: "In questa vita ho deciso di pensare solo a divertirmi, nella prossima invece inizierò a fare sul serio". Non è così che funziona. L'indirizzo che prenderà la vostra prossima vita, in virtù della legge di causa-effetto, sarà fortemente influenzato da quello che farete in questa stessa esistenza, e in particolare nella seconda metà di essa. Dunque se passerete questa vita a oziare o a divertirvi, la prima cosa che farete nella prossima incarnazione, quando sarete abbastanza grandi da poterlo fare, sarà oziare e divertirvi, di fatto riprendendo il discorso da dove lo avevate interrotto.

La legge di causa-effetto parla chiaro: ogni causa genera un effetto che dovrà manifestarsi, che ci piaccia o meno. Se poniamo in essere azioni inadeguate o inopportune, un giorno dovremo pagarne il conto. Perché non assumersi la responsabilità sin da ora di vivere una vita retta e impeccabile? Questa è la miglior promessa che possiamo fare a noi stessi per le vite future che aspettano ancora di essere vissute, perché se anche non dovessimo riuscire a liberarci dal ciclo delle incarnazioni già in questa stessa esistenza, almeno creeremo dentro di noi abbastanza buon karma da avvicinarci alle mèta agognata o per attirare un vero Maestro che ci possa condurre fuori dall'illusione. Ma se non iniziamo a farlo oggi, *adesso*, non lo faremo nemmeno domani. Quindi l'esercizio suggerito in questo capitolo, se sentite lo stimolo a metterlo in pratica, è prendere in questo stesso momento la decisione di cambiare qualche aspetto della vostra vita. Per farlo non aspettate domani o dopodomani, ma fatelo subito, ora. Poi prendete la decisione di agire in maniera coerente con la vostra nuova risoluzione e perseverate fino a quando non sarete riusciti a realizzare il cambiamento desiderato.

Lezione n. 12: vivere nel presente

Una delle cose apparentemente più difficile da fare è vivere nel presente. Pur sembrando un'assurdità, quest'affermazione esprime una grande verità. Il presente è l'unica cosa di cui disponiamo davvero, anche se a volte sembra essere proprio l'unica cosa che manca. Siamo così attaccati al passato e così preoccupati per il futuro che il presente ci sfugge di mano come una saponetta bagnata sotto la doccia. Eppure, a pensarci bene, il passato e il futuro esistono solo nell'occhio della nostra mente. Il passato potrebbe essere definito come il "presente di ieri", mentre il futuro il "presente di domani".

In effetti è proprio così, se ci pensate bene. La persona che eravate dieci anni fa potrebbe essere molto diversa rispetto a ciò che siete diventati oggi, e questa a sua volta potrebbe essere molto diversa rispetto alla persona che sarete tra altri dieci anni. Tuttavia sia la persone che eravate in passato sia quella che sarete in futuro avranno una cosa in comune: il presente. Infatti dieci anni fa vivevate nel presente nello stesso modo in cui lo fate oggi, e tra dieci anni vivrete nel presente così come lo fate oggi. In altre parole quello che comunemente chiamiamo *passato* in realtà è il ricordo dell'esperienza del *presente di dieci anni fa*. Allo stesso modo quello che generalmente chiamiamo *futuro* non è altro che la proiezione mentale di quello che sarà il nostro *presente tra dieci anni o più*.

Di conseguenza il passato e il futuro sono più che altro concetti mentali che la nostra mente crea per facilitarci la vita. Se non avessimo questo meccanismo di salvaguardia, non riusciremmo a distinguere tra ricordi, aspirazioni per il futuro e realtà presente vera e propria. Il risultato sarebbe il caos mentale o perlomeno una grande confusione; passeremmo gran parte del nostro tempo a cercare di capire se ogni nostro pensiero è relativo alla realtà di oggi piuttosto che a quella di ieri o di domani. Dunque i concetti di passato e futuro sono importanti per permetterci di vivere senza complicazioni, in modo naturale e spontaneo.

Allo stesso tempo questi concetti possono però limitare considerevolmente la nostra capacità di saper godere di ogni istante della vita, se si impadroniscono troppo di noi. Infatti può accadere che siamo così presi dal nostro passato e dal futuro che si apre davanti a noi, che il nostro presente diventa solo una reazione incondizionata al nostro passato, oppure una pianificazione del nostro futuro. Non sto dicendo che sia sbagliato pensare al passato o anticipare il futuro; anzi ciò può rivelarsi di grande utilità, in certe circostanze. Il passato può farci diventare persone migliori, se impariamo dai noi errori, e il futuro può dare significato al nostro presente, oltre che darci la possibilità di prevenire le situazioni potenzialmente problematiche che potrebbero sorgere un giorno.

Allo stesso tempo però il passato e il futuro contengono in sé anche potenziali pericoli. Troppo attaccamento al passato può impedirci di non diventare la persona che avremmo voluto essere, ostacolando il nostro cambiamento. La cosa peggiore è che questo attaccamento, nella maggior parte dei casi, è subconscio e dunque generalmente non siamo nemmeno consapevoli di esso: pensiamo di essere liberi dal passato e dalla nostra storia personale ma in realtà ne siamo schiavi più che mai.

Anche il futuro ha i suoi punti deboli. Ad esempio può spingerci a dimenticare il nostro presente di oggi per lavorare a qualcosa che potremmo avere in futuro, se ci impegniamo oggi per ottenerla. Lavorare oggi per ottenere qualcosa un domani non ben specificato può essere una buona strategia, se messa in atto con equilibrio. Ma quando questo equilibrio viene perso nei vicoli ciechi dell'infatuazione e dell'esasperazione (o eccesso di motivazione), il risultato non può che essere un esaurimento nervoso. È bene lavorare oggi per costruire un domani il futuro che vogliamo, ma nel farlo dobbiamo imparare anche a goderci il presente, perché il viaggio è sempre più importante del risultato finale che si ottiene. Si può lavorare sul futuro concentrandosi sul viaggio, ossia traendo valore da ogni singolo giorno e da ogni piccola conquista quotidiana.

L'eccessivo attaccamento al passato e l'eccessivo desiderio di vivere nel futuro potrebbero dunque spingerci a dimenticarci del presente. Quando ce ne accorgeremo sarà troppo tardi, perché il nostro presente di oggi sarà allora diventato il nostro passato e non potremo più modificarlo; l'unica cosa che potremo fare sarà costruire un nuovo presente da quel momento in avanti. Per questo le persone cambiano improvvisamente carriera dopo una vita trascorsa a fare un determinato lavoro: hanno inseguito la chimera del successo e della gratificazione personale dimenticandosi di trovare felicità nella vita di tutti i giorni, e quando se ne sono accorte hanno fatto l'unica cosa su cui avevano realmente potere: cambiare il proprio presente. Non c'è niente così potente come il presente: esso può darci tutto ciò che desideriamo avere e può aiutarci trasformare la nostra vita giorno dopo giorno. Tutto ciò che dobbiamo fare è cambiare *adesso*. Tergiversare o posticipare è una delle cose più deleterie perché spinge il presente verso un futuro che potrebbe non arrivare mai.

Se non fate qualcosa per cambiare la vostra vita oggi, non lo farete nemmeno domani. Molte persone continuano a rimandare i cambiamenti che sanno di dover fare e poi un giorno si ammalano gravemente o muoiono improvvisamente, portandosi nell'altro mondo i loro desideri irrisolti. Altri ancora sanno che dovrebbero fare qualcosa di diverso in questa vita, ma non lo fanno perché pensano che avranno tutto il tempo del mondo per farlo nelle vite future. Nella nostra prossima vita ci troveremo però nella stessa identica situazione nella quale ci troviamo adesso. Non è che il fatto di morire e rinascere su un pianeta astrale (o su un altro pianeta fisico), cancellerà il nostro karma e le nostre tendenze mentali; al contrario saranno proprie queste tendenze karmiche a farci rinascere in uno specifico pianeta adatto al grado di sviluppo spirituale conseguito, così da poter riprendere il nostro cammino da dove lo abbiamo interrotto in questa vita. La vita dopo la morte dunque non è una scusa valida per rimandare i cambiamenti che sappiamo di dover fare, perché nella prossima esistenza ci ritroveremo esattamente nella stessa identica situazione di oggi. La legge di causa-effetto non permette che sia altrimenti. Dobbiamo cambiare ora, adesso, in questa vita, se vogliamo creare un futuro diverso (in questa esistenza o nelle successive).

Momentum

Dobbiamo smettete di tergiversare e assumerci la responsabilità di cambiare la vostra vita adesso. Prima di passare al paragrafo successivo, fermatevi un attimo e pensate a qualcosa che sapete di dover fare da tanto tempo, ma che non avete ancora fatto. Poi prendete la decisione di iniziare a fare qualcosa in quella direzione sin da subito. Non tra un'ora o due, o quando avrete finito di leggere il capitolo. Adesso, proprio ora. Fermate la lettura e fate qualcosa che vi permetta di iniziare a muovervi in quella direzione. Dovete solo fare un primo piccolo passo, a cui domani dovrete far seguire azioni ancora più concrete. Giorno dopo giorno dovrete lavorare sul cambiamento che volete apportare nella vostra vita, nello stesso modo in cui ci si prende cura di un fiore che si vuole far crescere. Non aspettate domani per entrare in azione, fatelo adesso. Fermate per qualche minuto la lettura e fate qualcosa per iniziare a muovervi in quella direzione, a prescindere da quanto piccola e apparentemente insignificante possa sembrare la vostra iniziativa.

Semplificare la vita

Un'altra cosa allo stesso tempo molto facile e utile da fare per riprendere contatto con il presente è semplificare la vita. Fermatevi un attimo a pensare alla vostra esistenza. Forse avete una famiglia e la vostra giornata quotidiana è una continua corsa contro il tempo, nel tentativo di coniugare lavoro, doveri familiari e anche un po' di tempo libero in cui potervi rilassare. O forse avete un lavoro impegnativo che vi costringe a stare in ufficio molte ore al giorno, tenendovi magari lontano dai vostri cari e dalle cose che amate veramente. O forse ancora avete un lavoro normale ma vi trovate in qualche spiacevole situazione, che non vi dà tregua. Mio cugino Luca si trova proprio in questa situazione: pur avendo il privilegio di poter lavorare da casa, non può approfittare completamente della grande comodità che questo comporta perché deve prendersi cura dei suoi genitori che purtroppo versano in condizioni di salute precarie. Queste sono solo alcune delle possibili complicanze che possono sorgere nel mondo di oggi, dove ci viene richiesto di fare sempre più cose in uno spazio sempre minore di tempo. A prescindere da quale sia la vostra situazione di vita, l'unica cosa che posso dire con certezza è che siete a corto di tempo. Se alcune volte non abbiamo alcuna responsabilità in merito (come nel caso in cui dobbiamo prenderci cura di persone non più autosufficienti), nella maggior parte dei casi siamo noi i diretti responsabili della situazione che si è creata.

Al momento io, non avendo figli, mi trovo in una posizione relativamente privilegiata, per quanto riguarda il tempo, rispetto a quella di altri miei coetanei che oltre che a pensare alle stesse cose a cui penso io, devono anche occuparsi della famiglia. Quando faccio qualcosa che loro non hanno mai fatto, la loro risposta generalmente è: "Sì, ma tu non ha famiglia". È quello che mi sento dire da una vita quando dico agli altri che medito due volte al giorno, o quando dico loro che scrivo libri. Molte volte le persone non me dicono in faccia, lo pensano solamente (cosa che non fa una grande differenza, visto che ce l'hanno praticamente scritto in faccia). Quello che queste persone vogliono dire è che anche loro avrebbero potuto fare le stesse cose, se solo non avessero moglie e figli da accudire. Il problema è che nessuno gli ha ordinato di farsi una famiglia. Le persone infatti sono un monumento all'irrazionalità: prima si sposano perché hanno paura di restare da sole e poi passano il resto della loro vita lamentandosi per il fatto che gli stessi doveri familiari gli impediscono di fare molte altre cose.

La stessa cosa accade con il denaro. Molti si lamentano di non avere neanche i soldi per arrivare alla fine del mese. Questo può essere vero se la situazione di ristrettezza economica si è improvvisamente manifestata dopo aver già preso la decisione di mettere su famiglia; in questi casi purtroppo non c'è molto da fare, se non rimboccarsi le maniche e darsi da fare ancora di più di quello che già si sta facendo. Ma quando le avversità economiche sono nate ben prima che noi prendessimo le nostre decisioni, la responsabilità cade sulle nostre spalle. Un figlio non è solo una benedizione ma anche una responsabilità, sotto molti punti di vista. Dal punto di vista economico, ad esempio, in questo particolare frangente storico non c'è più la possibilità di mettere liberamente al mondo figli senza preoccuparsi del fatto che non ci saranno soldi per sfamarli, perché di lavoro non c'è n'è più come una volta. Le persone invece sono davvero strane: prima sfornano figli come se fossero biscotti e poi si lamentano col destino e con la vita perché non hanno i soldi per vivere decentemente.

La stessa cosa accade un po' per tutto: nel matrimonio, nel lavoro e nella vita in generale. Dunque la prima cosa da capire, quando si parla di gestione del tempo, è che ogni cosa comporta delle responsabilità. Dobbiamo assumerci le nostre responsabilità e non scaricarle sugli altri. Se avete voluto far carriera a tutti i costi, poi non lamentatevi che dovete lavorare tredici ore al giorno. Se volete sposarvi solo perché vostra moglie erediterà un giorno un bel patrimonio, non lamentatevi poi se quel giorno, quando arriverà, non avrete neppure voglia di godervelo, perché nel frattempo avete perso l'intraprendenza e lo spirito garibaldino proprio della giovinezza. Prendersi le proprie responsabilità significa accettare le conseguenze delle proprie scelte. Di conseguenza, quando prendete delle decisioni automaticamente scegliete anche il tipo di esistenza che andrete a vivere. Se mettete su famiglia e poi volete anche fare carriera, poi non lamentatevi di non avere neanche il tempo di poter andare di corpo in santa pace.

Una volta capito questo primo importante aspetto della questione, c'è sempre comunque qualche margine di manovra. La prima cosa da fare per poter vivere in modo da non essere travolti dallo scorrere del tempo è quella di semplificare la vita. In altre parole, nel limite degli impegni e delle responsabilità che ci siamo accollati, dobbiamo fare del nostro meglio per semplificare le cose. Se avete famiglia e rivestite anche un ruolo di responsabilità al lavoro, almeno cercate di non peggiorare ulteriormente la vostra posizione. Ho conosciuto molte persone che, nella medesima situazione, oltre che fare il padre e l'imprenditore, trovavano anche il tempo per fare dell'altro. Una volta gli imprenditori erano concentrati sulla loro azienda, oggi invece sempre più imprenditori si lasciano coinvolgere in molteplicità attività che hanno il solo risultato di disperdere la loro concentrazione. La stessa cosa si può dire delle persone. Se fate la mamma e anche la donna di successo, è inevitabile che perdiate un po' di qualità in almeno uno dei due aspetti (o forse in tutti e due), se non altro per il fatto che potete contare sempre su ventiquattro ore al giorno. L'avidità, il desiderio di avere sempre più denaro, riconoscimento, stima e potere, è alla base della maggior parte dei problemi che caratterizza la società moderna.

Se ormai siete già finiti nel vicolo cieco dell'avidità, non vi resta molto da fare. In molte situazioni rinunciare a qualcuna delle vostre attività è l'unica vera via d'uscita. Altre volte invece potete esercitare creativamente le vostre capacità e trovare nuove soluzioni in grado di risolvere (in tutto o in parte) il problema. Ad esempio assumere una segretaria part-time potrebbe essere un buon modo per avere un po' più di tempo libero con cui prendervi cura della vostra famiglia e rilassarvi un po'.

Un'altra cosa che si può fare è evitare di mettere altra carne sul fuoco. Una professionista che conosco è impegnata sotto molti punti di vista: oltre che essere madre di quattro figli e titolare di uno studio di consulenza fiscale, trova anche il tempo per investire in altri settori e attività commerciali. Come se non bastasse, è anche molto attiva in parrocchia e nelle attività sociali. Il suo impegno è ammirevole e degno di nota, se non fosse per il fatto che nell'ultima busta paga si è dimenticata di fare i conguagli fiscali al mio vicino di casa, che si è dunque ritrovato con un debito nei confronti dello Stato di oltre 2.500 euro. Per poter fare sempre di più, a volte si perdono i pezzi per strada. Per evitare che la stessa cosa possa accadere anche a noi, è opportuno valutare con discriminazione non solo il tempo che abbiamo a disposizione, ma anche l'uso qualitativo che ne facciamo. Assumere più impegni di quelli che effettivamente siamo poi in grado di gestire, o disperdere inutilmente la nostra concentrazione verso orizzonti non particolarmente importanti, molto spesso ha il solo e unico risultato di impoverire la nostra vita. Al contrario concentrarsi sull'adempiere con responsabilità gli impegni e le responsabilità che ci siamo assunti, evitando allo stesso tempo di farci prendere dal morboso desiderio di conquistare il mondo, è invece un biglietto di prima fila per il paradiso.

Siamo tutti una cosa sola

Generalmente siamo abituati a pensare in termini dualistici: tu e io, noi e gli altri. Questo ci induce a creare confini netti e ben separati tra ciò che pensiamo essere nostro (in termini di identità, l'*io*, o di squadra, il *noi*) e ciò che invece appartiene agli altri. Questo a sua volta ci spinge ad agire per tutelare i nostri interessi, senza tenere in debita considerazione le esigenze degli altri. Dopotutto, se noi non ci preoccupiamo dei nostri affari o delle nostre cose, gli altri potrebbero approfittarne anticipandoci e lasciandoci a mani vuote. È la grande teoria della competitività, tanto cara al mondo occidentale e soprattutto al mondo del lavoro. In qualsiasi professione è sempre in atto una costante guerra contro la concorrenza per creare un prodotto migliore, per guadagnare di più e conquistare fette di mercato sempre più grandi. I soldi non ci bastano mai, e quando abbiamo la fortuna di poter soddisfare i nostri bisogni primari senza particolari patemi, non solo non ci accontentiamo di quello che siamo riusciti a conquistare, ma non ci rendiamo neanche conto del privilegio che ci è stato accordato. Mentre non lontano da noi le persone muoiono ancora di fame e vivono ancora in condizioni igieniche che potremmo tranquillamente definire disperate, noi non facciamo altro che pensare a come poter fare ancora più soldi in sempre meno tempo. Con questi soldi aggiuntivi potremmo infatti comprarci una seconda casa al mare, una roulotte, un jet privato o chissà quale altro inutile sfizio. Io lo chiamo l'atteggiamento "dell'ingordo". È l'atteggiamento tipico di chi vuole sempre di più per se stesso, non perché ne abbia veramente bisogno o perché gli serva per aiutare gli altri, ma perché vuole gonfiare il proprio ego e sentirsi più forte, furbo e potente degli altri comuni mortali.

In un sistema dalle risorse finite, però, il fatto di accumulare sempre più cose e denaro per sé produce inevitabilmente una diminuzione delle risorse a disposizione degli altri, che ne hanno dunque sempre meno. I ricchi diventano sempre più ricchi mentre i poveri diventano sempre più poveri. Quello che gli "ingordi" non vedono è che così facendo in realtà si danno la zappa sui piedi. Più le persone sono povere e meno soldi hanno da spendere, con la conseguenza che i ricchi faranno sempre più fatica a fare soldi, dal momento che ce ne saranno sempre meno in circolazione. Questo è il motivo per il quale scoppiano le crisi economiche e si registrano, periodicamente, congiunture economiche negative di recessione o deflazione.

Da qui la necessità di una crescita economica sostenibile, nella quale la ricchezza e le risorse siano ridistribuire più equamente tra tutti, in modo che i poveri possano raggiungere condizioni di vita socio-economiche almeno dignitose. Tuttavia la storia dell'umanità insegna anche che gli esseri umani non sono particolarmente inclini a imparare la lezione: il fatto stesso che essa continui periodicamente a presentarsi significa che l'umanità non l'ha ancora presa seriamente in considerazione.

Le tradizioni culturali orientali, sotto questo punto di vista, sono molto più sagge e lungimiranti. I buddhisti, ad esempio, non vedono il mondo in termini dualistici (tu e io, noi e loro) ma in termini unitari. La pratica della meditazione ha insegnato loro che gli opposti non esistono, perché sono in realtà parte di una stessa e unica realtà. Di conseguenza la vera ricchezza non potrà mai prosperare dove c'è la povertà. Ecco perché nella tradizione indiana non sono mai esistiti gli schiavi.

Per un occidentale un cestino della spazzatura (inteso come insieme di rifiuti organici) e un fiore sono due cose che non hanno nulla a che fare l'una con l'altra. Per un buddista invece sono una cosa sola: la spazzatura, una volta messa sulla terra, farà nascere un fiore che a sua volta, quando morirà, diventerà spazzatura. Tutto è interdipendente e si influenza reciprocamente. Questo serve a farci capire che non esistono differenze tra "te" e "me", o tra "noi" e "loro", perché in realtà siamo tutti parti integranti di uno stesso insieme, e quando togliamo qualcosa agli altri, in realtà lo stiamo togliendo anche a noi stessi. Per questo tutti i grandi maestri spirituali hanno sottolineato l'importanza dell'altruismo disinteressato, perché sapevano che quando si dà agli altri in realtà si sta dando a se stessi. Il modo migliore per vivere è dunque quello di limitarsi a soddisfare i propri bisogni fondamentali e assicurarsi che anche gli altri possano fare altrettanto. Così facendo ognuno potrà almeno vivere una vita dignitosa, al riparo dalle piaghe della fame, della malattia e della punizione karmica che proviene dal fatto di aver trasgredito alle leggi divine.

Lezione n. 13: vivere a partire dal proprio centro

Nel mio precedente libro, *Intelligenza emotiva in azione*, ho parlato dell'importanza di restare centrati in se stessi per poter poi sviluppare, a partire da questa connessione, lo stato d'animo della flessibilità. Nel libro ho anche affrontato il tema (mai passato di moda) del ruolo degli uomini e delle donne all'interno della società moderna, offrendo alcuni semplici consigli, talvolta poco apprezzati, su come uomini e donne possano imparare a vivere in armonia gli uni con le altre, ma soprattutto con se stessi e se stesse. Infatti, se non rispettiamo le caratteristiche energetiche archetipiche che caratterizzano i due generi, non potremo mai trovare pace dentro di noi. In questo testo voglio in parte espandere il tema della centratura, analizzandolo sotto il punto di vista della personalità.

Potremmo definire la personalità come quella parte di noi che ci fa essere chi siamo in una normale situazione di vita priva di stress. In altre parole, quando non siamo sotto pressione e possiamo fare le cose come piace a noi, le nostre decisioni e le nostre azioni riflettono la nostra personalità, chi siamo veramente. A essere precisi non bisognerebbe confondere la nostra personalità con la nostra vera identità, l'anima. Tuttavia, poiché questo libro non si occupa né di identità né di anima, la personalità è, tra tutte le componenti che costituiscono il complesso corpomente, la cosa che più si avvicina all'anima.

Io ad esempio ho una personalità schiva e cerco sempre di starmene in disparte, quando posso farlo. Allo stesso tempo però, non ho paura di alzarmi in piedi all'improvviso e scuotere il mondo intero, se necessario. Sto ovviamente esagerando, ma rende bene l'idea di chi sono. Buono e gentile fino a quando si può, inflessibile e impersonale dove invece è necessario. Sto raccontando tutto questo solo per darvi un'idea concreta di cosa sia la personalità. Ognuno ha il suo modo di essere e agire e deve imparare a vivere in armonia con essi, se vuole raggiungere i più alti livelli di felicità e soddisfazione personali.

Ho conosciuto persone, ad esempio, che sono il contrario di me. Vogliono sempre essere al centro dell'attenzione ma quando all'orizzonte si intravedono le prime difficoltà, improvvisamente si defilano e spariscono dalla scena. Io non sarei mai capace di farlo. Innanzitutto non desidererei mai essere sempre al centro dell'attenzione, sia perché non ci trovo niente di utile, sia perché questo comporta comunque una serie di conseguenze di cui preferisco fare a meno. In secondo luogo sono abituato a prendermi le mie responsabilità, e quando le cose vanno male sono abituato a rimboccarmi le maniche e a sistemare le cose. Non sono mai fuggito di fronte alle difficoltà né mai lo farò in futuro, semplicemente è un tratto caratteriale che non mi appartiene. Per lo stesso motivo, per una persona con una personalità estroversa e che ama essere al centro dell'attenzione è praticamente impensabile restare ai margini delle situazioni (in "seconda fila").

Non è questione di "*giusto o sbagliato*", ma di rispettare le caratteristiche proprie di ciascuno di noi. In un secondo momento ci sarà anche il bisogno di migliorare ed eliminare (o perlomeno smussare) le proprie debolezze, altrimenti non avrebbe alcun senso vivere. L'esistenza stessa assume significato solo nel momento in cui ci impegniamo a superare i nostri limiti, a prescindere dalle difficoltà che possiamo incontrare. Ciò, tuttavia, può essere fatto solo in un secondo momento, quando ci sentiamo in pace con noi stessi. La prima cosa da fare, quindi, è entrare in contatto con la nostra personalità e vivere in armonia con essa.

Se qualcosa di essa non ci piace possiamo fare del nostro meglio per cercare di limitarne un po' l'influenza. Un tempo io stesso avevo una personalità molto timida, che spesso e volentieri mi faceva sentire a disagio in molte situazioni. Quando per qualche motivo c'era bisogno di finire al centro dell'attenzione, mi vergognavo e mi sentivo a disagio. Non era importante quello che dicevo o facevo, mi vergognavo solo per il fatto di essere al centro dell'attenzione. Non mi è mai piaciuto questo aspetto della mia personalità e mi sono dato da fare per cambiarlo gradualmente. Ma per farlo ho dovuto prima entrare in contatto con la mia personalità, perché se non lo avessi fatto avrei negato una parte di me. Per risolvere un problema bisogna prima vederlo, altrimenti come si può sistemare qualcosa che non sappiamo neanche che esiste? Quando invece entriamo in contatto con la nostra personalità, possiamo poi cambiare gradualmente quegli aspetti di essa che non ci piacciono. Quindi rispettare la propria personalità e vivere a partire da essa non è contrario al miglioramento e alla crescita personale, anzi li promuove.

È un po' come nel mio precedente libro, *Intelligenza emotiva in azione*, nel quale suggerivo agli uomini e alle donne di assecondare innanzitutto i loro paradigmi energetici archetipici. Poi, una volta fatto questo (dopo essere entrati in contatto con il proprio centro), è sicuramente lecito modificare leggermente il proprio "baricentro energetico", trovando ad esempio un punto di equilibrio personale giusto per se stessi. Ho ricevuto molte critiche e sono stato accusato di suggerire un modo di vivere che ormai non esiste più; tutto questo perché le persone non hanno letto quello che ho scritto ma lo hanno interpretato sulla base delle proprie convinzioni personali e degli stereotipi sociali. Per vivere a partire dal proprio centro è necessario come prima cosa entrare in contatto con le energie archetipiche di ciascuno di noi (maschili o femminili che siano, a prescindere dal fatto che siamo uomini o donne), e poi eventualmente modificarle o sbilanciarle leggermente da una parte o dall'altra per trovare un nuovo punto di equilibrio, più consono alla nostra personalità e alla nostra vita.

Prima di poter iniziare a lavorare sui punti deboli della nostra personalità, dunque, dobbiamo conoscerla (cosa non sempre così facile). Per farlo dobbiamo chiederci: "Quando le cose vanno bene e quando ho la possibilità di agire come preferisco (ovvero "a modo mio"), come mi piace comportarmi? Qual è il mio atteggiamento preferito? Qual è il mio modo di essere che prediligo? In che modo mi piace interagire con gli altri?".

Un altro modo utile con il quale scoprire la propria personalità è immaginarvi di poter vivere la vita dei vostri sogni. Come sarebbe? Che cosa fareste? Come vivreste? Che lavoro fareste? Quali hobby coltivereste? Che cosa vorreste creare? Queste semplici domande possono raccontare molto della vostra personalità. Dalle risposte che otterrete potrete dipingere un quadro abbastanza preciso di chi siete veramente, perlomeno in questo momento specifico. Infatti, come già detto, la personalità può cambiare e ciò che eravamo da piccoli potrebbe essere lontano anni luce da ciò che saremo nel momento in cui lasceremo questo corpo.

Vivere a partire dal proprio centro è una delle mie lezioni preferite perché mi rendo conto che c'è un grande bisogno sociale di rientrare in contatto con il nucleo più profondo del nostro essere. Oggi viviamo in un mondo in continuo e costante cambiamento, all'interno di contesti familiari e sociali che appena qualche decennio fa erano completamente differenti. Negli ultimi cinquant'anni si sono registrati così tanti cambiamenti sociali e tecnologici che è quasi impossibile stare al passo con essi. Di fronte a questo ritmo di vita sempre più frenetico, le persone hanno incominciato a perdere contatto con il proprio centro, assorbite sempre di più in un mondo che pretende sempre maggior attenzione. Facendosi completamente assorbire dal mondo esterno, si sono dimenticate di se stesse. Questo ha provocato e sta provocando grandi problemi relazionali e sociali, che si manifestano in contesti di degrado sociale, odio, violenza e discriminazione.

Il motivo di tutto questo è riconducibile al fatto che la gente ha perso il contatto con il proprio centro e ha "dato in affitto se stessa" al mondo là fuori, al consumismo e all'egoismo. L'unico modo per ritrovare un certo livello di equilibrio anche a livello sociale consiste nel riprendere contatto con chi siamo veramente, in modo da creare una vita più armoniosa ed equilibrata. Vivere a partire dal proprio centro può sembrare una cosa di poca importanza, al contrario invece è qualcosa che può aiutarci a raggiungere un nuovo livello di equilibrio. Come potremo essere felici se non sappiamo nemmeno chi siamo e cosa dobbiamo fare per stare bene con noi stessi? Essere consapevoli della nostra personalità e vivere a partire da essa può darci una spinta decisiva per incamminarci sulla strada della felicità, della soddisfazione e della realizzazione personali.

Altre informazioni sulla personalità

Per quanto riguarda la personalità, è difficile dare indicazioni precise che permettano di incasellare una persona sotto una particolare etichetta. La personalità è infatti una componente particolarmente eterogenea dell'essere umano, sia perché è un miscuglio di modi di essere, di fare e di pensare, sia perché è soggetta a continui cambiamenti nel corso del tempo.

Una volta credevo che la personalità d una persona fosse in qualche modo il suo "marchio di fabbrica", qualcosa che la accompagnasse sempre ovunque andasse. In altre parole, se uno è timido, pensavo che egli dovesse esprimere quella qualità in ogni ambito della sua vita: al lavoro, nello sport e nell'amicizia. Invece ho dovuto ricredermi in fretta perché mi sono accorto che in realtà le cose non stavano per niente così. Al contrario ho capito che non è quasi mai possibile conoscere le persone per come sono veramente, perché ciò che vediamo è solo una particolare sfaccettatura di una pietra dai mille profili. Ad esempio una persona tendenzialmente timida potrebbe rivelarsi assolutamente impavida all'interno di un altro specifico contesto. Ho conosciuto molte brave persone che, una volta messi i piedi sul campo da calcio, letteralmente si trasformavano diventando prive di scrupoli, sempre pronte a provocare gli avversari o a simulare falli mai subiti. Molte persone che consideravo serie e intelligenti (all'interno del contesto nel quale le ho conosciute), in realtà si sono dimostrate immorali e meschine nel momento in cui sono emerse complicazioni nei rapporti personali. Da questi episodi ho imparato a non dare giudizi affrettati quando si tratta di rapporti interpersonali. Il miglior terreno di prova resta sempre quello dello scontro personale, perché se riesci ad andare d'accordo con qualcuno anche quando ci litighi assieme, allora vuol dire che puoi andarci d'accordo anche in ogni altro contesto.

Un'altra cosa che ho imparato da questa disamina, è di non fare mai troppo affidamento sulle persone che *pensi* di conoscere, perché potrebbero voltarti le spalle in meno di quanto ti aspetti. Può sembrare una prospettiva cupa e poco stimolante, e per molti aspetti lo è, ma preferisco affidarmi a Dio e al mio Guru, che sono sicuro non mi volteranno mai le spalle, anche se non sempre mi aiuteranno nel modo in cui vorrei che lo facessero. Non creandomi aspettative sugli altri, non resto deluso quando non si comportano come avrei voluto e sono libero di concentrare le mie energie sulle attività che so di poter fare da solo. Può sembrare un invito alla sfiducia e alla diffidenza e, almeno sotto certi punti di vista, in effetti lo è. L'esperienza però mi ha progressivamente insegnato a fidarmi sempre meno degli esseri umani e sempre più di Dio. So che queste parole saranno incomprensibili per la maggior parte di voi, ma quando vi troverete a rincorrere la vera felicità, capirete il loro profondo significato e non potrete che essere d'accordo con me. In ogni caso, se in questo momento vi sembrano eccessivamente esagerate, almeno ricordatevi che non sempre le persone sono così come voi pensate che esse siano. Prendere atto di questa scomoda ma illuminante verità vi farà risparmiare tempo, fatica e delusioni.

Inoltre la personalità cambia con il tempo. A mano a mano che le esperienze della vita forgiano il nostro carattere, cambiano anche i nostri modi di essere, pensare e agire. Di conseguenza anche la nostra personalità è in continua evoluzione e il suo sviluppo dipende in gran parte dalla nostra capacità di interagire con il mondo là fuori e l'ambiente esterno in generale. La personalità che avete oggi è diversa rispetto a quella che avevate vent'anni fa, ed è diversa da quella che avrete tra altri vent'anni. Questa è anche una grande possibilità, perché ci permette di lavorare per cambiare quei tratti di noi stessi che non ci piacciono o che sono inadeguati. Abbiamo il potere di cambiare e migliorarci, e se ci riusciremo anche la nostra vita migliorerà di conseguenza. Quindi uno dei modi migliori per cambiare la nostra vita consiste nel cambiare noi stessi, modificando non solo il modo in cui reagiamo agli eventi, ma anche il nostro modo di essere, pensare e agire. Fare questo significa cambiare la propria personalità ed evolvere.

Ovviamente c'è sempre la possibilità di prendere direzioni sbagliate, perché la vita talvolta ci inganna così bene che per accorgersene a volte servono anni (o anche decenni). State dunque sempre all'erta perché i pericoli sono sempre dietro all'angolo. Esercitate sempre al massimo il vostro buonsenso e la vostra sensibilità, perché non sbagliano mai. Se dovesse capitarvi di prendere una brutta strada, ricordatevi sempre che se lo avete fatto, potete anche uscirne. Rimboccatevi le maniche e datevi da fare per cambiare nuovamente la vostra personalità, questa volta in meglio. In generale, potete essere sicuri di migliorare se diventate persone sempre più aperte, disponibili, gentili e amorevoli. Da un altro punto i vista, migliorarsi significa anche imparare ad avere confini chiari e farsi rispettare quando le circostanze lo richiedono. Trovare il giusto equilibrio tra questi due aspetti è la cosa più difficile, ma quando ci sarete riusciti sarete d'accordo con me che ne sarà valsa la pena, perché niente e nessuno sarà più capace di influenzarvi o destabilizzarvi.

Il carattere

Un aspetto strettamente correlato alla personalità è quello del carattere. Mentre la prima riguarda il nostro modo di essere, pensare e agire quando le cose vanno bene, ossia nei momenti privi di stress, il carattere rappresenta il modo in cui reagiamo alle cose che ci succedono (e come le affrontiamo). In altre parole, quando la vita ci mette alle strette e le cose vanno male (o perlomeno non vanno come vorremmo), come reagiamo? Il modo in cui lo facciamo esprime il nostro carattere. Assieme alla personalità il carattere costituisce uno degli elementi più importanti della nostra vita perché da esso dipende buona parte il nostro destino, dato che ognuno di noi, prima o poi, si troverà ad affrontare qualche inevitabile battuta d'arresto. Proprio per questo considero il carattere addirittura più importante della personalità, perché senza di esso non abbiamo praticamente alcuna possibilità di vittoria.

Molte persone hanno una personalità brillante e ricca di talenti, ma quando vengono messe alle strette dalla vita semplicemente non hanno la forza per reagire, o non sanno come farlo. La naturale conseguenza di tutto questo è il fallimento dei loro più grandi sogni e desideri; nella maggior parte dei casi, infatti, essi sono destinati a trascorrere il resto della loro esistenza come pesci fuor d'acqua: pur avendo grandi talenti, non sono stati capaci di farli fruttare. Al contrario ci sono persone che non eccellono in particolari capacità e abilità ma hanno un carattere d'acciaio: sono i conquistatori del mondo. Per *conquistatore* non si intende qualcuno che prevarica gli altri e si impone su di essi, ma qualcuno che è capace di raggiungere i propri sogni superando tutti gli ostacoli che si frappongono tra lui e i suoi obiettivi. Quando possediamo un carattere del genere, il successo è scritto nel nostro destino. Potremmo anche non essere particolarmente dotati da un punto di vista di talenti o qualità, ma la capacità di saper reagire con forza agli eventi della vita vale molto di più di ogni capacità. Se invece avete anche la fortuna di avere qualche dono speciale (e in qualche maniera tutti ne hanno almeno uno), allora il vostro successo è assicurato doppiamente.

Avere un carattere d'acciaio significa saper reagire con forza agli eventi apparentemente negativi della vita. La parola *forza* non ha nulla a che fare con la forza fisica o con la testardaggine, ma con l'intelligenza. In alcune circostanze avere forza significa sbattere i pugni sul tavolo e far valere le proprie ragioni, altre volte significa essere capaci di lasciare andare, dimenticare e perdonare. In alcune situazioni avere forza significa riuscire a rimanere abbastanza lucidi da essere in grado di prendere una decisione delicata; in altre circostanze vuol dire battersi con tutte le proprie forze senza fare troppi calcoli. Altre volte ancora può voler dire imparare a diventare vulnerabili e a esprimere i propri sentimenti con naturalezza. Anche piangere può essere un segno di forza, in certe circostanze. La cosa importante da capire, in questo contesto, è che non esiste un modo corretto universale per sviluppare un carattere forte. Ogni nostra reazione va calibrata e misurata nello specifico contesto cui si riferisce, tenendo presente anche il particolare momento di vita che stiamo attraversando. Una delusione d'amore subita a quindici anni può averci fatto soffrire, ma essere lasciati dalla propria moglie dopo quarant'anni di matrimonio avrà su di noi un impatto decisamente peggiore.

Inoltre non è escluso che una stessa identica situazione non possa far nascere in voi due diverse reazioni caratteriali, in momenti diversi della vostra esistenza. Se state affrontando un periodo abbastanza tranquillo e privo di stress, ad esempio, ci sono buone probabilità che riusciate ad affrontare un eventuale colpo basso della vita in maniera migliore rispetto a quanto fareste se foste invece sotto stress per svariati motivi. Allo stesso modo ci sono momenti nella vita nei quali si rende necessario reagire alle cose che ci succedono in modo più vigoroso rispetto a come lo faremmo normalmente; anche questo fa parte del gioco e rientra nella gamma delle possibilità che possono verificarsi. Non esiste una bacchetta magica o una regola "giusta" da applicare: ogni circostanza richiede un'attenta valutazione della situazione a 360 gradi. Solo voi potete fare quest'analisi e solo poi potete prendere delle decisioni al riguardo. Siete voi a trovarvi con le gambe impantanate nelle sabbie mobili, e solo voi potete sapere come fare per uscirne.

Molte persone temono di non essere all'altezza della sfida perché non sanno esattamente come comportarsi e cosa fare in certe situazioni. C'è una buona notizia per voi: non siete i soli. Non sempre infatti possiamo avere la fortuna di avere già a portata di mano tutte le risposte che cerchiamo (o in alternativa di poterle trovare in fretta). A volte la vita ci coglie come un fulmine a ciel sereno, senza preavviso. Che fare dunque in queste situazioni? La miglior soluzione resta sempre quella di restare centrati in se stessi. In altre parole, anziché chiedervi subito: "Cosa posso fare per cambiare la situazione?", chiedetevi prima: "Sono comunque centrato in me stesso, nonostante quello che mi sta succedendo? Se no, come posso centrarmi subito, adesso?". Questa deve essere infatti la vostra prima preoccupazione e proprio questo è lo scopo di questo paragrafo: insegnarvi a restare centrati in voi stessi a prescindere da quello che accade intorno a voi. Se potete risolvere la questione in fretta o con poca fatica non avrete grandi difficoltà a restare centrati in voi stessi. Ma se non trovate subito le risposte di cui avete bisogno, farlo può diventare difficile.

Nella maggior parte dei casi, in queste situazioni il panico è la prima naturale reazione che abbiamo. Se stiamo andando in panico o stiamo perdendo la testa, vuol dire che non siamo centrati in noi stessi. Al contrario, siamo centrati quando *non* andiamo in panico nemmeno quando le cose ci sono completamente sfuggite di mano e non sappiamo come sistemarle. Il panico può creare in noi un vero e proprio black-out, talvolta anche totale. All'improvviso la vita ci dà una botta in testa talmente forte che, semplicemente, perdiamo ogni contatto con la realtà e non capiamo più niente. Sono cose che, sebbene indesiderate, possono succedere. È proprio in questi momenti, quando vi accorgete che state per andare nel panico, che dovete ricordarvi di centrarvi in voi stessi. Se siete capaci di sfruttare al volo quel breve istante per ritornare in voi, avete già risolto oltre metà del problema. L'abitudine di restare centrati in se stessi e di non farsi prendere dal panico, infatti, si sviluppa gradualmente e attraverso la pratica. Nessuno è nato con questa abilità; tutti l'hanno sviluppata lavorandoci sopra. Se invece non riuscite ancora a farlo, c'è qualche altro trucco per riuscire a restare centrati anche in mezzo al panico.

La prima cosa che potete fare è respirare profondamente. Fare respiri profondi infatti convoglia una grande quantità di energia nella regione del torace, di fatto sottraendola agli altri processi psicofisiologici in corso. In altre parole, se siete in panico e iniziate a respirare profondamente, presto non lo sarete più e riacquisterete lucidità. Quindi se vi accorgete di essere sopraffatti dalla paura, iniziate a respirare profondamente: bastano poche decine di respiri fatti in questo modo (e dunque qualche decina di secondi) per tornare a essere padroni di se stessi e della propria mente, oltre che della propria vita. È una cosa facilissima da fare e non comporta alcuna controindicazione: l'unica cosa che dovete fare è ricordarvi di metterla in pratica. Più lo farete e più diventerete bravi nel prevenire gli stati di panico, fino a quando non avrete nemmeno bisogno di respirare per riuscirci. Dopo un po' di pratica infatti diventerete capaci di evitare il panico scansandolo da una parte come se nulla fosse.

La seconda cosa che potete fare per allontanare il panico è concentrarvi sulla parte del corpo che si trova in prossimità dei vostri addominali, vicino all'ombelico o immediatamente sopra di esso. Questa è la sede del nostro potere personale e può diventare utile imparare a contrarre leggermente gli addominali durante i momenti di panico. Questa semplice azione potrebbe infatti stimolarci inconsciamente a usare la forza mentale in nostro possesso per riprendere il pieno controllo della situazione. Non dovete fare alcun sforzo a livello conscio, tutto quello che dovete fare è contrarre leggermente gli addominali o concentrarvi sui muscoli nella zona del corpo appena sopra all'ombelico, e automaticamente (ovvero inconsciamente) la vostra volontà riceverà uno stimolo importante. È una tecnica talmente semplice e facile che non richiede praticamente quasi nessuno sforzo. Può sembrare banale ma funziona sempre, provare per credere.

Una terza cosa che potete fare per eliminare lo stato di panico è mettere in dubbio l'importanza della situazione o delle conseguenze che da essa deriveranno. Se infatti arrivate a prendere consapevolezza della futilità della questione (o perlomeno vi rendete conto che la cosa non è in realtà così importante come potrebbe sembrare), automaticamente anche lo stato di panico se ne andrà via quasi istantaneamente. Chiedetevi: "È davvero così importante quello che sta succedendo? È davvero una cosa che può avere un impatto determinante sul resto della mia vita? Tra dieci o quindici anni mi ricorderò davvero di questa situazione?". Queste semplici domande dovrebbero spingervi a riconsiderare, dove possibile, il vostro rapporto con la situazione negativa nella quale siete rimasti coinvolti. Questo dovrebbe diminuire i livelli di stress e tensione a essa associati, diminuendo dunque anche il livello dello stato di panico. È chiaro che non sempre questa strategia può essere applicata, visto che ci sono situazioni che, potenzialmente, hanno davvero il potere di cambiare in peggio la nostra vita. Nella maggior parte dei casi, tuttavia, questo non è il caso e le semplici domande sopra riportate vi aiuteranno a prenderne consapevolezza.

Se invece vi accorgete che la situazione è *veramente* importante, allora vi consiglio invece di concentrarvi sulle possibili conseguenze che ne deriveranno. In altre parole chiedetevi: "Quali saranno le conseguenze negative di questa situazione?". Molte volte infatti potreste accorgervi che la maggior parte delle conseguenze negative che sorgeranno come conseguenza di questa situazione sono in realtà immaginarie (in questa disamina potreste persino accorgervi che la situazione potrebbe in realtà avere anche qualche risvolto positivo per voi).

Oppure potreste chiedervi: "Qual è la cosa peggiore che potrebbe succedere?". Se la vostra vita non è in pericolo, allora potete comunque stare tranquilli perché il vostro problema è comunque gestibile, in un modo o nell'altro. Avendo escluso il problema più complicato di tutti (cioè il rischio di perdere la vita), qualsiasi altro problema vi resti da gestire è comunque qualcosa che potete affrontare. Essendo un perfezionista per natura, ero solito preoccuparmi eccessivamente quando le cose andavano storte. Solo quando ho iniziato a pormi questa domanda ho iniziato ad accorgermi della futilità delle mie preoccupazioni. È una tecnica molto potente perché ridimensiona in pochi secondi l'importanza *effettiva* della situazione specifica nella quale siamo rimasti coinvolti; il confronto con la morte, infatti, fa impallidire anche il più grande dei nostri problemi.

Altre informazioni sul carattere

Non è detto che carattere e personalità siano sempre compatibili; può infatti accadere che abbiano caratteristiche apparentemente non conciliabili. Quando questo accade generalmente etichettiamo come ipocrita la persona che ha agito in modo apparentemente incoerente con la sua personalità, ma non sempre si tratta realmente di ipocrisia. Alcune volte, semplicemente, la questione è riconducibile a un apparente contrasto tra la personalità il carattere di una persona.

Una volta ho conosciuto un sacerdote che praticava arti marziali. Inizialmente rimasi sorpreso e perplesso, perché le due cose mi sembravano completamente incompatibili. Poi però riflettei sulla cosa in modo più approfondito e capii che in realtà non c'era alcuna contraddizione. Il fatto di essere un sacerdote e praticare il più alto insegnamento di Cristo, l'amore, in tutti gli aspetti della propria vita, non esclude automaticamente la pratica delle arti marziali, quando esse vengono percepite come uno strumento per espandere al massimo i propri confini e per superare i propri limiti. È chiaro se una persona pratica arti marziali per sfogare la rabbia e l'aggressività che covano silenziosamente dentro di lui, questo potrebbe dare adito a motivate contraddizioni, nel caso di un sacerdote. Se però la pratica delle arti marziali viene percepita come una sfida contro se stessi (come dovrebbe sempre essere), di cui l'avversario rappresenta solo "un'estensione", allora il discorso cambia e la situazione diventa comprensibile. Le arti marziali infatti nascono come strumento di perfezionamento del corpo e della mente dell'essere umano: sotto questo profilo non c'è niente che sia incompatibile con la pratica dell'amore insegnato da Gesù. Lo stesso sentimento dell'amore può infatti trovare espressione nelle virtù etiche e morali tanto decantate nella pratica delle arti marziali.

Io stesso ho sempre avuto una personalità mite e moderata. Non ho mai fatto a botte con nessuno, anzi ho sempre cercato di stare alla larga dai problemi. Ciononostante, quando giocavo a calcio, se qualcuno iniziava ad attaccare briga per primo, non mi tiravo certo indietro. Prima chiedevo chiarimenti in merito al suo comportamento e se la sua risposta non mi soddisfaceva, passavo al contrattacco. Dopo essere stati colpiti duramente (calcisticamente parlando), a volte gli avversari restavano sorpresi perché non si sarebbero mai aspettati che una persona apparentemente tanto mite potesse diventare improvvisamente così rude e impavida.

Non mi è mai neanche passata per la testa l'idea di essere ipocrita per il fatto di comportarmi in quel modo; semplicemente mi comportavo bene con i buoni e male con i cattivi. Se uno ti dà uno schiaffo senza motivo, perché non dovrei insegnargli l'educazione, restituendoglielo con gli interessi? La pratica di offrire l'altra guancia, insegnata da Gesù, resta comunque un insegnamento di riferimento in questo ambito, anche se non sempre può essere praticato nei contesti della vita di tutti i giorni. Se i popoli della Terra avessero sempre porto l'altra guancia ai loro aguzzini, oggi il pianeta sarebbe ancora nelle mani di gente come Hitler. A volte imbracciare le armi e combattere per una giusta causa è la sola cosa da fare, purché la guerra sia strettamente indispensabile e soprattutto miri esclusivamente a difendersi dall'aggressione di qualche altro popolo. Facendo un salto in avanti nella storia più recente, se i popoli del Medio Oriente non combattessero strenuamente per la loro libertà (dove per combattimento intendo quella forma di resistenza attiva volta a guadagnare la libertà dentro i propri confini nazionali), oggi il Medio Oriente sarebbe in mano alle Potenze straniere. Anche l'India farebbe ancora parte dell'Inghilterra, se non avesse deciso di combattere strenuamente (anche se non fisicamente, ma solo politicamente e moralmente) per i propri diritti. Quindi non sempre ciò che sembra contraddittorio lo è a tutti gli effetti. Alcune volte è vero il contrario, e l'apparente contraddizione può aprire nella nostra mente orizzonti inesplorati che ci offrono il privilegio di riflettere seriamente sulla vera realtà dei fatti.

Anche il carattere, inoltre, può cambiare nel corso del tempo. Io stesso mi arrabbiavo facilmente quando qualcuno mi provocava verbalmente o fisicamente, mentre giocavo a calcio. Dopo aver iniziato a praticare arti marziali, tuttavia, divenni molto meno suscettibile alle provocazioni che ricevevo in campo. La pratica del karate mi ha aiutato a controllare la rabbia repressa che avevo dentro e mi ha fatto diventare padrone di me stesso. Quando decidevo che comunque c'erano le premesse per farsi rispettare, la mia reazione alle provocazioni altrui divenne comunque più lucida e consapevole. Le arti marziali mi aiutarono a migliorare il mio carattere ed è questo il motivo per cui le consiglio a tutti. Se non avete la possibilità di praticarle, almeno seguite qualche corso di autodifesa, che in parte prende a prestito molti dei principi che stanno dietro alle arti marziali vere e proprie. Le arti marziali da combattimento, invece, hanno invece generalmente poca utilità dal punto di vista della crescita personale, se l'unico loro scopo è quello di buttare giù l'avversario che avete davanti; in questi casi c'è il rischio che queste vi facciano diventare qualcosa che in realtà non siete mai stati.

È bene che il carattere cambi nel tempo, perché se non succedesse sarebbe un problema. Se infatti il tempo passa ma noi rimaniamo sempre uguali a noi stessi, che spazio c'è per il miglioramento e la crescita? Possiamo cambiare solo quando impariamo a reagire diversamente alle cose che ci succedono, ossia quando cambiamo il nostro carattere. Vi sarà sicuramente capitato di reagire in modo inadeguato in una particolare circostanza della vita, soprattutto la prima volta che vi siete trovati ad affrontarla. Poi però avete imparato la lezione e la volta successiva avete reagito in maniera appropriata. Questo è esattamente il giusto modo di vivere la vita: dare il meglio di sé e, quando questo non basta, imparare dai propri errori. Questo è anche l'atteggiamento del vero guerriero spirituale, e in definitiva anche lo scopo di questo libro. Esso vuole diventare per voi un percorso di apprendimento accelerato, che vi permetta di crescere e migliorare *prima* che la vita stessa vi metta a faccia a faccia con queste lezioni. Se non sapete dunque come cambiare il vostro carattere, questo libro fa per voi: studiatelo e mettetelo in pratica a modo vostro, in armonia con la vostra personalità. Se qualche esercizio non vi piace o non fa per voi, trovate un altro modo per soddisfare l'intenzione che sta dietro all'esercizio. All'interno di queste poche pagine c'è il riassunto di una vita intera (o almeno di una parte di essa) di riflessioni e considerazioni. Non posso essere così presuntuoso da pensare che tutto ciò che è stato scritto in questo libro sia condivisibile, ma voglio esortarvi ad approfittare di quest'opportunità e a sperimentare sulla vostra pelle la validità di quanto suggerito, perché l'esperienza personale è l'unico modo per verificare la bontà e l'efficacia di qualcosa. Se qualche lezione o alcuni aspetti di essa vi risultano difficili da assimilare, lasciateli da una parte e procedete oltre, e forse un giorno vi diventeranno comprensibili. Non ha senso buttare via un cestino di mele solo perché al suo interno ce n'è una di marcia: è molto meglio buttare via quest'ultima e così potersi gustare tutte le altre.

Lezione n. 14: fare un bagno d'umiltà

In *Intelligenza emotiva in azione* è stato presentato il tema dell'umiltà in relazione ai talenti e alle potenzialità che ognuno di noi possiede. Il succo del discorso era che la nostra unica preoccupazione deve essere quella di massimizzare le nostre potenzialità, a prescindere dal fatto che questo ci faccia scalare le vette del successo o ci costringa ad annusare i bassifondi della mediocrità. In questo libro affronteremo l'argomento da un punto di vista diverso, ovvero in relazione al sentiero di vita e allo sviluppo spirituale.

La prima cosa da capire è che ognuno di noi ha la sua strada. Di conseguenza fare paragoni o prendere gli altri come punto di riferimento per eventuali confronti è qualcosa di inutile perché sarebbe come cercare di paragonare due gocce d'acqua: per quanto identiche possano sembrare, esse sono sempre diverse l'una dall'altra. Allo stesso modo anche l'anima, essendo sostanzialmente sempre identica a se stessa (e sempre uguale allo Spirito universale dal quale ha origine), di volta in volta assume tuttavia alcune peculiarità che la contraddistinguono e la caratterizzano. Il risultato più evidente di questa apparente forma di separazione dallo Spirito universale è l'individualità, che presuppone unicità e libertà. Queste ultime qualità creano a loro volta una moltitudine pressoché infinita di possibilità e di potenzialità, che di volta in volta assumono manifestazione coerentemente ai desideri che nascono in ciascuno di noi. Il nostro sentiero di vita, in estrema sintesi, è quel particolare percorso attraverso il quale possiamo riuscire a ricongiungere la nostra anima allo Spirito infinito. È ovvio che il fatto che non esistano due persone identiche a se stesse significa anche che non esistono due percorsi di vita identici. Questo argomento sarà affrontato più dettagliatamente in un capitolo successivo, ma con riferimento all'argomento trattato in questo capitolo, l'umiltà, è abbastanza facile intuire che se ognuno ha la sua strada, è inutile sentirsi superiori agli altri solo per il fatto di essere stati capaci di fare qualcosa che gli altri, in questo momento, non sono in grado di fare.

Un secondo aspetto da prendere in considerazione, quando si parla di umiltà, riguarda il nostro posizionamento lungo il sentiero che ci riconduce allo Spirito immortale. Anche se è vero che ogni anima può comunque trovare la liberazione dal giogo della reincarnazione già in questa stessa esistenza, le diverse anime, a seconda del proprio livello di evoluzione spirituale, mostrano comunque approcci diversi nei confronti della vita. Idealizzando e generalizzando la questione per renderla più facilmente comprensibile, possiamo generalmente classificare le persone in quattro categorie: quelle che si concentrano maggiormente sugli aspetti materiali dell'esistenza, quelle che si concentrano di più sugli mentali o psicologici della vita, quelli che prediligono l'ordine e l'equilibrio sociali, e infine quelli che si interessano prevalentemente di spiritualità.

I primi sono coloro che pensano solo a mangiare, bere e dormire. La loro vita è fortemente sbilanciata sulla ricerca dei beni materiali di prima necessità, come cibo, acqua, vestiti e un luogo in cui vivere. Di fatto passano l'intera esistenza a procurarsi mezzi e strumenti (come il denaro, ad esempio) con i quali poter soddisfare le loro esigenze primarie.

Poi ci sono i commercianti o gli uomini di affari, la cui vita è invece focalizzata sull'arte di guadagnare denaro attraverso l'uso dell'intelletto e della mente. In altre parole, diversamente dal gruppo precedente, essi vivono per acquisire sempre più potere e denaro, convinti del fatto che questo li possa portare in cima alla scala del successo e li possa far diventare "modelli sociali" da imitare.

Poi ci sono le donne e gli uomini interessati al benessere sociale sotto tutti i punti di vista. Diversamente dal gruppo precedente, nel quale il pensiero dominante è: "Cosa posso guadagnarci?", in questo gruppo il pensiero dominante è: "Come posso essere utile all'umanità?". Le persone che appartengono a questa categoria sono in realtà spinte dal desiderio di ordine sociale, consapevoli del fatto che la pace e la prosperità sulla Terra non possano essere raggiunti senza una diffusione di massa di benessere e prosperità. A questa categoria di persone appartengono sia i governanti sia i guerrieri. I primi sono coloro che hanno a cuore il benessere degli altri e si propongono di governare una città, una regione o un'intera nazione allo scopo di alleviarne le sofferenze e aumentarne i livelli di benessere, felicità e prosperità. I politici e i governanti dovrebbero in teoria appartenere a questa categoria, mentre in realtà, nella maggior parte dei casi (perlomeno in questo particolare momento storico), appartengono alla classe precedente; questo è il motivo per il quale, generalmente, essi pensano più che altro ai propri tornaconti personali, piuttosto che al benessere della società che dovrebbero amministrare e governare. Un vero politico ha a cuore il benessere della sua gente e di tutti i popoli in generale, perché sa che tutto ciò che succede agli altri, prima o poi coinvolgerà personalmente anche la sua gente.

I guerrieri invece sono coloro che difendono il loro popolo dagli attacchi dei nemici e di coloro che vogliono mettere le mani sulle sue risorse energetiche o economiche (basti pensare ad esempio al petrolio, al gas naturale o ai metalli rari e preziosi). I guerrieri sono anche coloro che si occupano di far rispettare le leggi all'interno dello stesso Stato, affinché ai malfattori venga impedito di portare disarmonia e corruzione all'interno della cittadinanza. Fanno parte della categoria dei guerrieri anche tutti coloro che combattono strenuamente contro le proprie debolezze (fisiche, mentali o spirituali) e coloro che dedicano la loro vita a un'ideale (basti pensare a tutti coloro che hanno sacrificato la propria vita sull'altare della libertà personale o nazionale, combattendo ad esempio per la democrazia).

Infine c'è la categoria delle persone spirituali, il cui focus è principalmente orientato su Dio o comunque sullo Spirito che si nasconde dietro alla Creazione. Queste persone cercano di trovare risposte sul senso della vita che gli appartenenti agli altri tre gruppi non si pongono nemmeno (fatta eccezione per i guerrieri spirituali, a cui questo libro è dedicato). Una volta che hanno conosciuto i misteri della vita e dell'Universo, li condividono con gli altri per aiutarli a uscire dal mare della sofferenza che ha le sue radici nell'incessante ciclo di nascite e morti che caratterizza ogni livello (fisico, astrale e causale) della Creazione. Sotto tutti i punti di vista, costoro cercano di liberarsi dalle limitazioni della condizione umana per espandere la propria anima all'infinito, fino a raggiungere Dio. Questo gruppo è il meno numeroso tra i quattro sopra descritti, e al suo interno solo un numero particolarmente ristretto di persone può dire di essere riuscito nel suo scopo; tutti gli altri, la maggior parte di essi, stanno ancora cercando di riuscirci.

Questi quattro grandi gruppi rappresentano in estrema sintesi il percorso che l'anima compie per riavvicinarsi a Dio. Inizialmente l'anima si reincarna nel primo gruppo (anzi in realtà ci sono altri passaggi preliminari, come la rinascita nel regno animale e vegetale, che precedono l'ingresso dell'anima nel corpo umano), e a mano a mano che la persona si evolve (o meglio si ricorda di chi è veramente) essa sale gradualmente gli altri tre scalini dell'evoluzione, fino a raggiungere la liberazione finale: a questo punto l'anima è riuscita a ricongiungersi allo Spirito infinito dal quale ha origine e non dovrà reincarnarsi mai più. A dire la verità, tra la rinascita nella forma di un essere umano e la completa liberazione in Dio c'è anche un altro regno intermedio, che è quello degli angeli[26]. In ogni caso questi diversi *step* rappresentano solo dei passaggi che l'anima attraversa per riconquistare la sua unità perduta con Dio, il vero volto del Sé (l'uno che si nasconde dietro i molti, e dal quale i molti sono stati generati).

In ogni caso, senza scendere troppo nei dettagli della questione, e a prescindere da quale sia la vostra classe di appartenenza, le Sacre Scritture di ogni religione hanno sempre sostenuto che ognuno di noi possa raggiungere la liberazione finale in questa stessa esistenza. È chiaro che una persona che appartiene al primo livello troverà sicuramente più difficoltà rispetto a una che appartiene al quarto gruppo, ma ciò non significa che l'impresa sia impossibile. In ogni caso, a prescindere da questo, resta il fatto che l'anima, nel suo cammino di ricongiungimento al Creatore, segua un sentiero ben definito, di cui i quattro aspetti sopra descritti rappresentano i passaggi intermedi. Ne consegue che, almeno a livello teorico, una persona che appartiene al quarto gruppo dovrebbe essere più evoluta, spiritualmente parlando, di una che vive al primo livello. A livello pratico però le cose potrebbero essere diverse, perché molti operai e impiegati d'ufficio (apparentemente appartenenti al primo gruppo) potrebbero in realtà essere molto più evoluti di molti sedicenti religiosi.

Questo perché i gruppi sopra considerati non si riferiscono alle conquiste materiali, ma a quelle interiori. Non riguardano tanto la forma esteriore, ma i veri e profondi interessi di una persona. Quindi il fatto che facciate l'operaio o l'impiegato non significa che apparteniate per forza al primo gruppo dei servitori. Forse siete un imprenditore travestito da impiegato, o un guerriero che, per vincere alcune sue debolezze, deve per forza assumere il ruolo di impiegato o operaio. O forse siete un uomo profondamente spirituale che adempie ai suoi doveri di vita con umiltà e semplicità, esattamente lì dove Dio l'ha posto. Per lo stesso motivo non è detto che un sacerdote debba per

---

[26] Confronta Swami Sri Yukteswar, *La scienza sacra*, Casa Editrice Astrolabio, traduzione a cura della Self-Realization Fellowship, pag. 50.

forza appartenere al quarto gruppo, perché potrebbe tranquillamente far parte del primo. Quindi l'importante è tenere sempre ben presente che, quando si parla di questi argomenti, l'attività professionale che si svolge, o l'aspetto esteriore della propria vita, non sono indicatori affidabili di appartenenza a uno dei gruppi.

Sicuramente ci sono maggiori probabilità che un operaio appartenga al primo gruppo e che un imprenditore appartenga al secondo, ma non è da escludere che possano invece essere entrambi guerrieri, governanti o uomini spirituali, come già detto. Per capire a quale gruppo una persona appartiene bisogna conoscerla profondamente, per comprenderne quali siano i motivi dominanti che regolano ogni aspetto della sua vita e ogni suo pensiero. Non è una cosa così semplice da fare, visto che la maggior parte delle persone non conosce nemmeno se stessa. In realtà è del tutto futile cercare di capire a quale gruppo appartengono gli altri, sia perché è molto più importante scoprire a quale gruppo apparteniamo noi stessi, sia perché non abbiamo (almeno nella maggior parte dei casi) le conoscenze o le capacità per farlo.

Proprio a questo punto arriviamo al nocciolo della questione. Una persona che sente un profondo anelito a conoscere la Verità, potrebbe per qualche motivo pensare di essere superiore rispetto a qualcuno che invece pensa solo a mangiare e bere. Niente di più sbagliato. Ognuno ha il suo sentiero di vita e deve adempiere ai propri doveri sociali conformemente al grado di sviluppo spirituale della sua anima. Che cosa succederebbe se tutti gli uomini parlassero di Dio e nessuno pulisse le strade? Le strade diventerebbero una pattumiera dove i germi e le malattie si diffonderebbero in modo incontrollato. Venendo meno l'igiene, anche il cibo e le falde acquifere si inquinerebbero, causando danni all'ambiente e alle persone per intere generazioni. Quindi il ruolo di un netturbino e quello di un sacerdote sono entrambi ugualmente importanti e necessari, agli occhi di Dio.

Dovunque la vita vi abbia posto, eseguite il vostro dovere con lungimiranza. Questo non vuol dire che non dovreste cercare di migliorare la vostra posizione o fare carriera, se sentite che la vostra attuale occupazione non si adatta bene a voi. Se sentite giusto farlo siete liberi di provarci, ma non cercate mai di cambiare lavoro spinti solo dal desiderio di fama e riconoscimento. È giusto cambiare lavoro per trovare qualcosa di più compatibile con la nostra personalità o per cercare qualcosa di più nella vita, ma farlo solo per raggiungere il successo agli occhi degli altri non è mai una buona idea. Quindi avere umiltà, da questo nuovo punto di vista, significa riconoscere che ognuna delle persone che incontrate ha un ruolo preciso da svolgere e un suo compito da adempiere, a prescindere dal fatto che questo possa sembrarvi meno nobile del vostro.

Ci sono grandi santi che si sono accontentati di vivere di elemosine per tutta la vita, mentre grandi imperatori del passato, che potevano godere di ogni ricchezza e potere, hanno trascorso la loro intera esistenza in uno stato di "povertà spirituale". Le apparenze esterne non sono un'indicazione molto precisa del livello evolutivo raggiunto dalla persona che avete di fronte: nutrire nei suoi confronti il più grande rispetto per ciò che essa è (e per quello che è chiamata a fare in questa vita) è il modo migliore per assicurarci una vita ricca di felicità e rispetto. Non chiedetevi chi è o che cosa fa la persona con cui state parlando o interagendo, ma consideratela semplicemente come un'anima che adempie al dovere che Dio le ha affidato in questa incarnazione.

Lezione n. 15: imparare a unire

La capacità di costruire ponti e trovare punti di contatto con gli altri è fondamentale per vivere una vita piena e soddisfacente da un punto di vista relazionale. Questo vale a maggior ragione per il rapporto di coppia o per le relazioni con i vostri figli e le vostre figlie. Più in generale, ciò vale per qualsiasi relazione. E poiché in realtà ogni aspetto della nostra vita "si traduce" in una relazione personale tra noi e qualcun altro, potremmo anche concludere dicendo che la capacità di andare d'accordo con gli altri è un prerequisito indispensabile per vivere una vita appagante sotto ogni punto di vista.

La prima cosa da comprendere è dunque l'importanza dell'aspetto relazione nella nostra esistenza. Al lavoro, a meno che non lavoriate nel settore informatico o in quello dell'automazione, generalmente siete sempre chiamati a interagire continuamente con altre persone (in realtà anche nei settori sopra citati ciò avviene, anche se a livello minore). La stessa cosa si può dire per ogni altro settore che coinvolge direttamente la nostra vita. Niente di ciò che facciamo è esente dall'istituire relazioni con gli altri. L'amicizia, il lavoro, lo sport, la politica, la vita sociale e ogni altro ambito hanno tutti una sola cosa in comune: prevedono l'interazione con gli altri. Ovunque siamo, a prescindere dall'età, dal sesso o dalla professione, siamo costantemente chiamati a interagire con persone di ogni estrazione sociale, culturale e religiosa.

Se siete fortunati e le cose vanno bene, non avrete problemi. Le difficoltà iniziano quando invece siete chiamati a interagire con persone con le quali non vi trovate particolarmente a vostro agio. Alcune persone sono difficili da accettare e da sopportare, soprattutto se siete costretti a lavorarci a contatto per otto o dieci ore al giorno. Anche le relazioni personali non fanno eccezione: per quanto possiate essere fortunati, non troverete mai una persona con la quale starete bene al 100% per tutta la vita[27]. Vostra moglie (o vostro marito) prima o poi inizierà a brontolare contro di voi, è solo questione di tempo. I vostri figli invece inizieranno a farvi saltare i nervi molto prima di vostra moglie, e anche su questo potete stare sicuri. I vostri amici prima o poi vi volteranno le spalle o non vi tratteranno più come una volta, perché le vostre strade prima o poi, in qualche modo, si separeranno (o perlomeno si allontaneranno). Il rapporto con il vostro datore di lavoro invece sarà il primo a logorarsi: non appena non avrà più bisogno di voi vi licenzierà e vi saluterà come se nulla non fosse successo.

Non dico tutto questo per riempire la vostra esistenza di un cupo pessimismo, ma per prepararvi a quello che vi aspetta, se ancora non avete avuto modo di sperimentare sulla vostra stessa pelle la dura realtà della vita. Il mio scopo è invece quello di istruirvi in modo che siate preparati quando accadrà. È assolutamente normale che sorgano prima o poi incomprensioni tra persone che provengono da diversi *background* e hanno personalità, carattere e interessi diversi. Pensate al vostro partner: quello che agli inizi era una romantica storia d'amore si è già trasformata (o lo farà in futuro) in una convivenza "forzata" nella quale, nella migliore delle ipotesi, imparerete ad andare avanti con lui nonostante tutto. È normale che le cose cambino e le persone evolvano, ed è altrettanto normale che ognuno lo faccia a modo suo e con la velocità che ritiene più appropriata. Se a questo aggiungiamo l'ingrediente magico del karma, le cose non possono che complicarsi ulteriormente.

Quando interagiamo con gli altri, non possiamo pensare di poter essere d'accordo su tutto. Anzi, in realtà andare d'accordo su qualcosa è già un grande risultato. L'importante è costruire dei ponti attraverso i quali riuscire a capirsi, creando una piattaforma fatta di ascolto e condivisione. Non dobbiamo cambiare il nostro punto di vista o scendere a compromessi con noi stessi o con i nostri valori, ma semplicemente ascoltare quello che l'altro ha da dire (a prescindere da chi esso sia: il nostro partner, nostro figlio, il nostro datore di lavoro o un perfetto sconosciuto). Ascoltare gli altri è la cosa più facile da fare e non richiede grossi sforzi.

Sono d'accordo con voi che restare ad ascoltare alcune persone possa diventare difficile, soprattutto quando hanno troppe cose da dire o ne sanno sempre più di voi (a prescindere dall'argomento trattato). In generale, tuttavia, ascoltare gli altri è importante non solo per creare dei punti di contatto (più o meno condivisi), ma anche per mostrare loro il nostro rispetto e la nostra disponibilità ad aiutarli. Ascoltare cos'hanno da dire gli altri, infatti, vuol dire comportarsi in modo

---

[27] O, se avete questa fortuna, essa vi sfuggirà dalle mani nel corso di una delle prossime vite.

educato e gentile, e nella maggior parte dei casi ciò è basta e avanza per farci andare d'accordo con loro anche senza necessariamente condividerne il punto di vista.

L'importante è creare un terreno basato sul dialogo sul quale potersi confrontare. Non è questione di dare ragione all'altro o di scendere a compromessi con noi stessi, ma di ascoltare le ragioni altrui. Il dialogo è uno dei miei preferiti "cavalli di battaglia", assieme al confronto. Come fate a essere sicuri di quello che pensate in merito alle intenzioni degli altri se non potete discuterne apertamente con loro? Sicuramente ci sono situazioni nelle quali alcune persone potrebbero mentirvi facendo buon viso a cattivo gioco. Io stesso ho velocemente portato alla conclusione molti confronti, quando mi sono accorto che in realtà il mio interlocutore mi stava solo prendendo in giro e non aveva alcuna intenzione di parlare con sincerità. Senza il requisito dell'onestà non c'è nemmeno bisogno di iniziare il dialogo: semplicemente non c'è nulla da dirsi. Ma se interagiamo con persone sincere e oneste, allora dialogare e discutere può diventare invece qualcosa di profondamente interessante e illuminante. Ad esempio potremmo accorgerci che c'erano alcuni pezzi del puzzle dei quali non eravamo a conoscenza, grazie ai quali siamo ora più disposti a tollerare un torto che l'altra persona ci ha fatto. Potremmo anche accorgerci di aver commesso un errore, e avere l'opportunità per chiedere scusa. Potremmo anche restare convinti che la nostra posizione sia più solida che mai, restando dunque fermi sulle nostre idee. A prescindere dall'esito del confronto, l'importante è creare un ponte attraverso il quale discutere e comunicare: non per prendere in giro il nostro interlocutore (dicendogli ad esempio proprio ciò che vorrebbe sentirsi dire), ma per comprendere le intenzioni e le motivazioni che lo hanno spinto a dire o a fare una determinata cosa.

Sforzarsi di trovare i punti in comune

Il dialogo tuttavia non è l'unico strumento con il quale si può costruire un ponte tra due diverse visioni di una medesima cosa. Un altro metodo utile è quello di cercare in profondità gli aspetti in comune tra le cose che apparentemente sembrano essere diverse; in altre parole, anziché concentrarsi sulle diversità, ci si concentra sugli aspetti in comune.

Nell'ambito professionale, ad esempio, le dichiarazioni condivise o le associazioni di categoria si propongono proprio questo scopo. Le prime raggruppano categorie di persone che apparentemente non hanno molto in comune, unendole nel nome di un ideale o di un principio condiviso da tutte. Le seconde invece individuano gli interessi comuni di un determinato gruppo di persone o di aziende eterogenee (ciascuna dotata di proprie peculiarità) e le assistono nel perseguire gli interessi comuni.

A livello spirituale, trovare i punti in comune è esattamente quello che si propone di fare la pratica dello yoga[28], che individua un percorso pratico attraverso il quale dovranno prima o poi passare tutti i sinceri praticanti di qualsiasi vera religione. Sotto questo punto di vista, il vero yoga è in realtà una mèta-religione che individua i vari passaggi attraverso i quali ogni cristiano, mussulmano, induista o buddhista dovrà prima o poi passare.

Ad esempio, una delle cose in comune di tutte le vere religioni è l'amore. Cristiani (cattolici e protestanti), induisti, buddhisti, mussulmani, ebrei e praticanti di ogni altra vera religione sono tutti d'accordo nel riconoscere che l'essenza della loro tradizione religiosa è l'amore. Trattare gli altri come si vorrebbe essere trattati è in definitiva il messaggio finale di tutte le vere religioni. Non ha molta importanza se il sistema di credenze con il quale una particolare fede è stata identificata venga chiamato *cristianesimo* o *buddhismo*, l'importante è che l'essenza di entrambe le religioni sia la stessa: l'amore. Lo yoga assolve proprio questo scopo, individuando una serie di "tappe spirituali" che ogni sincero praticante (di qualsiasi religione) deve percorrere e attraversare se desidera vivere più pienamente la propria fede.

Oltre all'amore, un'altra tappa in comune tra tutti i sentieri religiosi è quella della sincerità, intesa come astensione dal dire menzogne. Un'altra tappa ancora rimanda alla necessità di disciplinarsi e auto-perfezionarsi nelle pratiche spirituali e nel campo della moralità, altrimenti gli sforzi spirituali sono destinati a rimanere come alberi privi di frutti. Di conseguenza uno yogi[29] può essere cristiano, induista, buddhista, ebreo o mussulmano: non è tanto importante l'etichetta con la quale

---

[28] Anche in questo caso ci si sta riferendo allo yoga vero e proprio (il *raja yoga*), non alle posture dell'*hatha yoga*.

[29] Un praticante di yoga; una praticante di yoga è chiamata invece *yogini*.

si individua quel particolare sistema di convinzioni che sorge attorno alla sua religione, ma il risultato concreto (reale e tangibile) che una persona è in grado di rendere manifesto. Un buon cristiano e un buon mussulmano arrivano dunque a sviluppare le stesse qualità e i medesimi comportamentali di base, come ad esempio la pratica dell'amore e del rispetto altrui, pur seguendo strade e percorsi differenti.

Sforzarsi di andare d'accordo con gli altri

Ogni persona ha il suo *background* e la sua storia, le sue convinzioni, le sue abitudini e il suo modo di fare. In più ci sono il carattere, la personalità, l'atteggiamento, gli stati d'animo, le emozioni e lo stile di vita. Anche se il mondo là fuori è uguale per tutti, ognuno vede la vita come un riflesso del suo mondo interiore, costituito da tutti gli elementi citati in precedenza. In altre parole è un po' come se ognuno vivesse in un proprio mondo separato (o meglio "parallelo") rispetto a quello degli altri; proprio per questo motivo è difficile capire gli altri e andare d'accordo con loro. Essi vivono in un mondo diverso dal nostro e quando le nostre vite si incrociano in qualche modo, è come se due mondi paralleli si infrangessero l'uno contro l'altro. Finché le cose coinvolgono le persone che ci sono vicine, come ad esempio i familiari o i parenti più stretti, non si registrano particolari problemi, se non altro per il fatto che le persone con cui condividiamo la vita vivono perlomeno in un "mondo parallelo" molto simile al nostro. Più i mondi interiori sono simili, meno occasioni di incomprensione nascono. Ma quando si tratta di amici, colleghi, vicini di casa o conoscenti, allora la situazione cambia.

La verità è che le persone agiscono sempre in base al livello di conoscenza, comprensione e consapevolezza che hanno in un determinato momento della vita. Non può essere altrimenti. Questo vuol dire che tutti hanno dei limiti che gli impediscono di avere accesso a comportamenti, atteggiamenti e azioni che vanno al di là di essi. Quando la mia amica Luciana iniziò a lavorare nella sua prima azienda, dopo essersi laureata, si aspettava di trovare persone abituate a lavorare in squadra. Lei giocava a pallavolo da quando aveva sei anni, quindi era abituata alle dinamiche di un gruppo e sapeva cosa voleva dire far parte di una squadra. Presto però capì che la definizione di lavoro di squadra dei suoi datori di lavoro era molto diversa dalla sua, e poteva essere riassunta nella frase: "*Ognuno fa i suoi interessi*". Quando lei lo capì, subito pensò che stessero scherzando. Dopo un po' però si accorse che invece stavano parlando sul serio, così prese le necessarie contromisure. La situazione si ricompose, ma ci mise anni per accettare che una cosa del genere fosse potuta accadere veramente. Era sempre stata abituata a conquistare i meriti sul campo, attraverso il duro lavoro e la reciproca condivisione degli obiettivi; accettare l'idea di essere manipolata, presa in giro e persino "sfruttata" fu particolarmente difficile per lei. Oggi Luciana è molto grata per aver avuto l'opportunità di conoscere quelle persone, perché le fecero capire presto che nelle relazioni umane non bisogna mai dare per scontato nulla, dal momento che c'è sempre la possibilità che qualcuno viva in una dimensione completamente diversa dalla nostra. Ciò che per noi è normale per gli altri potrebbe essere incomprensibile, e viceversa. È un po' come parlare di difficoltà economiche nell'arrivare alla fine del mese con persone che guadagnano diecimila euro al mese: come potrebbero mai capire le difficoltà di un operaio che prende a malapena mille euro al mese?

Ognuno agisce in base al livello di comprensione, consapevolezza e conoscenza che possiede. Per fortuna questi livelli possono essere incrementati attraverso l'esperienza di vita, l'introspezione (ossia il fatto di interrogarsi sulle cose che ci succedono), la lettura di buoni libri e le pratiche spirituali come la meditazione. Queste attività hanno appunto lo scopo di alzare l'asticella, per farci accedere a nuovi livelli di comprensione, consapevolezza e comprensione. È normale che una persona che pensa che non esista niente di superiore all'uomo, possa ritenersi autorizzata a dedicarsi alla pazza gioia: sesso, alcol e droghe potrebbero comodamente diventare il suo stile di vita. Se però a questa persona venisse insegnato il funzionamento della legge di causa-effetto, in base alla quale ogni azione produce uno specifico effetto, allora questa stessa persona potrebbe capire che bere alcol o fumare droghe la porterà direttamente, nel giro di qualche anno, nel burrone della sofferenza fisica e mentale. Se le venisse anche insegnato come sviluppare le qualità dell'anima (in modo da poterle paragonare agli effimeri piaceri derivanti dall'abuso del sesso, dell'alcol e delle droghe), allora questa persona potrebbe addirittura smettere di condurre una vita sessualmente smoderata, o di fumare e bere. Quindi via via che il nostro livello di comprensione e conoscenza aumenta, gradualmente cambia anche il nostro livello di consapevolezza, che a sua volta ci spinge a pensare e ad agire in modo diverso. Questo ci aiuta a cambiare e a migliorare.

Per quanto riguarda le relazioni interpersonali, vale lo stesso principio. Il fatto che qualcuno sembri non capire un vostro punto di vista o un vostro modo di fare, non significa che essi siano sbagliati. Forse è così, ma può anche essere che il vostro interlocutore non abbia ancora avuto accesso a quel livello di conoscenza, comprensione e consapevolezza dal quale hanno origine il vostro comportamento e il vostro modo di fare. Quindi bisogna sempre chiedersi, quando si interagisce con gli altri: "Il loro punto di vista e le loro considerazioni sono corrette? Oppure stanno parlando da un livello di conoscenza, comprensione e consapevolezza inferiore al nostro?". In quest'ultimo caso dobbiamo dunque essere pazienti e mostrarci comprensivi e tolleranti nei loro confronti. Anche loro un giorno capiranno le nostre ragioni, quando aumenteranno il proprio livello di comprensione. Quindi non si tratta quasi mai di "*giusto o sbagliato*", ma di ciò che si percepisce giusto o sbagliato a partire di una determinata prospettiva.

In definitiva tutte le persone del mondo, di ogni razza, religione ed estrazione sociale, cercano sempre e solo due cose: allontanarsi dal dolore e avvicinarsi al piacere. A seconda del loro livello di consapevolezza, ovvero di cosa identificano con i termini *dolore* e *piacere*, agiscono di conseguenza. Per una persona che vive a un certo piano dell'esistenza, smettere di bere alcol può essere la cosa peggiore del mondo. Per un'altra che vive al massimo livello possibile, persino il desiderio sessuale potrebbe sembrare fuori luogo. Quindi non bisogna mai giudicare o criticare le persone perché tutte cercano di fare del loro meglio a partire dal livello di consapevolezza che hanno raggiunto. Questo non vuol dire che bisogna giustificare tutti, altrimenti scoppierebbe il caos. Ci sono cose che non possiamo accettare e tollerare, come ad esempio la violenza, i furti e le violazioni della legge. Se lo facessimo, infatti, la società nella quale viviamo si trasformerebbe in un inferno vero e proprio, come purtroppo è già accaduto diverse volte nella storia dell'umanità. Quindi evitare di giudicare o criticare gli altri non significa evitare di opporre loro resistenza, se questa dovesse rendersi necessaria, perché ci sono cose che si possono accettare e cose che invece devono essere rigettate e respinte.

Lezione n. 16: perdonare

Non credo sia un azzardo dire che questa sia in assoluto la lezione più difficile da imparare. Perdonare vuol dire essere disposti a lasciarci tutto alle spalle e andare avanti come se niente fosse successo; significa anche dimenticare le offese e le cattiverie subite senza provare rancore o risentimento. Questo non vuol dire passare per fessi o fare la figura degli idioti. Non significa nemmeno avere un atteggiamento poco lungimirante o far finta di niente. Perdonare vuol dire acquisire la consapevolezza delle vere motivazioni che hanno spinto una persona a comportarsi in un determinato modo con noi, e lasciarci tutto alle spalle in modo che l'accaduto non continui a influenzare la nostra vita o il nostro umore. In altre parole perdonare vuol dire dimenticare il passato e andare avanti come se non fosse successo nulla di rilevante.

Ciò non vuol dire accettare di ricoprire il ruolo di capro espiatorio, e nemmeno soprassedere al torto subito. Se qualcuno si comporta male con noi, è giusto prendere le distanze da quella persona. Se un venditore ci frega, è giusto tagliare i legami con lui. In certe situazioni è lecito e ragionevole far valere i propri diritti e cercare di rivalersi sulla controparte, nel caso lo si ritenga opportuno. Perché dovremmo farci fregare una seconda volta? Una sola forse non basta? Farsi trattare come uno zerbino non è mai una buona idea, perché equivale a farsi prendere in giro. Se però permettiamo a ciò che è accaduto di influenzare la nostra vita più di quanto sia strettamente necessario, allora siamo nei guai. Perdonare dunque significa evitare che questo accada. Quindi quando suggerisco di "dimenticare e di andare avanti come se nulla fosse accaduto", non voglio dire *ignorare* quanto accaduto, ma piuttosto evitare che quello che è successo possa influenzare negativamente la nostra vita da quel momento in avanti.

I tre livelli di perdono

Ora che abbiamo capito che cosa significhi perdonare, resta da capire come farlo. Perdonare infatti non è sempre così facile come potrebbe sembrare. In verità, infatti, si può perdonare a tre diversi livelli, a seconda del proprio livello di coscienza e della comprensione a esso associata. Affinché il processo di perdono sia completo, è necessario perdonare a tutti questi livelli. Se il vostro perdono resta al primo o al secondo livello, non potete dire di aver veramente perdonato.

Il primo livello di perdono ha a che fare con la mente e la ragione ed è quello che chiamo "*perdono mentale*". Si verifica quando comprendiamo, a livello intellettuale, le motivazioni che hanno spinto qualcuno a comportarsi male con noi. Quando riusciamo a metterci nei panni altrui possiamo capire il perché del loro comportamento. È già di per sé un buon punto di inizio, visto e considerando che la causa non è sempre così facilmente individuabile. In ogni caso tutto questo è solo metà del processo del perdono mentale. L'altra metà consiste nel convincersi ad accettare tali motivazioni come "valide giustificazioni". In altre parole, dopo aver capito le vere motivazioni delle azioni di una persona, dobbiamo giustificarne le azioni. Entrambe queste due componenti sono importanti perché, come già detto, il fatto di conoscere le possibili cause del comportamento altrui non sempre basta a perdonare. Se non accettiamo dentro di noi l'idea che le cose possano essere andate veramente in quel modo lì, non riusciremo a dare alla nostra mente una giustificazione almeno plausibile.

La storia del mio amiche Lorenzo spiega molto bene il concetto. Egli mi ha raccontato: «Dopo un paio d'anni dall'assunzione al lavoro, litigai in maniera abbastanza veemente con i miei datori di lavoro di allora. La causa era stata l'assunzione di una nuova ragazza, fidanzata di un loro conoscente, amico di famiglia dei miei datori di lavoro. Questo non sarebbe stato un problema di per sé, ma lo divenne presto, dal momento che iniziai a diventare "l'ultima ruota del carro". Sapevo che i miei superiori stavano cercando di sostituirmi con la nuova assunta, dandole addirittura la responsabilità di fare da intermediario tra loro e me. Il fatto che lei fosse disponibile a tutto pur di ritagliarsi uno spazio significativo aggiungeva altra "polvere da sparo" alla situazione. La cosa che più mi infastidiva era sentirmi sfruttato: avevo lavorato con tanto impegno e sacrificio solo per essere messo da parte in nome della raccomandazione.

In breve tempo andai su tutte le furie, come era prevedibile. Il risultato fu che iniziai a limitarmi a fare il mio lavoro fregandomene di tutto il resto. Potevo comprendere razionalmente la situazione, ma non riuscivo ad accettarla. Come era possibile sacrificare la meritocrazia per la raccomandazione? Poiché era una cosa per me inconcepibile, non riuscivo ad accettare la situazione. Mi ci volle parecchio tempo per riuscirci e fu davvero amaro constatare che persone alle quali stavo dando così tanto potevano essere state così meschine con me. Solo quando riuscii ad accettare la cosa dentro di me, fui finalmente in grado di perdonare completamente (con la ragione). Tuttavia, anche se avevo perdonato da un punto di vista mentale, non lo avevo fatto a livello di cuore». Anche se Lorenzo era riuscito a comprendere le motivazioni del comportamento dei suoi datori di lavoro, accettarle richiese un po' più di tempo.

Il secondo passo del perdono è il cuore. Comprendere e accettare, per quanto difficile possa essere, è comunque tutto sommato abbastanza facile rispetto al fatto di riuscire a perdonare con il cuore. Il viaggio dalla testa al cuore è lungo poco più di cinquanta centimetri, ma a volte per farlo servono decenni (addirittura a volte non basta una vita intera!).

Perdonare con il cuore vuol dire accettare l'offesa o il torto subiti a livello emotivo e sentimentale. In altre parole possiamo perdonare con il cuore solo quando coinvolgiamo anche i nostri sentimenti. Il primo passo consiste dunque nel razionalizzare la situazione, il secondo nel colorarla con i sentimenti e le emozioni a essi associate.

Nel caso specifico di Lorenzo, ad esempio, egli riuscì a perdonare i suoi datori di lavoro solo quando fu in grado di entrare in contatto con i suoi sentimenti feriti (molto tempo dopo che riuscì ad accettare l'accaduto). Dolore, rabbia, disillusione e delusione erano solo alcuni dei sentimenti che provava. Si sentiva ferito, sfruttato e preso in giro. Solo quando riuscì a entrate in contatto con tutto questo, percependo la sua vulnerabilità, poté iniziare a digerire la situazione a livello emotivo. Ho detto *iniziare*, perché per completare il processo gli ci vollero anni. Se il perdono mentale infatti può essere anche abbastanza veloce, il perdono del cuore richiede generalmente molto più tempo, perché inizia con la tangibile necessità innanzitutto di leccarsi le ferite, prima che la guarigione possa avere luogo.

Il perdono del cuore ha molto a che fare con la vulnerabilità. Solo quando ci apriamo alla possibilità di soffrire e di restare feriti a livello emotivo possiamo espanderci a livelli di coscienza superiori, per diventare persone più complete. Essere pronti a essere pugnalati alle spalle è un segno di grande coraggio, oltre che di grande maturità spirituale. Non che sia di per sé strettamente necessario o indispensabile, anzi al contrario tutti vorremmo evitarlo. Ma se capita, saperlo accettare è un atto di grande forza interiore. La prima reazione è infatti quella di non accettare, o di farlo in parte solo con la parte razionale della mente. Ma riuscire ad accettare il colpo anche a livello emotivo e sentimentale è qualcosa di straordinario e molto potente, in grado di farci fare, nella vita, un salto qualitativo senza precedenti.

Lorenzo stesso, dopo aver perdonato i suoi datori di lavoro a livello del cuore, è diventato una persona diversa. Non ha più avuto paura di essere rifiutato o di restare deluso, sentendosi così anche più libero di comportarsi come riteneva più opportuno. Ora non ha più paura di soffrire o di restare ferito, perché sa che nemmeno la delusione e il dolore potranno fermarlo. Molte persone invece scelgono di non accettare la sfida, rifiutandosi di entrare in contatto con i propri sentimenti feriti. Piangere, sotto questo punto di vista, va visto come una dimostrazione di forza piuttosto che di debolezza. Versiamo lacrime amare quando ci accorgiamo che le cose non sono andate come avremmo voluto noi, o perlomeno non lo hanno fatto nel modo in cui avremmo desiderato; per constatare tutto questo, tuttavia, bisogna prima avere il coraggio di guardarsi dentro.

Entrare in contatto con i sentimenti del proprio cuore, aprendosi alla possibilità di rimanere feriti e delusi, è già molto difficile da fare, ed è qualcosa che può richiedere anche parecchio tempo per essere correttamente metabolizzata. Ancora più difficile però è perdonare a livello spirituale (che rappresenta il terzo livello del perdono). La maggior parte delle persone, molto probabilmente, non riuscirà mai ad accedere a questo livello; questo è comprensibile e persino giustificabile, dal momento che si tratta del modo più alto in assoluto di perdonare.

In ogni caso non fatevi troppe domande se siate pronti o meno a questa prova, perché non è così importante. I primi due passi del perdono, quello mentale e quello del cuore, sono i più importanti e da soli bastano per compiere grandi progressi spirituali. Il perdono spirituale invece diventa importante nel caso in cui siate già riusciti a completare il processo del perdono a livello del cuore; in questo caso è vostro dovere imparare a perdonare anche a questo livello, perché solo così completerete il processo al 100%.

Il perdono spirituale si basa sull'assunzione dell'esistenza delle leggi del karma e del *dharma* e sul fatto che non esistano coincidenze. In base alla combinazione di questi tre elementi giungiamo alla comprensione profonda che tutto ciò che ci accade nella vita ha uno scopo preciso: farci crescere spiritualmente. Può essere che abbiamo del karma da bruciare o che dobbiamo concentrare la nostra attenzione in qualche altra direzione di vita, oppure una combinazione di questi fattori.

Ad esempio, nel caso di Lorenzo, egli ha capito che tutto ciò che gli è accaduto è successo perché l'Universo aveva altri programmi per lui. Se avesse fatto carriera nel settore della finanza, infatti, non avrebbe potuto dedicare tempo ed energia a realizzare il suo *dharma*. I suoi datori di lavoro sono stati quindi solo degli strumenti attraverso i quali Dio lo ha indirizzato sul suo sentiero di vita.

A questo livello, dunque, non c'è mai niente di personale. Le persone che ci feriscono sono solo strumenti del karma o del *dharma*, attraverso i quali Dio stesso opera per il nostro bene supremo. Lo scopo della vita è comunque quello di crescere spiritualmente, e per farlo molto spesso è necessario soffrire (purtroppo). Quando avremo imparato le nostre lezioni poi potremo gettarci tutto alle spalle come se niente fosse successo.

Quindi rallegratevi! Per quanto male vadano le cose, in realtà tutto va sempre nel migliore dei modi. In definitiva, quindi, non c'è mai niente da perdonare, perché anche le cose peggiori del mondo, da un punto di vista karmico e *dharmico*, sono le migliori cose che possano capitare, anche se non sempre si riesce a capirlo e ad accettarlo.

Lezione n. 17: equilibrare il lato maschile e quello femminile della propria personalità

Una delle più importanti forme di equilibrio che possiamo sviluppare è quello tra ragione e sentimento. L'argomento è così articolato e complesso che, per potergli dedicare l'attenzione che merita, gli ho riservato un intero capitolo. Il tema riprende in parte l'argomento degli uomini e delle donne (già parzialmente affrontato nel mio libro *Intelligenza emotiva in azione*), espandendolo. Mentre in quel testo ci si era concentrati sulla centratura e su cosa fare per svilupparla, in questo capitolo si affronterà il tema degli uomini e delle donne dal punto di vista del miglioramento personale. In altre parole, dopo aver capito cosa dovrebbero fare gli uni e le altre per restare connessi (e connesse) al proprio centro, cosa bisognerebbe fare per diventare persone più complete?

Ragione e sentimento racchiudono in sé l'intera gamma delle esperienze dell'essere umano; in altre parole non c'è niente che non possiamo sperimentare che non possa in qualche modo essere ricondotto alla ragione o al sentimento. La ragione è quella parte razionale di noi che in qualche modo è connessa al buonsenso. Il sentimento è invece la controparte emozionale della ragione, e coinvolge sia gli stati d'animo sia le emozioni. In *Intelligenza emotiva in azione* il sentimento è stato definito come 'quel particolare stato d'animo[30] che proviamo a seconda di quanto ci allontaniamo dall'amore', che di fatto è l'unico vero sentimento che esiste. Se ci allontaniamo di poco, sperimentiamo sentimenti elevanti come ad esempio la gratitudine o l'amore umano, se ci allontaniamo di molto sperimentiamo sentimenti degradanti come la rabbia o la paura. Abbiamo anche definito l'emozione come 'la carica emotiva associata a un particolare sentimento': il fatto di essere leggermente irritati o "arrabbiati neri" dipende dalla tensione emotiva associata al sentimento di rabbia che stiamo provando. Per il momento, quando in questo capitolo utilizzerò il termine *sentimento* (inteso come controparte della ragione), mi riferirò esclusivamente allo stato d'animo e non all'emozione a esso associata. Questo non perché lo stesso argomento non possa essere affrontato anche in riferimento alle emozioni, ma perché non voglio spiegare un argomento così complesso in relazione a un tema che devo ancora presentare in dettaglio in uno dei miei libri. Inoltre utilizzare gli stati d'animo faciliterà la comprensione del messaggio che voglio trasmettere.

Ragione e sentimento sono entrambi presenti nelle menti di entrambi i sessi ma si manifestano diversamente nei due generi. Negli uomini tende a prevalere l'aspetto della ragione, nelle donne invece il sentimento. Ciò non vuol dire che gli uomini non sappiano provare sentimenti o le donne non sappiano usare la "testa", ma significa semplicemente che, nella maggior parte dei casi (ma non sempre) gli uomini preferiscono usare la ragione mentre le donne preferiscono usare il sentimento.

Questo non vuol dire neanche che tutti gli uomini sono guidati prevalentemente dalla ragione: ci sono anche uomini più sensibili ai sentimenti piuttosto che ai ragionamenti logici. Un poeta, ad esempio, è guidato prevalentemente dai sentimenti, mentre un uomo di scienza generalmente fa più affidamento sulla ragione. Per lo stesso motivo non tutte le donne sono prevalentemente guidate dal sentimento, perché ci sono donne che al contrario sono guidate per lo più dalla ragione (ad esempio le donne che lavorano nel campo delle scienze o della ricerca). Quindi il fatto di essere un uomo o una donna, di per sé, non costituisce un'indicazione attendibile delle caratteristiche dominanti di una specifica personalità. Di certo, tendenzialmente, gli uomini sono più guidati dalla ragione mentre le donne dal sentimento, ma le eccezioni sono tutt'altro che infrequenti.

Un'ultima cosa da specificare per evitare inutili e scomodi fraintendimenti, è che negli uomini guidati dai sentimenti, e nelle donne guidate dalla ragione, non c'è niente di sbagliato o di anormale. Ci possono essere delle valide giustificazioni, alcune delle quali riconducibili anche alle vite passate. Ad esempio nella vita passata potreste aver condotto un'esistenza particolarmente improntata sulla logica e sulla ragione, ma esservi pentiti, al momento della morte, di non aver amato nessuno. Questo potrebbe avervi spinto a rinascere come uomini (in virtù della legge di causa-effetto) che preferiscono però farsi guidare dal sentimento. Un'altra altrettanto valida spiegazione potrebbe coinvolgere invece le abitudini che si creano nella vita: se siete una donna guidata dai sentimenti ma in questa vita lavorate come ricercatrice o analista di dati informatici, è

---

[30] I termini *sentimento* e *stato d'animo* sono praticamente sinonimi.

109

possibile che, con il tempo, lo sviluppo della componente razionale cambi la vostra personalità facendovi diventare particolarmente incline alla ragione. In ogni caso, a prescindere da quale sia la causa, questo cambiamento è sempre il segnale di un elevato grado di sviluppo personale e va abbracciato non solo con grande piacere ma anche con profonda gratitudine. Io stesso, pur essendo prevalentemente guidato dalla ragione, ho avuto il privilegio di sviluppare enormemente i miei sentimenti grazie alle pratiche descritte nel libro *Intelligenza emotiva in azione*, grazie alle quali sono diventato una persona più matura e completa sotto tutti i punti di vista.

Infatti, sull'onda della stessa logica presentata nel paragrafo precedente, l'obiettivo primario (sia per gli uomini sia per le donne) deve essere quello di riuscire a equilibrare queste due componenti. Tendenzialmente, per gli uomini questo può voler dire imparare ad amare o a entrare di più in contatto con i propri sentimenti; per le donne invece questo potrebbe invece voler dire imparare a farsi guidare di più dalla ragione. La soluzione auspicabile è che entrambe queste componenti, ragione e sentimento, siano in perfetto equilibrio sia negli uomini sia nelle donne. In questo modo uomini e donne raggiungerebbero il massimo livello evolutivo, dal punto di vista spirituale.

Quando in un uomo o in una donna si è raggiunto il giusto equilibrio tra ragione e sentimento, non c'è nient'altro che essi debbano fare: hanno raggiunto la perfezione. In questo modo, inoltre, si creerebbero i presupposti per comprendersi e andare d'accordo, perché ciascun genere comprenderebbe perfettamente le ragioni o i sentimenti dell'altro. Così facendo, sostanzialmente, le differenze tra uomini e donne andrebbero via via assottigliandosi (è ovvio che questo processo di "neutralizzazione" delle differenze tra i sessi deve avvenire come conseguenza di un processo di perfezionamento personale e spirituale, e non da un processo di negazione delle proprie caratteristiche o qualità predominanti, come invece spesso accade, al giorno d'oggi, soprattutto in Occidente).

Equilibrio delle energie *yin* e *yang*

Lo stesso principio si può applicare alle energie archetipiche che caratterizzano il nucleo essenziale dei due generi. Come già detto in *Intelligenza emotiva in azione*, uomini e donne sono fondamentalmente caratterizzati da energie archetipiche differenti. Gli uomini hanno un'energia prevalentemente rivolta verso l'esterno (espansiva), che predilige azioni in campo aperto o che tendono comunque ad andare alla scoperta dell'ignoto, lontano da sé. Le donne, al contrario, sono generalmente contraddistinte da un'energia prevalentemente rivolta verso l'interno (introspettiva o riflessiva), che predilige azioni che si sviluppano all'interno di un quadro predefinito, di cui è già stato tracciato un confine esterno.

Entrambe queste attitudini sono comunque presenti sia negli uomini sia nelle donne, solo che, nella maggior parte dei casi, si manifestano diversamente a seconda del sesso. Il fatto che gli uomini abbiano prevalentemente un'energia espansiva (che possiamo definire *yang*), non significa che non esistano uomini caratterizzati invece prevalentemente da energie più interiorizzate (che possiamo definire *yin*); allo stesso modo il fatto che le donne abbiano prevalentemente un'energia introspettiva non vuol dire che non esistano donne con caratteristiche prevalentemente espansive.

Una volta capito questo, che rientra nell'ordine naturale delle cose, che cosa possono fare gli uomini e le donne per migliorare le loro personalità? Da un punto di vista energetico, la cosa più logica sarebbe cercare di trovare dentro di sé il giusto equilibrio tra energie *yang* (esteriorizzate) e quelle *yin* (interiorizzate). Per gli uomini, questo molto probabilmente vorrà dire sviluppare il lato più nascosto (quello interiore), mentre per le donne presumibilmente vorrà dire espandersi maggiormente all'esterno.

Per fare ciò gli uomini dovrebbero imparare ad equilibrare la loro energia prevalentemente orientata all'esterno con la giusta dose di attività orientata all'interno; ad esempio, anziché dedicarsi esclusivamente a fare soldi o a costruirsi una carriera, l'uomo dovrebbe anche ricordarsi di avere una famiglia a casa che lo aspetta, di cui prendersi cura. Questo vuol dire prendersi cura della propria moglie e dei propri figli non solo a livello economico (caratteristica tipica dell'energia maschile) ma anche a livello psicologico e sentimentale. Proteggere economicamente la nostra famiglia è un buon punto d'inizio, ma da solo non basta: dobbiamo anche prenderci cura della nostra famiglia a livello emotivo.

Le donne, al contrario, per trovare un miglior punto d'equilibrio dovrebbero tendenzialmente orientare la loro energia in attività in "campo aperto", come ad esempio il lavoro. Questo non vuol dire sacrificare i propri doveri di mogli e madri sull'altare dell'ego e della carriera professionale. Al contrario suggerisco di espandere il proprio raggio d'azione da attività tipicamente caratterizzate da un'energia femminile (come ad esempio il fatto di prendersi cura della famiglia) ad attività caratterizzate invece da energie maschili. Oltre a svolgere il ruolo di madri e di mogli, le donne dovrebbero gradualmente anche "esteriorizzarsi", senza per questo perdere contatto con il proprio centro.

Un maggior equilibrio nelle attività di entrambi i sessi ha l'effetto di creare uomini e donne completi. Così facendo ognuno potrebbe trovare entro di sé il giusto equilibrio necessario per vivere in modo appagante la vita. Questo sviluppo deve avvenire come conseguenza di un processo di perfezionamento e non a causa di influenze esterne che mirano invece soltanto ad aumentare l'ego delle persone. Un conto è perfezionarsi e diventare una persona migliore, e un altro è farsi catturare dall'ingordigia materiale o dall'egoismo personale.

Durante questo processo, infatti, bisogna stare attenti a rispettare le proprie caratteristiche di base. In altre parole, nel processo di perfezionamento, gli uomini non dovrebbero perdere comunque il contatto con il proprio centro, che è costituito da attività prevalemente orientate all'esterno. Ugualmente le donne non dovrebbero perdere il contatto con il loro centro, che è rappresentato da attività tipicamente più interiorizzate o caratterizzate da un'energia più introspettiva e circoscritta.

Lezione n. 18: conoscere se stessi

Niente nella vita è più importante di conoscere se stessi. Infatti, anche se può sembrare impossibile, la maggior parte delle persone non sa quasi nulla di sé. Conoscere se stessi non vuol dire sapere il proprio nome e cognome o l'indirizzo di residenza, ma essere consapevoli di sé al più alto livello possibile; in altri termini significa conoscersi meglio delle proprie tasche. La personalità, il carattere, gli stati d'animo, le aspirazioni, i desideri, le aspettative sono solo alcune degli elementi che caratterizzano una persona. Dentro di noi ci sono così tanti aspetti da prendere in considerazione che per analizzare se stessi a volte non basta una vita intera; come se non bastasse, inoltre, ciascuno di questi elementi ha un ruolo fondamentale nella nostra vita quotidiana e in qualche modo contribuisce a influenzare i nostri pensieri, le nostre decisioni e le nostre azioni.

Imparare a conoscersi meglio delle proprie tasche non è così semplice come potrebbe sembrare. Il fatto di essere a stretto contatto con se stessi 24 ore su 24 non significa automaticamente conoscersi. Come possiamo raggiungere buoni livelli di salute, felicità e benessere se non sappiamo niente di noi stessi? Conoscersi è il primo passo, perché se riusciamo a farlo, e prima o poi ce la faremo (perlomeno fino a un certo punto), allora poi potremo costruirci una vita su misura, compatibile con chi siamo e con quello che vogliamo fare nella vita. Non c'è niente, nel mondo là fuori, che possa essere considerato universalmente valido per tutti. Non ci sono ricette di vita standard che vanno bene per tutti, e nemmeno ricette specifiche già "tagliate su misura" per ciascuno di noi. Il processo di adattamento (a se stessi e alla propria vita) delle soluzioni standard disponibili è imprescindibile, se vogliamo accedere ai più alti livelli di salute, benessere e realizzazione. Non ci sono alternative o piani B. La strada del successo nella vita (nel suo significato più elevato e profondo) passa attraverso questo processo di personalizzazione e adattamento.

È necessario avere delle linee guida su cosa faccia bene o cosa faccia male, e su cosa sia ammissibile o no. Tutto questo è allo stesso tempo utile e necessario, non solo perché ci dà la possibilità di iniziare il nostro processo di adattamento già a partire da una base data (senza dover iniziare di nuovo daccapo), ma anche perché ci suggerisce quale sia la direzione giusta in cui muoversi. Ad esempio, nel campo dell'alimentazione, è ormai risaputo che esistono cibi salutari e altri che invece danneggiano il corpo. Sarebbe sciocco mettersi a sperimentare i cibi che nuocciono alla salute per vedere se le cose stanno esattamente così, nella folle presunzione che forse possano invece andare bene a noi; non è questa la strada giusta.

Per lo stesso motivo è altrettanto sciocco intercedere nelle cattive abitudini per vedere se possano tornarci utili. Fare uso di alcol e droghe, essere assetati di potere o di denaro e abusare del sesso sono cose da evitare a ogni costo perché ci conducono dritti alla sofferenza, lungo il sentiero della perdita di potere personale. Da certe cose è meglio stare lontani, e se per caso ci entriamo in contatto, è saggio allontanarsi da esse prima possibile.

Quando parliamo di "personalizzazione", infatti, ci riferiamo esclusivamente alle cose buone, quelle universalmente conosciute come sicure, affidabili e in grado di generare benessere. Ad esempio, in relazione al tema preso in considerazione, l'alimentazione, ciò che può (e deve) essere oggetto di personalizzazione devono essere i cibi salutari e nutrienti. In altre parole, se i cibi artificiali e i cibi spazzatura sicuramente sono dannosi anche per voi senza bisogno che li sperimentiate in prima persona, non è ugualmente detto che tutti i cibi salutari e nutrienti siano "buoni" per voi. Un sacco di gente, ad esempio, non tollera il latte, pur essendo ricco di sostanze nutritive.

Lo stesso principio si può estendere a ogni altro aspetto della vita: se le cattive abitudini possono portare solo a sofferenza e infelicità, non è detto che tutte le buone abitudini portino felicità a chiunque. Non tanto perché le buone abitudini possano nuocerci in qualche modo, ma perché non è detto che siano giuste per noi in un determinato momento della nostra vita. In altre parole dobbiamo verificare e valutare attentamente quali di esse sono utili e quali *no* al nostro progresso personale e spirituale.

Le buone abitudini sono la strada da seguire perché solo attraverso di esse potremo trovare salute, felicità e benessere. Su questo non ci sono dubbi. Ciononostante non sempre ciò che è intrinsecamente buono è anche utile, ovvero non sempre una buona abitudine è utile a una specifica persona in un determinato momento della sua vita. Tutto dipende dalla situazione ambientale in cui quella persona si trova e dal suo livello di sviluppo spirituale. Ad esempio prendere l'abitudine di meditare è la miglior cosa che potete fare, ma non sempre è possibile. Se ad esempio avete un bambino piccolo che ha bisogno di voi a tempo pieno, è difficile trovare il tempo per meditare (questo è un esempio di impedimento dovuto all'ambiente). Diventa difficile meditare anche se credete che sia solo un'inutile perdita di tempo, cioè se non avete raggiunto un adeguato livello di evoluzione spirituale (questo invece è un esempio di impedimento dovuto a condizioni "interiori", che sono direttamente proporzionali al livello di evoluzione spirituale conseguito dall'anima).

Come già detto questo non significa che, se lo desiderate, non possiate fare uno sforzo per trovare il modo di conciliare i vostri doveri di madre con il vostro desiderio di meditare. Anzi questo è esattamente quello che accade alle mamme che meditano con regolarità (ovviamente, anche in questa situazione, per forza di cose bisogna comunque dare priorità al ruolo di madre). Ma se non avete ancora iniziato a meditare, meglio se aspettate almeno che vostro figlio non sia più al 100% dipendente da voi.

Allo stesso modo, se non vedete nulla di utile nella meditazione, ciò non significa che non possiate sforzarvi di praticarla; anzi sarebbe proprio la cosa giusta da fare. Ma se non sentite il bisogno (o perlomeno lo stimolo) di farlo, che senso avrebbe provarci? Nella migliore delle ipotesi farete un tentativo senza convinzione e senza mettere il giusto impegno, e mollerete non appena noterete che non ne traete alcun beneficio. A quel punto molto probabilmente direte: "Ah lo sapevo!" e ritroverete alla vita di sempre, seppellendo la meditazione in profondità nel suolo impenetrabile dei vostri ricordi. A questo punto verrebbe da chiedersi se non sarebbe stato meglio non provarci nemmeno, rimandando magari il tentativo a momenti futuri (nella speranza che la vita ci conceda una seconda opportunità, con il passare del tempo).

Questo vuole farvi capire che le buone abitudini hanno comunque sempre bisogno di un'attenta valutazione da parte vostra, prima di essere messe in atto. Può essere che in un questo particolare momento della vostra vita non ci siano le condizioni adatte, oppure che abbiate bisogno di altro. Questo lo potete capire solo osservando voi stessi e la vostra vita, analizzandovi sul tavolo dell'introspezione. Per riuscirci è fondamentale sviluppare la sensibilità, ovvero la capacità di conoscersi e ascoltarsi. Se non siete abituati a farlo è meglio che iniziate subito, perché l'unico modo per imparare è facendo pratica. A mano a mano che vi impegnerete diventerete sempre più bravi e sensibili nei confronti di voi stessi.

Conoscersi bene è utile in ogni ambito della vita, non solo nei momenti delle decisioni più importanti. Ad esempio io non amo fare debiti e preferisco mettere da parte i soldi per poi comprare le cose quando mi servono. Averlo capito mi ha permesso di evitare di fare passi di cui poi avrei potuto pentirmi, come ad esempio fare un mutuo per comprarmi una casa. Altri al contrario sarebbero disposti a contrarre dei debiti anche per farsi tagliare i capelli dal barbiere. Ancora una volta, quello che va bene per qualcuno non è detto vada bene per altri. È giusto che contraiate debiti se farlo non vi causa problemi, ed è giusto che evitiate di farlo se invece non vi piace. Non esiste una scelta più giusta dell'altra, anche se in certe situazioni ci possiamo trovare di fronte a una scelta obbligata. Dipende da ciascuno di noi, perché ciò che va bene per noi diventa legge (almeno per noi!). Quindi imparare a conoscersi è importante anche per le attività della vita di tutti i giorni, oltre che quando si devono prendere decisioni importanti.

Nel partecipare a questo processo cercate di non fare i perfezionisti. Quando imparate qualcosa di nuovo o acquisite delle nuove capacità o abilità, la prima cosa da fare è iniziare a praticarle tal quali, così come le avete imparate. Se funzionano immediatamente, non avete nemmeno bisogno di adattarle. Se invece sentite che le attività che praticate non si adattano perfettamente alla vostra personalità o al vostro stile di vita, adattatele fino a quando non lo fanno. Fate un passo alla volta e verificate se la vostra modifica vi porta nella direzione sperata. Continuate ad aggiustare il tiro fino a quando non troverete il modo appropriato per voi di fare quel particolare qualcosa. Appena ci riuscite, smettete di tormentarvi e godetevi il risultato del vostro lavoro.

Non esagerate nel cercare di raggiungere subito la perfezione e non chiedete troppo a voi stessi. La perfezione è una qualità che si raffina gradualmente con la pratica, a mano a mano che impariamo a conoscerci. Accontentatevi di ottenere un risultato che vi soddisfi, e quando ci siete riusciti dimenticatevi del processo di adattamento. Quest'ultimo infatti è stato pensato per far funzionare su di voi soluzioni standard che altrimenti non funzionerebbero (quindi se già con le soluzioni standard riuscite a risolvere il vostro problema, risparmierete tempo e fatica).

L'attività di personalizzazione può essere applicata in qualsiasi ambito (o attività) della vita. Sia che si tratti di imparare un nuovo lavoro o di andare d'accordo con i nostri familiari, il processo di personalizzazione è sempre lo stesso, e sostanzialmente si basa sulla capacità di iniziare ad agire in un modo, eventualmente modificando il comportamento fino a quando non si raggiunge un risultato che si integra alla perfezione con noi stessi, la nostra personalità e il nostro stile di vita. Restare fedeli a se stessi e ai propri principi è un prerequisito di tutto il processo, altrimenti l'intero procedimento di personalizzazione perde significato. Il suo scopo è invece proprio quello di creare soluzioni su misura per noi stessi e per la nostra vita, per ogni cosa con la quale entriamo in contatto.

Applicare il processo di adattamento a questo libro

Le lezioni contenute in questo libro esprimono concetti e principi generali che vanno poi adattati alla vita di tutti i giorni. Non ha senso prendere alla lettera i contenuti di questo libro e applicarli indiscriminatamente in ogni ambito della propria esistenza. Se leggete la lezione relativa alla necessità di rompere con la tradizione, ad esempio, potreste poi concludere che sia arrivato il momento di cambiare moglie, lavoro e città per dedicarvi a qualcos'altro. Non è questo lo scopo di quella lezione. Essa vuole solo accendere un faro di consapevolezza sulla necessità (a volte) di rompere con le tradizioni del passato, quando esse non hanno più alcun senso o non sono più funzionali all'ambiente nel quale viviamo. Questo non deve spingervi a prendere decisioni innaturali o contrarie al buonsenso, ma farvi riflettere se, in qualche ambito della vostra vita, sia arrivato il momento di rompere qualche tradizione o abitudine. Magari qualche persona, leggendo il capitolo, ha finalmente deciso di porre fine a una relazione disfunzionale che si protrae da ormai troppo tempo e di lasciare il proprio compagno violento, e questo è un bene. Oppure, in altri casi meno drammatici, la semplice riflessione potrà suggerirvi nuovi modi con cui risolvere i vostri problemi. Se avete problemi relazionali con il vostro compagno, ad esempio, potreste decidere di rompere con il passato e smettere di far finta che vada tutto bene, quando invece non è per niente vero. Potreste magari decidere di affrontare la questione apertamente e direttamente, per trovare una soluzione condivisa che possa andare bene a entrambi. Rompere con il passato può voler dire anche questo. Quindi non prendete alla lettera tutto quello che viene suggerito in questo libro, ma riflettete sui principi che esso vuole esprimere e cercate di capire se i concetti espressi possano tornarvi utili in qualche ambito della vostra vita.

Inoltre, in aggiunta a tutto questo, avete anche la possibilità di sviluppare la sensibilità per capire da soli quale sia la lezione che si nasconde dietro a qualcosa che vi succede nella vita. In altre parole, quando vi succede qualcosa di anomalo o che vi crea un certo disagio, chiedetevi che cosa ci sia da imparare da quella specifica situazione. Che cosa vuole insegnarvi la vita? Qual è il significato di tutto questo? Che cosa dovete imparare, che ancora non sapete? In questo modo potrete iniziare a cogliere il nettare della vita stessa, perché ognuno ha il suo sentiero di vita e le sue lezioni da imparare. Per quanto questo libro possa elencare una buona parte di queste lezioni, e per quanto voi possiate sforzarvi di metterne in pratica i principi nella vita di tutti i giorni, avrete sempre l'occasione di incontrare lezioni nuove che non sono state presentate in questo testo, e che dovrete scoprire voi stessi. Quindi non limitatevi a mettere in pratica solo quanto qui suggerito, ma una volta fatto questo sforzatevi di andare oltre.

Normalmente, a mano a mano che evolviamo dal punto di vista personale e spirituale, automaticamente evolveranno anche le lezioni che dovremo imparare; in altre parole le nostre lezioni diventano sempre più raffinate, spiritualmente parlando. In questo caso c'è anche la possibilità che qualcuna delle lezioni qui presentate, e che va bene per voi in questo momento, sia invece in contrasto con una lezione più spirituale che vi verrà chiesto di imparare più avanti. Quando questo accade significa che state facendo passi da gigante. Quando ciò accadrà, molto probabilmente questo libro non vi sarà più di alcuna utilità perché avrà pienamente assolto lo scopo per il quale era stato scritto. In quel caso cercate strumenti diversi, più profondi e spirituali, o leggete alcuni dei libri che scriverò nei prossimi anni e che, almeno in teoria, dovrebbero riuscire a soddisfare questa particolare esigenza. In attesa di quel giorno, studiate queste lezioni e mettetele in pratica e, se non sono sufficienti, cercate voi stessi i significati delle lezioni che la vita vuole che impariate.

Lezione n. 19: pensare con la propria testa (e con la propria "pancia")

La necessità di personalizzare le nostre vite ci porta a sottolineare l'importanza di pensare con la propria testa. In questo sono stato particolarmente fortunato perché ho avuto dei grandi maestri. Il primo di essi fu il medico di base del mio ex compagno di classe Fernando. Da adolescente ha avuto qualche problema al ginocchio e il suo medico di base gli disse che si trattava del menisco. Tuttavia da analisi più approfondite il problema si rivelò essere tutt'altro: semplicemente le sue ossa crescevano troppo in fretta. La diagnosi originaria si era rivelata essere completamente errata. Quando venni a saperlo realizzai che se anche i medici di base potevano sbagliarsi, peraltro su una diagnosi apparentemente così banale, allora potevano farlo tutti. In altre parole non ci si poteva più fidare di nessuno.

Da allora ho iniziato a guardare con il giusto sospetto anche i cosiddetti "esperti in materia", che il resto del mondo, normalmente, considera vere e proprie autorità nel proprio campo di azione. Non sono scettico ma mi sono abituato a pensare con la mia testa: se penso che qualcuno si stia sbagliando, perché dovrei ignorare la mia sensazione interiore solo per il fatto che lui è un esperto nella materia in questione mentre io no? Non suggerisco di ignorare i consigli altrui, soprattutto nel campo della salute. Quello che voglio dire è che se avete dei dubbi o delle sensazioni particolari, prendete l'abitudine di approfondire ulteriormente la questione. Non date per scontate le verità che vi vengono propugnate, perché a volte gli altri hanno interesse a fregarvi. Sentite altri pareri e approfondite la questione, se avete l'opportunità di farlo. Seguite il vostro istinto, per quanto potete. Farlo non vuol dire diventare arroganti o presuntuosi, ma esigenti nei confronti di se stessi. Dopotutto, se non lo fate voi, chi altro potrebbe farlo al posto vostro? Probabilmente nessuno, a parte i familiari o gli amici stretti. Non abbiate dunque paura a pretendere per voi il meglio della vita, perché se non lo fate voi nessun altro lo farà per voi.

Dopo aver capito l'importanza di pensare con la propria testa, resta da capire in che modo farlo. Esistono infatti tre possibilità: usare la mente razionale, l'istinto o l'intuito.

Usare la "testa"

La parte razionale della nostra mente rappresenta generalmente la prima cosa in assoluto a cui fanno riferimento le persone, quando devono fare dei ragionamenti e prendere delle decisioni. Come già anticipato, tuttavia, non è l'unica possibilità. Prima di esaminare però gli altri elementi parliamo ancora un po' della parte razionale della mente, in merito alla quale abbiamo fatto qualche accenno nel capitolo sulle convinzioni e in quello dedicato al buonsenso.

La ragione è quasi sempre il nostro primo punto di riferimento perché offre appigli sicuri a cui aggrapparsi. Le soluzioni che essa propone sono generalmente affidabili e sicure e di solito non lasciano spazio a dubbi o non lasciano intravedere alternative migliori. Il buonsenso raramente si sbaglia. Io stesso lo uso praticamente in ogni aspetto della mia vita, e vi consiglio di fare altrettanto. Eppure ci sono delle situazioni nelle quali il buonsenso non può fare molto.

Ad esempio se qualcuno si approfitta di voi, usare il buonsenso di solito si rivela essere una scelta sbagliata. Non perché in effetti lo sia, ma perché esso si basa interamente sull'onestà. Se una persona si comporta male con voi di proposito, che senso ha cercare di trovare una soluzione ragionevole? Siete già stati fregati una volta e molto probabilmente il vostro interlocutore non vedrà l'ora di fregarvi anche una seconda volta (nono solo: molto probabilmente cercherà anche di trovare una soluzione ragionevole facendovi credere di aver agito sempre in buonafede). Volete farvi fregare anche una seconda volta? Offrire l'altra guancia in questo caso non è sinonimo di grandezza spirituale, ma di ipocrisia (almeno fino a quando non avrete raggiunto una certa "statura" spirituale). Meglio accettare la realtà per quello che è e agire di conseguenza.

Cercare di usare il buonsenso con una persona disonesta è come cercare di parlare a un asino. Per quanto vi sforzare di farlo, l'unica risposta che avrete di ritorno sarà il suo ragliare. Dunque se non avete un valido motivo spirituale per porgere l'altra guancia (nel qual caso il vostro comportamento sarebbe sicuramente appropriato), è meglio se imparate a farvi rispettare. Per farlo generalmente bisogna agire con forza e fermezza, facendo intendere alla vostra controparte che in realtà, se volete, siete molto meno buoni di quanto l'altro crede. Se non lo fate c'è il rischio concreto di diventare lo zimbello degli altri. Se il mio amico Thomas avesse porto l'altra guancia ai suoi datori di lavoro, oggi, al posto di lavorare in laboratorio (mansione per la quale è stato assunto), pulirebbe i bagni e svuoterebbe i cestini della spazzatura.

Un altro caso in cui il buonsenso non funziona è quando esso è basato su qualcosa di non definitivo, ossia quando un argomento o una situazione presentano ancora margini di miglioramento. Usare il buonsenso oggi nel campo della medicina moderna, ad esempio, non sempre è sufficiente per guarire da gravi malattie o disturbi cronici. I consigli dei medici e degli specialisti vanno sicuramente ascoltati, ma limitarsi a quelli può rivelarsi riduttivo. Questo perché la medicina occidentale moderna ha raggiunto alti livelli di conoscenza e competenza a livello fisico, chimico e molecolare, ma a livello prettamente energetico (il livello a cui hanno origine buona parte delle malattie, come ad esempio quelle croniche) non si può dire altrettanto[31].

Avendo ampi margini di miglioramento sotto questo punto di vista, non sempre dispone di tutte le soluzioni ai problemi inerenti la salute psicofisica dell'individuo. Ecco perché limitarsi a seguire le indicazioni dei medici non sempre è sufficiente. Una scelta migliore sarebbe quella di ascoltare i pareri degli esperti e seguirne i consigli, ma allo stesso tempo approcciare lo stesso problema dal punto di vista delle medicine olistiche. Così facendo infatti potrete curare la manifestazione fisica dei sintomi (grazie alla medicina occidentale tradizionale) e allo stesso tempo curare (attraverso la medicina olistica) le cause profonde che hanno generato la malattia. L'unica raccomandazione che vi consiglio di seguire è assicurarvi che la terapia olistica non sia in qualche modo in contrasto con il trattamento suggerito dai medici. In altre parole la medicina olistica deve sempre essere un *completamento* alla guarigione, non una sostituzione della medicina tradizionale. Anche il solo fatto di interrogarsi e cercare di capire il motivo profondo che ha scatenato la malattia è già di per sé un buon primo passo.

Fidarsi del proprio istinto

Quando la ragione non può aiutarci più di tanto, o lo può fare solo limitatamente, allora dobbiamo rivolgerci a quella parte di noi che viene generalmente definito *istinto*, e che io preferisco chiamare "*pancia*", dal momento che le sensazioni istintive normalmente si percepiscono all'altezza dello stomaco. I moderni ricercatori riconoscono l'importanza che questa parte del corpo riveste nell'economia del benessere psicofisico della persona, tant'è che molti si riferiscono alla regione che si trova in prossimità dello stomaco e dell'intestino come il "secondo cervello" (ciò è in parte dovuto al fatto che il complesso di nervi e apparati direttamente connessi con il sistema nervoso dell'uomo è particolarmente numeroso e articolato in questa zona del corpo, ed è secondo solo a quello del cervello).

In ogni caso, a prescindere da come lo si preferisca chiamare, l'istinto è quella parte di noi che ci permette di sopravvivere nei momenti di difficoltà e che ci indica una via d'uscita. Se qualcuno vi scippa il portafoglio dalle mani mentre state per pagare il conto al ristorante, l'istinto può suggerirvi di rincorrere il malvivente per fermarlo e recuperare il bottino prima che il ladro esca dal locale. In altre circostanze, ad esempio quando il malvivente che cerca di rubarvi qualcosa è in possesso anche di un'arma, quello stesso istinto potrebbe consigliarvi di non opporre resistenza all'aggressore, perché è meglio perdere un po' di soldi piuttosto che la vita.

L'istinto, in realtà, segue sempre il buonsenso. A differenza di quest'ultimo, tuttavia, salta completamente il processo del ragionamento e arriva immediatamente alla conclusione. Voi stessi, se in quella specifica situazione aveste potuto essere lucidi, avreste capito che era meglio assecondare le richieste del ladro che vi puntava un coltello alla gola, piuttosto che opporvi resistenza. Tuttavia non avete avuto bisogno di pensarci perché il vostro istinto vi ha suggerito subito la soluzione migliore, saltando completamente il ragionamento logico.

Nel caso siate stati presi in giro da qualcuno, l'istinto potrebbe suggerirvi di alzare la voce e farvi rispettare. Alla stessa conclusione sareste potuti arrivare anche usando il buonsenso nella sua versione più "elevata". Se invece per qualche ragione non siete in grado di utilizzare il buonsenso al massimo livello, l'istinto può consigliarvi al suo posto. Infatti, anche se in un particolare momento la vostra mente razionale non riesce a capire che il buonsenso e l'istinto viaggiano comunque sempre nella stessa direzione, il secondo, rispetto al primo, ha il vantaggio di non aver bisogno di spiegazioni.

---

[31] Confronta anche Roy Martina, *L'arte della vitalità*, Tecniche Nuove.

Un ultimo aspetto da capire è come comportarsi in quei casi nei quali buonsenso e istinto sembrino indicarci soluzioni opposte allo stesso problema. Cosa fare dunque se l'istinto ci suggerisce di fare qualcosa contro il nostro buonsenso? Ciò può accadere solo quando il nostro buonsenso non è sviluppato al massimo livello. Ad esempio riprendiamo l'esempio considerato in precedenza: qualcuno si prende gioco di voi e non sapete come comportarvi. Il vostro buonsenso vi suggerirebbe di perdonarlo e credere alle scuse del vostro interlocutore, perché sembrano ragionevoli e lui sembra sincero. Siete tentati di porgergli l'altra guancia, ma il vostro istinto invece vi suggerisce di reagire con veemenza. Cosa fare? Se non volete sbagliare, seguite l'istinto. Agite immediatamente, poi a mente fredda potrete cercare di analizzare razionalmente il motivo per il quale l'istinto vi abbia suggerito di agire in quel modo.

Questa apparente discrepanza è dovuta al fatto che l'attuale buonsenso di cui disponete in questo momento ha dei margini di miglioramento. Ad esempio, espandendo leggermente il vostro livello di coscienza potreste accorgervi che prendersi gioco di voi non è stato qualcosa di fortuito, ma una decisione conscia e consapevole. A questo punto dunque potete portare il vostro buonsenso a un livello "superiore": se qualcuno si prende gioco di voi volontariamente, è giusto che facciate valere le vostre ragioni, tutelando i vostri interessi. Perdonare potrebbe essere una scelta buona solo se foste in grado di appurare, al di là di ogni ragionevole dubbio, che il torto che avete subito è stato commesso in buonafede (o nel caso in cui abbiate raggiunto un livello di consapevolezza spirituale particolarmente elevato, come già visto in precedenza, tale da giustificare il fatto di offrire l'altra guancia). In caso contrario il buonsenso dovrebbe suggerirvi di farvi rispettare. Per questo motivo suggerisco sempre di affidarsi sempre al buonsenso, ma solo finché esso non entra in contrasto con ciò che vi suggerisce di fare l'istinto. In questo caso assecondate quest'ultimo, anche se al momento non ne capite il motivo (ovvero il ragionamento "nascosto" che sta alla base del suggerimento che avete ricevuto). Questo è proprio il motivo che rende grande l'istinto: non ha bisogno di razionalizzazioni immediate.

Alla pari del buonsenso, anche l'istinto può essere ascoltato e seguito in ogni ambito della nostra vita. Esso infatti ci parla sempre, non solo nelle situazioni di estrema necessità, come ad esempio quando la nostra vita è in pericolo. Se non riusciamo a sentire la voce interiore del nostro istinto molto probabilmente è perché siamo abituati a soffocarla con il ragionamento logico. Il buonsenso in linea di principio va bene, purché non soffochi la nostra voce interiore. Quindi se volete sviluppare l'istinto abituatevi a non razionalizzare troppo e a fare, di tanto in tanto, qualcosa di folle senza pensarci troppo sopra.

Un altro motivo per il quale potremmo non riuscire a sentire la voce dell'istinto è la mancanza di abitudine a farlo. Per risolvere questo problema dunque non vi resta che esercitarvi: più imparerete ad ascoltarlo in ogni ambito della vostra vita, più esso farà sentire forte la sua voce[32].

L'intuizione

Se l'istinto ha a che fare con le nostre reazioni viscerali, l'intuizione è invece una funzione della nostra mente superiore. L'intuizione ha sempre a che fare con la nostra natura più profonda, l'anima. È attraverso l'intuito che l'Universo guida la nostra vita, spingendoci nella direzione giusta per noi. Non sempre quella direzione sarà la più facile, ma sicuramente sarà la migliore per la nostra evoluzione (forse non per il nostro piccolo ego, ma di certo per l'anima).

L'intuizione dunque opera a un livello completamente diverso rispetto all'istinto e alla ragione, e ha accesso a contenuti e informazioni non disponibili agli altri due livelli. Il sistema di coaching che sto cercando di sintetizzare, ad esempio, proviene dal livello intuitivo. Per questo dico che non mi appartiene, perché non è stato creato da un pensiero razionale o istintivo, ma *intuitivo*. Questo sistema di coaching mi è stato donato, non l'ho creato io. Mi è stato affidato, questo sì, ma la sua paternità non mi appartiene: io sono solo uno strumento.

Il ragionamento logico e l'istinto possono portarvi nella direzione giusta, ma l'intuizione, quando arriva, è qualcosa di completamente diverso. Arriva da un altro piano di esistenza. La logica e l'istinto provengono dall'uomo, l'intuizione da Dio. Questi tre elementi possono collaborare e

---

[32] L'istinto di cui si è parlato in questo paragrafo non ha nulla a che fare con le emozioni, che colorano (spesso eccessivamente) gli stati d'animo che proviamo. È importante quindi distinguere la calma voce dell'istinto dall'accecante reazione emotiva che nasce come conseguenza di uno squilibrio del normale flusso energetico delle emozioni.

lavorare all'unisono per realizzare qualcosa di importante. Se non avete un'intuizione particolarmente sviluppata, potete coltivarla portando il vostro buonsenso al massimo livello e seguendo il vostro istinto. Quando avrete sviluppato queste due importanti abitudini, l'intuizione arriverà a guidarvi per condurvi dove la vostra anima è destinata ad arrivare. È successo a me e l'ho visto accadere a molte altre persone: se seguirete questi consigli capiterà anche a voi.

Se invece la vostra intuizione è già particolarmente sviluppata, abbiatene cura e trattatela come qualcosa di sacro, perché è il modo attraverso cui Dio e l'Universo comunicano con voi. Da questo punto di vista l'intuizione è lo strumento di cui la vita si serve per indirizzare la vostra anima sul giusto cammino, lungo il quale incontrare le persone e gli eventi necessari alla vostra evoluzione. Essendo la nostra guida interiore verso la libertà, l'intuizione va protetta e assecondata, ma soprattutto non va sperperata per motivi futili o indegni. Non c'è niente di male nell'applicarla nella vita quotidiana di tutti i giorni, se questo si rende necessario. Dopotutto, provenendo da Dio, essa ha a cuore non solo il benessere spirituale della nostra anima, ma anche quello del nostro corpo e della nostra mente; non essendoci una sostanziale differenza tra spiritualità e materia, l'intuizione serve entrambi i campi di battaglia dell'esistenza (la spiritualità e le normali attività quotidiane). Ciò che è sbagliato, invece, è sperperare inutilmente l'intuizione per svolgere attività o azioni non in linea con il motivo per il quale essa ci è stata rivelata. Fare soldi in maniera disonesta, vivere una vita dissoluta o abbandonarsi ai vizi e alle cattive abitudini sono modi sbagliati con i quali usare l'intuizione. Se siete rimasti invischiati in una qualsiasi di queste attività, o in qualcos'altro sopra non menzionato, usate invece l'intuizione per trovare un modo per uscirne fuori.

L'intuizione è strettamente connessa anche alla creatività e ci permette di collaborare attivamente con essa. Essere creativi vuol dire inventare qualcosa di nuovo che prima non esisteva, o trovare un nuovo modo di utilizzare qualcosa che prima era usato diversamente. Nel primo caso si parla di "creatività pura", nel secondo invece di "collaborazione con la creatività". La differenza tra queste due modalità di espressione risiede solamente nella tipologia di intervento che la persona interessata è chiamata a fare: se il nostro l'intervento ha un'importanza primaria si parla di "collaborazione con l'intuizione", in caso contrario di creatività pura. Quest'ultima infatti si ha quando il flusso di informazioni è così chiaro e puro che per essere ricevuto non ha bisogno della collaborazione di una persona. Il mio sistema di coaching e il mio libro *Intelligenza emotiva in azione*, ad esempio, sono i risultati diretti di questo tipo di creatività. Non mi sarebbe mai passata per la testa l'idea di *creare* una cosa del genere, né tantomeno di scrivere più di duecento pagine sull'argomento degli stati d'animo. Quando invece il flusso di informazioni che riceviamo ha bisogno di una nostra collaborazione attiva per essere decifrato, si parla allora di collaborazione con la creatività. Per dare un esempio concreto di cosa questo voglia dire porto un esempio di un mio caro amico d'infanzia.

Mattia lavorava come impiegato nella stessa azienda da oltre dieci anni, durante i quali si era sempre comportato in modo esemplare e impeccabile, come è sempre stata sua abitudine fare in ogni circostanza. Un giorno al lavoro scoprì invece che il suo comportamento (e atteggiamento) non interessavano più di tanto al suo datore di lavoro: l'unica cosa che interessava loro veramente era sfruttarlo al massimo. In altre parole la meritocrazia aveva lasciato il posto all'utilitarismo più sfrenato (ovvero la "convenienza del momento"). Mattia si accorse anche che il suo comportamento impeccabile era sembrato, agli occhi del suo datore di lavoro, un puro e semplice atto di stupidità, dal momento che il suo capo si comportava con lui nel modo in cui voleva.

Mattia non se lo fece ripetere due volte e imparò presto la sua lezione: il giorno successivo andò dal suo capo e gli chiese di poter portare in azienda il suo pc personale per potervi lavorare liberamente nei tempi morti, quando non c'era nulla su cui lavorare (il suo capo infatti aveva la brutta abitudine di occuparsi dei suoi interessi personali in azienda, lasciando Mattia nel suo ufficio a oziare. Poi quando serviva il suo aiuto, correva di là e gli diceva cosa fare; Mattia, di fatto, era un dipendente che lavorava "a chiamata", pur percependo uno stipendio fisso). Più tardi Mattia mi spiegò: "Che senso aveva navigare su internet inutilmente e senza uno scopo, quando avrei potuto utilizzare quel tempo per fare qualcosa di più utile?". Come prevedibile, la sua richiesta non fu nemmeno presa in considerazione e non gli venne mai data nemmeno una risposta. Pur avendo messo in guardia il suo capo del fatto che un'eventuale mancanza di risposta da parte sua sarebbe stata interpretata come una risposta negativa, egli si sentiva comunque frustrato, ignorato e preso in giro.

Qualche settimana più tardi, però, gli venne un'idea. Perché non usare lo *smartphone* (il cui uso era consentito in ufficio) per lavorare sulle sue cose personali, e poi inviare sul suo pc di casa, attraverso un'email, i risultati di quel lavoro? Iniziò proprio comportarsi in questo modo, nonostante il suo capo disapprovasse la sua condotta (il suo datore di lavoro, infatti, non poteva dirgli nulla perché non c'era sufficiente lavoro da svolgere in azienda). Fino a quando continuò a lavorare per quell'azienda, Mattia non mancò mai di adempiere alle sue responsabilità, pur prendendo la decisione di non perdere otto ore al giorno della sua vita a girovagare inutilmente su internet. L'idea di usare lo *smartphone* proveniva dall'intuizione, ma non era intuizione pura. Piuttosto si trattò di una collaborazione attiva con l'intuizione, che gli permise di utilizzare uno strumento che prima usava solo negli orari extra-lavorativi anche per fare dell'altro.

È ovvio che anche nel caso dell'intuizione pura, l'uomo deve comunque *fare* qualcosa: nel caso di *Intelligenza emotiva in azione*, ad esempio, se mi fossi limitato solo a ricevere quelle informazioni senza trasferirle sulla carta, il libro oggi non esisterebbe. Tuttavia, quelle stesse informazioni avrebbero potuto essere registrate anche verbalmente, ad esempio, con un registratore vocale. Di conseguenza anche l'intuizione pura ha bisogno di un qualche tipo di intervento da parte dell'uomo, ma questo intervento assume una rilevanza secondaria. In altre parole l'intuizione pura porta con sé un messaggio che l'uomo deve solo registrare nel modo in cui preferisce (tramite un appunto scritto o un registratore vocale, ad esempio). Nel caso della collaborazione con l'intuizione, invece, l'intervento dell'uomo assume un ruolo più rilevante, perché senza di esso l'intuizione non avrebbe potuto manifestarsi (ad esempio, nel caso del mio amico Mattia, altre persone prima di lui si erano trovate nella sua stessa identica situazione, al lavoro, ma nessuna di essa è riuscita a trovare un modo altrettanto creativo del suo per superare quelle difficoltà).

Lezione n. 20: essere sinceri

Essere completamente sinceri con gli altri è più difficile di quello che può sembrare, perché ci costringe a metterci a nudo mostrandoci per quello che siamo veramente. Questo è ancora più evidente con le persone che conosciamo. Dopotutto, quando interagiamo con un estraneo, molto probabilmente non lo rivedremo mai più. Cosa importa ciò che penserà di noi? Il discorso è invece diverso con le persone che conosciamo o con cui abbiamo rapporti quotidiani, perché le loro reazioni ai nostri comportamenti (o alle nostre parole) possono causare conseguenze nella nostra vita di tutti i giorni. Questo è proprio il motivo principale per il quale le persone sono restie a essere completamente sincere con gli altri: hanno paura di perderci qualcosa. Questo è particolarmente facile da dimostrare nel mondo del lavoro o dello sport, dove la competitività svolge un ruolo preponderante. Se da un certo punto di vista tutto ciò è comprensibile, da un altro punto di vista non dovrebbe diventare una scusa per giustificare invece la menzogna.

Il mondo del lavoro è abbastanza famoso per la sua riluttanza a dire la verità. Io stesso ho sentito persone dire bugie e menzogne talmente grosse che mi chiedevo come avessero avuto anche solo il coraggio di pensarle. Eppure non solo c'è gente che le pensa, ma c'è anche chi le dice, come se fosse peraltro la cosa più normale del mondo. La gente non sa più come vendere i suoi prodotti e passa il tempo a pensare a quale altra bugia inventarsi. Si inizia con una piccola bugia "innocente" e si finisce per dire menzogne a raffica, in grande stile. È proprio questo il problema della mancanza di sincerità: conduce presto alla menzogna. In realtà sembrerebbe esserci una bella differenza tra essere un po' insinceri e invece raccontare un mare di bugie, eppure potete stare certi che il confine tra le due cose è talmente sottile che lo si può tranquillamente attraversare quasi senza rendersene conto. Se proprio trovate difficile o impossibile raccontare tutta la verità, almeno cercate di non raccontare bugie (o perlomeno non raccontatele troppo grosse!).

Ovviamente la situazione è diversa quando coinvolge le persone con le quali abbiamo una certa intimità e familiarità, come ad esempio i familiari, i parenti e gli amici. A maggior ragione in questi casi la sincerità non deve mai essere in discussione. Come possiamo aver la faccia tosta di raccontare bugie a una persona che ha deciso di condividere con noi la sua vita? Se ad esempio nostra moglie ha sacrificato molto di se stessa e delle sue ambizioni per prendersi cura di noi e della nostra famiglia, come potremmo prenderci gioco di lei? Se lo faremo non resteremo impuniti, perché la legge del karma ci porterà il conto da pagare, un giorno o l'altro. Essere sinceri verso le persone con le quali condividiamo la vita è sia un sacro dovere, sia un modo per portare rispetto agli altri.

Se dovessero sorgere problemi tra voi e la vostra partner, ad esempio, è più saggio affrontare direttamente la questione senza tanti inutili giri di parole. Si crea meno sofferenza negli altri e anche a se stessi. Molti rapporti di coppia e matrimoni finiscono malissimo proprio per questo motivo. Dopo anni di reciproco servizio, un giorno uno dei due partner scopre qualcosa che l'altro gli ha sempre nascosto. La parte ferita giustamente si risente della cosa e si arrabbia a tal punto che l'unica cosa che le interessa veramente è fargliela pagare, in un modo o nell'altro. Così scoppia una vera e propria guerra, alla fine della quale potrà ritenersi vincitore solo colui (o colei) che ci ha perso di meno. Sono davvero rare le relazioni di coppia (o i matrimoni) che finiscono "bene", e solitamente ciò accade quando i partner si accorgono della loro reciproca incompatibilità senza per questo accusare alcuna slealtà da parte altrui; in questi casi è facile dunque trovare un accordo improntato sul buonsenso e sulla ragionevolezza.

Nei rapporti con i figli, a maggior ragione, la sincerità non può che costituirne il motivo dominante, come un filo invisibile che unisce gli eventi belli della vita a quelli meno belli. La nostra credibilità come genitori ed educatori si erge interamente sull'integrità e sulla sincerità, oltre che sulla nostra capacità di agire in modo congruente con le nostre parole.

L'amicizia di per sé è basata sulla sincerità, dal momento che scegliamo i nostri amici proprio per questo. Se abbiamo degli amici, è perché in qualche modo possiamo fidarci di loro. Poiché non ci sono vincoli di sangue, l'amicizia stessa è tenuta in piedi dalla sincerità. Non appena scopriamo che un nostro amico è stato poco sincero con noi, automaticamente smette di essere nostro amico (o in alternativa scegliamo di salvare l'amicizia ma prendiamo le distanze da lui, sapendo che non potremo mai più fidarci di lui come facevamo in passato).

La parte più difficile è senza dubbio essere sinceri con se stessi. Se con gli altri possiamo a volte "fare buon viso a cattivo gioco" senza sentirci più di tanto addolorati o scossi (giustificando ad esempio le nostre bugie con una buona scusa), non possiamo scappare di fronte a noi stessi. O meglio *non dovremmo* farlo. Invece accade alquanto raramente di riuscire a essere al 100% onesti con se stessi. Nella maggior parte dei casi la sincerità dipende da ciò che vogliamo raggiungere. Se possiamo essere sinceri con noi stessi senza perderci nulla, lo facciamo volentieri. Ma se c'è il rischio di rimanere veramente sconfitti o delusi, facciamo finta di niente e di fatto ci prendiamo in giro da soli.

Ricordo ancora quante difficoltà ho dovuto superare nei primi anni della mia "carriera" calcistica. Avevo tra i diciassette e i diciannove anni ed ero praticamente il più giovane, ma quello che mi infastidiva di più non era tanto non giocare quanto pensavo di meritarmi, ma piuttosto non essere nemmeno preso in considerazione. Per quanto mi allenassi bene e per quanto male giocassero gli altri, ero sempre considerato una nullità. Qualche volta ciò era comprensibile e più che legittimo, vista la categoria nella quale giocavo. Altre volte no, soprattutto quando scendevo di categoria. Al contrario di quanto stava capitando a me, in quegli anni molti dei miei amici (peraltro molto meno bravi di me) giocavano senza problemi. Io che meritavo più spazio ero in panchina, e loro che invece non meritavano altro che sedersi in panchina, giocavano. So che ciò era dovuto in buona parte al ruolo, perché la maggior parte dei difensori giovani si trovava nella mia stessa condizione. In quei momenti di grande frustrazione percepivo una grande ingiustizia, in parte motivata.

Nonostante questo non mi sono mai preso in giro. Non ho mai cercato di giustificare le mie panchine con scuse più o meno condivisibili, come ad esempio le raccomandazioni o la proprietà del mio cartellino. Ho sempre accettato la situazione per quello che era: una sconfitta immeritata e sbagliata. Addirittura, in uno di quei primi anni, una volta il mio allenatore fu costretto a mettermi in campo perché non c'era più nessuno da poter fare giocare (erano tutti squalificati). Feci la mia modesta partita (in un ruolo in cui non avevo mai giocato prima), segnai il gol partita e vincemmo la gara uno a zero. Fu la mia rivincita personale, il premio per tutta la fatica che avevo fatto e per non aver mai mollato. Ancora oggi ricordo con grande piacere quel giorno, perché è stato un punto di svolta nella mia vita. Come premio da parte del mio allenatore e della società, invece, ricevetti una sfilza di panchine una dopo l'altra fino alla fine del campionato; non misi mai più il piede in campo. Addirittura a fine anno preferivano far giocare ragazzi più giovani che provenivano dal settore giovanile piuttosto che me. Quando i miei amici mi chiedevano il perché, mi limitavo a rispondere che avrebbero dovuto chiederlo al mio allenatore. In realtà sapevo che la trama dietro le quinte era complessa, e che qualche genitore finanziava economicamente la società (facendo da sponsor). Non ho mai cercato di dipingere il quadro come un successo: al contrario per me è stato un completo fallimento.

Quando però qualche anno dopo le cose cambiarono, la situazione si capovolse. Io iniziai a giocare con regolarità (e meritatamente), gli altri miei amici, che fino a quel momento avevano quasi sempre giocato, iniziarono invece a finire in panchina (altrettanto meritatamente aggiungerei). Quando ciò accadde, però, quasi tutti i diretti interessati trovarono delle buone giustificazioni per cambiare squadra e cercare fortuna altrove. Dicevano di aver bisogno di nuovi stimoli, cosa della quale però non sentivano la necessità appena pochi mesi prima, quando giocavano. Appena finirono stabilmente in panchina gettarono la spugna e scesero a compromessi con se stessi, trasformando la sconfitta in qualcos'altro. Alcuni cambiarono squadra addirittura perché sostenevano che il loro "ciclo" in quella società fosse finito; più che altro, era finito il loro minutaggio in campo. Imparai tantissime cose da questa esperienza, ma la lezione più preziosa fu proprio quella che riguardava la sincerità verso se stessi.

Essere onesti con se stessi implica il fatto di dirsi le cose come stanno, evitando di trasformare i fallimenti in successo o le sofferenze in felicità. È forse la cosa più difficile in assoluto da fare, perché ci costringe a prendere atto della nostra eventuale incapacità o inadeguatezza. Ma che senso ha raccontarsi delle bugie solo per non sentirsi inadeguati? È un po' come cercare di spegnere un incendio sputandoci sopra: pensate forse che le fiamme fuggiranno in ritirata spaventate dalla vostra saliva? I problemi e le difficoltà vanno affrontati a faccia a faccia. È l'unico modo possibile, non c'è un'altra soluzione. Nella vita sbagliamo, impariamo e andiamo avanti. Se abbiamo la coscienza pulita e abbiamo fatto del nostro meglio, non abbiamo motivo di sentirci inadeguati. Dopotutto non siamo perfetti, abbiamo i nostri limiti e non possiamo eccellere in tutto. Anzi, dovremmo avere l'accortezza di riconoscere i nostri fallimenti come pietre miliari lungo il cammino che ci indicano la strada giusta da seguire. È così che io ho trovato il mio *dharma*, la mia missione di vita. Per riuscirci ho dovuto attraversare molti fallimenti e delusioni, talmente numerosi che se dovessi elencarli tutti non basterebbe un libro intero. Però non sono mai sceso a compromessi con me stesso, non sono mai "sceso a patti" con i miei valori.

Valori

I valori sono la bussola della nostra vita e ci indicano sia la strada da percorrere, sia il modo in cui reagire alle cose che ci succedono. Sintetizzando al massimo potremmo anche dire che i valori rappresentano le nostre vere motivazioni, ciò che ci fa alzare dal letto alla mattina per dare il meglio di noi stessi.

Come già brevemente accennato nel mio precedente libro *Intelligenza emotiva in azione*, i valori hanno un'importanza fondamentale nell'economia della nostra vita, perché sono una valida indicazione della strada che abbiamo deciso (consciamente o inconsciamente) di percorrere, e soprattutto della persona che stiamo diventando. Come già detto in quel libro, l'argomento è talmente complesso e articolato che avrebbe bisogno di un intero libro per essere affrontato in modo esaustivo. In relazione al tema di questo manoscritto, tuttavia, la sincerità dovrebbe essere considerata il più importante valore in assoluto. A prescindere dall'estrazione sociale, economica o religiosa di ognuno di noi, e a prescindere dai nostri desideri e dalle inclinazioni personali, la sincerità dovrebbe comunque essere un punto di riferimento per tutti.

Perché dico questo? Innanzitutto perché l'onestà non è solo la base di ogni rapporto umano, ma è anche il cardine del nostro rapporto con Dio, a prescindere da come lo si preferisca chiamare. Tutti i grandi maestri spirituali (inclusi i santi di tutte le religioni) hanno sottolineato l'importanza della sincerità, perché anche se possiamo ingannare gli uomini, non possiamo ingannare Dio. Egli stesso a volte si nasconde alla nostra vista per metterci alla prova e vedere se lo amiamo veramente dal profondo del cuore, o se invece lo amiamo solo quando abbiamo bisogno di qualcosa. Gesù stesso, prima di accettare come discepola la donna di Samaria, mise alla prova la sua onestà chiedendole di andare a chiamare suo marito. Alla sua risposta sincera[33], Gesù la accettò come discepola, assumendosi in parte la responsabilità spirituale della sua vita.

Un secondo motivo per il quale è bene essere sinceri sia con gli altri sia con se stessi riconduce al funzionamento della legge del karma. La sincerità infatti presuppone la buonafede, mentre la menzogna presuppone la malafede. Di conseguenza gli effetti delle cause che poniamo in essere rispecchieranno, per effetto della legge di causa-effetto, la qualità delle nostre intenzioni (la buonafede o la malafede). In altre parole, se sbagliamo in buonafede anche gli altri in futuro commetteranno dei torti nei nostri confronti in buonafede; se al contrario agiamo in malafede anche gli altri in futuro faranno lo stesso, prima o poi. I torti subiti in buonafede sono normalmente più facili da gestire e da sopportare rispetto a quelli che avvengono in malafede; ecco perché è preferibile essere sempre in buonafede, se "dobbiamo" sbagliare.

Poco tempo fa mi è successa una cosa che rispecchia perfettamente quanto sopra sostenuto. Una sera stavo tornando a casa dal lavoro attraverso la solita strada, come di consueto. Per arrivare a casa mia c'è una piccola scorciatoia che attraversa i campi; pur essendo regolarmente asfaltata e percorribile, la carreggiata è particolarmente stretta e richiede una maggiore attenzione perché il rischio di sbattere con il proprio specchietto laterale retrovisore sullo stesso specchietto della macchina che avanza dalla direzione opposta è particolarmente elevato.

Quella sera, diversamente dal solito, accadde proprio questo: nell'incrociare una macchina che veniva in senso opposto ci toccammo con gli specchietti. Il mio andò letteralmente in frantumi, nonostante la bassa velocità a cui andavo. Dopo l'impatto feci qualche decina di metri e appena trovai un posto sicuro dove fermarmi accostai e scesi dalla macchina per accertarmi dei danni subiti e di quelli eventualmente fatti all'altra macchina. L'altro conducente tuttavia, evidentemente appurando di non aver subito alcun danno, fece finta di fermarsi anche lui poco più avanti, ma poi accelerò e scappò via. Io non potevo rincorrerlo perché ero appena smontato dalla macchina ed ero con l'autovettura rivolta nella direzione opposta. Se avessi tentato di rincorrerlo non sarei comunque riuscito a riprenderlo. Il giorno successivo andai dal meccanico a farmi installare un

---

[33] Giovanni 4, 17–18: "Rispose la donna: «Non ho marito». Le disse Gesù: «Hai detto bene "non ho marito"; infatti hai avuto cinque mariti e quello che hai ora non è tuo marito; in questo hai detto il vero»."

nuovo specchietto retrovisore, che per fortuna trovai anche a un buon prezzo. Tutto sommato fui anche fortunato ma la cosa più curiosa doveva ancora succedere.

Qualche mese dopo ebbi un altro breve contatto con un'altra vettura in superstrada: questa volta io non avevo subito alcun danno mentre la mia controparte aveva lo specchietto rotto, anche se non distrutto. Dopo aver appurato i fatti eravamo pronti a compilare la constatazione amichevole assumendoci di fatto il 50% della responsabilità a testa, dal momento che non era ben chiaro di chi fosse la colpa. Proprio in quel momento la mia controparte si tirò indietro, dicendomi di non preoccuparmi per l'accaduto e che si sarebbe ripagata da sola lo specchietto. Pur non credendo ai miei occhi, lo vidi accendere la macchina e allontanarsi tra le altre auto. Alla fine non avevo subito praticamente alcun danno e allo stesso tempo non mi ero imbattuto in alcun problema nonostante fossi rimasto coinvolto in un incidente. L'unico contrattempo che ebbi fu arrivare in ritardo di qualche minuto al lavoro.

Ripensando alla cosa mi è subito apparsa chiara la connessione tra i due incidenti. Poiché nel primo incidente avevo comunque subito un torto ingiustamente (io ero in buonafede, dal momento che mi ero comunque comportato correttamente nei confronti dell'altro automobilista), nel secondo incidente la legge di causa-effetto mi restituì il favore nonostante fossi stato io (anche se con la collaborazione del guidatore dell'altra macchina incidentata) a causare l'incidente. Sono sicuro che se fossi scappato durante il primo incidente, il conto del secondo incidente sarebbe stato salato (come credo succederà, o è già successo, al conducente della macchina che è fuggita dal luogo dell'impatto del primo incidente). Di conseguenza, se dovete sbagliare e commettere un torto, meglio essere sempre in buonafede, perché la legge di causa-effetto, pur dovendo restituirci il torto, sarà più clemente nei nostri confronti quando lo farà.

Restare fedeli a se stessi

Un ultimo aspetto legato alla sincerità è relativo alla personalità, che è sempre bene cercare di non snaturare. La vita vi metterà costantemente alla prova per vedere se sarete capaci di restare fedeli a voi stessi o se invece cadrete sotto i colpi della delusione e dell'insoddisfazione. Se siete una persona tendenzialmente calma e di indole buona, non arrabbiatevi con gli altri se si stanno prendendo gioco di voi. Fatevi rispettare e tutelare i vostri interessi, ma non permettete mai a nessuno di distruggere la vostra identità facendovi fare cose contrarie ai vostri principi. Al contrario, se siete un tipo particolarmente focoso o irascibile, non fatevi prendere in giro, neanche nelle cose apparentemente poco significative. Restate in contatto con il vostro spirito combattivo e rispettatelo (ovviamente senza esagerare o mancare di rispetto agli altri).

Quando ci furono problemi in azienda, la mia amica Laura e il suo collega Andrea reagirono in modo diametralmente opposto. Lei fece sempre la gentile e l'accondiscendente, pur tutelando i suoi interessi, Andrea al contrario si impuntò e si fece rispettare a modo suo (in modo più virulento e meno diplomatico). Ognuno reagì a modo suo, coerentemente con quelle che erano le caratteristiche dominanti delle loro rispettive personalità. Sarebbe stato sciocco, da parte della mia amica Laura, minacciare rappresaglie legali nei confronti dei suoi datori di lavoro, così come sarebbe stato sciocco, da parte del suo collega Andrea, offrire loro l'altra guancia.

Ognuno ha il suo mordi essere e di agire e va bene così. Non è questione di "*giusto o sbagliato*", ma di ciò che è giusto o sbagliato per noi sulla base della nostra personalità e del nostro carattere. L'importante è essere sempre in sintonia con la propria identità, senza snaturarla. Non può mai venir fuori niente di buono dal fatto di non rispettare la propria personalità, perché è ciò che siamo e rappresenta il punto di partenza della nostra evoluzione. Pertanto, se doveste essere tentati di fare qualcosa contro i vostri stessi principi, meglio se rifiutate e piuttosto vi preparate a subirne le conseguenze, perché se resterete fedeli a voi stessi la legge di causa-effetto vi ricompenserà abbondantemente in futuro, anche se molto probabilmente in modi che non avreste mai immaginato.

Lezione n. 21: ognuno ha la sua strada

Ognuno di noi è una persona unica. In tutto il mondo non esiste nessun altro identico a noi. Persino se avessimo un gemello, questo sarebbe in qualche modo diverso da noi, fisicamente e soprattutto mentalmente. Le esperienze di vita, o meglio il modo in cui reagiamo agli eventi della vita, determinano infatti il nostro carattere e la nostra personalità. Anche nel caso dei gemelli, il solo fatto di vivere due esperienze di vita diverse è sufficiente per maturare diversamente e diventare persone diverse. Ognuno svilupperà una sua peculiare personalità e un suo preciso carattere. Questi, a loro volta, influenzeranno i pensieri e le azioni, spingendo i gemelli in direzioni diverse. Se a tutti questi elementi aggiungiamo anche il karma, allora la cosa si complica ulteriormente. Tendenze subconscie legate all'ereditarietà o provenienti dalle vite passate sballottano la nostra esistenza di qua e di là, peraltro senza chiedere il nostro permesso.

Per quanto questo quadro possa essere breve e succinto, rende bene l'idea che sto cercando di esprimere. Ognuno di noi è un essere unico sotto tutti i punti di vista. Poiché questo libro si occupa di lezioni d vita, in questo frangente non entrerò nel dettaglio dell'argomento in tutte le sue numerose sfaccettature, ma mi limiterò a concentrarmi sul principio sottostante, ossia il fatto che ognuno abbia la propria strada.

Questo è vero a 360 gradi. Dalle cose apparentemente più stupide e banali, alle questioni esistenziali. Sia che si tratti del taglio di capelli o della carriera professionale, ognuno ha la sua strada. Ci sono persone che si fanno crescere i capelli e quando questi hanno raggiunto una dimensione sufficientemente lunga li annodano su se stessi in modo talmente ingarbugliato che non riescono più nemmeno a lavarli. Altri invece si rasano a zero perché non sopportano l'idea di doversi asciugare i capelli dopo la doccia. Altri ancora adottano una via di mezzo, tagliando i capelli una volta al mese o giù di lì. Lo stesso vale per l'ambito professionale: alcuni si trovano un lavoro fisso, altri preferiscono fare lavori saltuari e altri ancora ambiscono a fare carriera.

Lo stesso principio si applica anche allo stile di vita. Alcuni si costruiscono una famiglia, altri invece si danno alla pazza gioia, godendosi la vita a 360 gradi. Non voglio dire che non si possa godersi la vita anche se si ha una famiglia, ciò che intendo è che alcune persone si "accontentano" di godersi la vita assieme a una moglie e a dei figli, altri invece scelgono di farlo da soli, per concedersi quei lussi e quei privilegi di cui non potrebbero godere se avessero moglie e figli. Se vogliamo viaggiare per il mondo, ad esempio, è più facile farlo se non si hanno una famiglia e un lavoro fisso. Altri ancora non si concentrano né sulla famiglia né su divertimento fine a se stesso, ma sul lavoro. Anche questa è una scelta di vita da rispettare.

La stessa cosa si può dire anche per qualsiasi aspetto "interiore" della vita. Abbiamo già visto brevemente come le cose che ci succedono plasmino la nostra personalità e il nostro carattere. Anche le nostre convinzioni o i sentimenti che abitualmente proviamo dipendono in gran parte dal modo in cui reagiamo agli eventi esterni. Tra tutte le cose cha fanno parte del mondo interiore dell'essere umano, il bisogno di trovare uno scopo nella vita è uno dei più forti. È per questo motivo che alcuni fuggono nelle foreste (per lo più in Oriente) o si ritirano nei monasteri, mentre altri vivono nel mondo. Alcuni si dedicano alla ricerca spirituale, altri praticano la meditazione yoga o la preghiera scientifica. Altri ancora non sono ancora sufficientemente maturi (dal punto di vista spirituale) per interessarsi a cose del genere, e non sentendo alcuna attrazione per esse, preferiscono concentrarsi sul cibo, sul denaro o sul sesso. Anche questa scelta rientra nell'ambito dell'andare per la propria strada, al pari di ogni altra cosa.

Una delle cose più interessanti del principio di andare per la propria strada è che esso si applica non solo alle cose da fare (la direzione in cui decidiamo di concentrare la nostra attenzione, il "cosa"), ma anche al modo in cui farle (il "come"). In altre parole, anche se fate la stessa cosa di qualcun altro, inevitabilmente la farete comunque in modo diverso. Quando ero piccolo, ad esempio, pensavo che tutte le famiglie fossero come la mia e si comportasse nello stesso identico modo. Andando a casa dei miei amici per giocare, gradualmente iniziai invece a constatare che c'erano davvero tantissime differenze tra la mia famiglia e quelle dei miei amici. C'erano stili di vita diversi, comportamenti e modi di fare diversi. C'erano regole e valori diversi, e anche priorità. Tutto questo mi fece riflettere sul fatto che, pur seguendo la stessa strada (farsi una famiglia), ciascuna coppia lo faceva a modo proprio, diversamente dagli altri.

La stessa cosa si può dire per qualsiasi altro aspetto dell'esistenza, sia che si tratti di realtà materiale o di una condizione mentale. Al lavoro, ad esempio, pur facendo tutti le stesse cose, ognuno ha il suo modo di lavorare. Per quanto riguarda le qualità interiori invece, anche se ci fosse qualcun altro con una personalità identica alla vostra, avreste comunque un modo diverso di esprimerla e manifestarla. È proprio questa l'essenza della vita, il succo dell'esistenza. Per quanto le persone possano offrirvi i loro consigli, poi dovrete comunque adattarli alla vostra vita. Ciò che ha funzionato per qualcuno non è detto che debba funzionare anche per voi, quindi è vostro dovere cercare di adattare qualsiasi cosa alla vostra identità, personalità e stile di vita. Non ci sono alternative. Questa è l'unica strada sicura, se volete vivere una vita piena di soddisfazione e felicità. La standardizzazione non è la strada giusta da percorrere, sotto questo punto di vista. Al contrario solo un costante e continuo processo di personalizzazione potrà aprirvi le porte ai misteri nascosti della vita.

L'importanza delle piccole cose

Il potere di vivere una vita straordinaria risiede nella vostra capacità di personalizzare ogni aspetto dell'esistenza, rendendolo perfetto per voi. La possibilità di trovare una risposta definitiva ai nostri problemi, dunque, non può trovarsi nelle soluzioni standard o in quelle generiche. Forse la soluzione si trova lì vicino, nel mare sconfinato delle informazioni di massa. Ciononostante il nostro successo personale non può prescindere da un serio e costante processo di adattamento di quelle informazioni alla nostra vita. Ogni possibile soluzione deve prima essere adattata alla nostra personalità e al nostro stile di vita, per avere la certezza che essa sia veramente quella giusta per noi.

Molte persone cercano la ricetta della salute, della felicità e del successo nel mondo là fuori, ascoltando e mettendo in pratica gli insegnamenti di coloro che l'hanno raggiunto (almeno apparentemente). Questa strategia è senz'altro utile, ma da sola non basta. Per quale motivo? Semplicemente perché le persone che hanno già raggiunto ciò che voi state ancora cercando lo hanno fatto tutte a modo proprio. In altre parole ognuna di esse avrà una ricetta diversa da darvi, quella che ha funzionato per lei. Sicuramente tutte queste ricette avranno dei punti in comune ed è bene che li conosciate e li facciate vostri in qualche modo. Ma se pensate si potervi limitare a copiare le strategie altrui per raggiungere i vostri obiettivi, vi sbagliate di grosso. Ognuno è diverso e dunque necessita di soluzioni fatte su misura di se stesso e della propria vita. Potete acquisire delle conoscenze di base su come muovervi in una specifica direzione, questo sì, ma poi dovrete costantemente adattare quelle informazioni al vostro specifico sentiero di vita.

In alcuni casi dovrete persino inventare creativamente qualcosa di nuovo, che nessuno ha mai fatto prima di voi. Io l'ho fatto con il "mio" sistema di coaching, perché a mano a mano che avanzavo sul mio cammino mi rendevo conto che c'era sempre qualcosa che non funzionava negli insegnamenti che gli altri "esperti" in materia suggerivano. Così ho cercato di sintetizzare tutte le informazioni utili che sono riuscito ad acquisire in un sistema nuovo di zecca, a cui ho aggiunto gli ingredienti magici della creatività e dell'intuizione. Il risultato è stata la nascita di questo sistema, che a differenza di tutti gli altri sistemi di cui sono a conoscenza, offre una prospettiva multilivello adattabile al livello di comprensione, conoscenza e consapevolezza di ciascuno. Anche se non mi considero il padre di questo sistema (poiché esso mi è stato semplicemente donato intuitivamente dall'Universo, e dunque mi vedo piuttosto come un gestore su delega), ritengo che le potenzialità di questo nuovo approccio siano soltanto state appena sfiorate dal lavoro che è stato svolto finora (e persino dal lavoro che verrà fatto nel corso dei prossimi anni), e che la maggior parte delle potenzialità troverà espressione solo nei decenni futuri. L'idea originaria ha solo appena sfiorato la superficie dell'acqua, tutto il resto è ancora da scoprire. Non avrei mai potuto dare il via a questo movimento se mi fossi limitato a copiare gli insegnamenti e gli approcci altrui, come molti invece sono abituati a fare. La creatività e l'intuizione sono ingredienti che non potete trovare nella bottega della concorrenza: essi dimorano solo sul vostro specifico sentiero di vita. Solo lì potete trovarli.

Lo scopo della vita

Oltre che creare una vita su misura, è di grande importanza riuscire a capire quale sia il nostro ruolo nel mondo. La vita infatti è come film: ci viene assegnato un ruolo da svolgere e non possiamo allontanarci da esso. Non possiamo ad esempio recitare il copione degli altri attori ma dobbiamo limitarci al nostro. Allo stesso modo non possiamo desiderare di fare quello che vogliamo, ma dobbiamo limitarci a eseguire le azioni previste dal nostro copione. Anche se può sembrare strano, la vita è anch'essa una rappresentazione cinematografica. In essa ci vengono dati un ruolo (il "cosa" dobbiamo fare) e un copione (il "modo" in cui dobbiamo farlo). Come per un attore sarebbe impossibile salire sul palco e improvvisare uno spettacolo dal nulla, allo stesso modo non è possibile precipitarsi sul palcoscenico della vita senza sapere quale sia il nostro ruolo preciso da impersonare.

Molte persone si staranno chiedendo se proprio tutti abbiano uno scopo preciso. Anche se sembra impossibile, la risposta è *sì*. Il fatto che la maggior parte delle persone non sa nemmeno di avere uno scopo di vita è già abbastanza indicativo della singolarità della questione. Tutti hanno uno scopo di vita perché esso ci indica la via più veloce per liberarci dai nostri condizionamenti karmici e trovare la libertà assoluta. Prendo atto del fatto che la maggior parte delle persone non si pone neppure il problema della liberazione dell'anima dal giogo della reincarnazione, ma questo non cambia le carte in tavola: un giorno o l'altro ognuno di noi sentirà nascere dentro di sé il "richiamo della foresta", il desiderio della nostra anima di lasciarsi tutto alle spalle ed evolvere al livello successivo.

Vivere e costruirsi una famiglia può sembrare una bella cosa e di sicuro lo è, ma dopo averlo fatto per cinquecento o seicento vite la vostra prospettiva potrebbe cambiare. Come per tutte le cose, anche le cose belle possono diventare spiacevoli se se ne abusa. È un po' come la cioccolata: è buona da mangiare come dessert, ma se ne mangiate troppa dopo un po' stufa. La stessa cosa accade con la vita: dopo aver dedicato un numero considerevole di esistenze a fare sempre le stesse cose, a un certo punto arriva il momento in cui il nostro unico desiderio è quello di smettere di incarnarci. A quel punto entra in scena lo scopo di vita, perché esso rappresenta la strada più veloce per riuscirci; in altre parole lo scopo di vita indica l'autostrada attraverso la quale la nostra anima può uscire dal ciclo di nascite e morti nelle quali è rimasta coinvolta[34].

Scoprire lo scopo della vita, tuttavia, non è sempre così facile come potrebbe sembrare. La cosa più sicura che potete fare è seguire le vostre passioni, perché in un modo o nell'altro vi porteranno nella giusta direzione. Gli hobby e le passioni sono infatti come le boe che delimitano il passaggio delle navi nel porto, o le pietre che delimitano un cammino e segnalano i chilometri percorsi fino a quel momento. Seguendo le vostre passioni prima o poi entrerete in contatto con qualcosa che farà letteralmente sobbalzare il vostro cuore e a quel punto saprete di aver conosciuto lo scopo della vostra vita.

Una volta fatto questo siete comunque solo a metà dell'opera, perché l'altra metà consiste nell'entrare in azione per realizzarlo. Infatti potete raggiungere la città di Roma con il treno, la macchina, l'autobus o persino l'aereo. Quindi il fatto di sapere cosa dovete fare non è di per sé sufficiente e necessita anche della giusta strada per riuscirci. A questo punto dovrete continuare a cercare e a provare, per vedere quale sia il modo giusto per voi di riuscirci. Ogni difficoltà che incontrerete può assumere uno dei seguenti significati: o vi vuole indicare che siete sulla strada sbagliata, stimolandovi dunque ad abbandonare quella via e a cercarne un'altra, o vi vuole mettere alla prova. Nessuno potrà mai dirvi con certezza qual è il messaggio che sottintende una particolare difficoltà: solo la vostra sensibilità potrà aiutarvi.

In linea di principio, prima di abbandonare la strada che avete intrapreso assicuratevi che sia sbagliata; in altre parole non mollate troppo in fretta, usando la scusa del fatto che le difficoltà vi stanno chiaramente dicendo che quello che state facendo è sbagliato. Non è sempre detto che sia così, anche se molte volte lo è. Quindi siate prudenti e cercate di valutare con grande attenzione tutte le situazioni, anche perché non potete mai sapere se la decisione che state per prendere sarà quella giusta. Poiché di solito la vita si diverte a metterci alla prova, affrontare tutte le sfide con il giusto atteggiamento di un guerriero spirituale è una buona cosa, purché tale atteggiamento non si riveli controproducente. Io stesso ho combattuto duramente per ottenere delle cose che poi ho capito non essere destinate a far parte del mio sentiero di vita, eppure non ho mai mollato prima del tempo. A volte mi ci sono voluti anche più di dieci anni per capire che una specifica attività non avrebbe potuto far parte della mia vita, perché la vita aveva in serbo qualcosa di diverso per me. Quindi siate onesti e sinceri con voi stessi, e se la vita vi fa chiaramente capire che è arrivato il momento di fermarvi, trovate il coraggio di farlo e ricominciate daccapo.

---

[34] Confronta Swami Kriyananda, *Visits to Saints of India*, Crystal Clarity Publishers, pag. 37.

Lezione n. 22: tutto accade al momento giusto

Molti credono che l'Universo sia solo una realtà fisica che si può udire, toccare e vedere, ma le cose in realtà sono molto più complicate di così. La maggior parte delle tradizioni culturali dell'Oriente (e non solo) crede che l'Universo non solo sia vivo e consapevole, ma si evolva anche di pari passo all'evoluzione delle persone che lo abitano. Anche in Occidente recentemente, grazie ai vari movimenti della *new age* e al rinnovato interesse verso le antiche tradizioni culturali orientali, ha iniziato a diffondersi l'idea che l'Universo possa essere considerato un'entità vivente.

È sciocco credere che il mondo e l'universo in cui viviamo possano essere solo il frutto della casualità o del famigerato "big bang" che ha dato il via alla creazione. Sostenere questo punto di vista sarebbe come credere che il corpo umano sia solo una macchina complessa che si ferma quando qualche ingranaggio per qualche motivo si blocca. Il solo fatto di avere pensieri o emozioni implica il fatto che dietro questo corpo ci sia un'intelligenza consapevole che lo guidi dall'atto del concepimento in avanti, per tutta la vita. Allo stesso modo anche l'Universo nel quale viviamo non è solo la combinazione causale di pianeti o stelle che si muovono gli uni intorno alle altre, ma è l'espressione di una forza più grande che si nasconde dietro la creazione materiale, così come una forza misteriosa si nasconde dietro al corpo dell'uomo. Sotto questo punto di vista anche l'universo fisico è in realtà dotato di un'anima. Per questo motivo, quando parlo dell'Universo, sono sempre molto attento nel riferirmi a esso utilizzando la *u* minuscola o quella maiuscola: quando mi riferisco all'universo fisico utilizzo sempre l'iniziale minuscola, mentre invece quando mi riferisco all'Universo pensante, inteso come entità viva e consapevole, dotata di un'anima, uso sempre l'iniziale maiuscola.

I pianeti (incluso il nostro), le stelle e gli altri corpi celesti sono tutte entità vive e consapevoli. La tradizione culturale indù crede che i pianeti non siano solo pezzi di terra che fluttuano nel vuoto mare dell'universo, ma siano divinità vere e proprie che hanno assunto una specifica forma fisica per rendere possibile la vita in questa dimensione fisica; così facendo, queste divinità rendono possibile la reincarnazione delle anime nel mondo materiale, dando loro la possibilità di redimere il proprio karma per uscire dal circolo vizioso delle rinascite, per approdare alla dimora assoluta dello Spirito, dalla quale non si uscirà mai più[35]. Da questo punto di vista, i pianeti sono adorati e venerati perché rendono possibile la vita in questa dimensione spazio-temporale; senza la compassione di queste divinità che sacrificano la loro libertà per aiutare gli esseri umani a evolvere e a liberarsi dal karma, le anime degli uomini sarebbero destinate a non conoscere mai la loro vera natura, ossia il fatto di essere figli di Dio creati a sua immagine e somiglianza.

Se accettiamo l'idea che l'Universo sia in realtà governato da una forza intelligente e cosciente, allora accettiamo anche il fatto che esso sia vivo e abbia delle necessità. Riempire l'aria di gas di scarico o di gas nocivi non lo aiuta certo a mantenersi in salute, così come inquinare i mari o i fiumi con i prodotti di scarto delle industrie. Essendo vivo, anch'esso ha un suo metabolismo e ha bisogno di aria e acque pulite per poter funzionare al meglio, così come noi abbiamo bisogno di cibo sano e nutriente invece che di cibo spazzatura.

Una qualsiasi alterazione di una qualsiasi delle sue parti (aria, acqua, terra, eccetera) genera uno squilibrio che va poi a coinvolgere il mondo intero in ogni sua parte. Il pianeta Terra è uno: se una parte si ammala, prima o poi si ammala anche tutto il resto. Per questo diventa importante prendere posizione con risolutezza a difesa dell'ambiente e contro ogni forma di inquinamento, perché dobbiamo trovare nuovi modi (più saggi e lungimiranti) per sostenere l'economia e lo stile di vita moderni, nel rispetto dell'ambiente nel quale viviamo. Non è un'idea o una semplice convinzione, ma uno dato di fatto: come il nostro corpo non ha lunga vita se una malattia non viene curata in tempo, così anche il nostro pianeta non può sopravvivere a lungo al troppo inquinamento e al depauperamento delle sue risorse naturali.

Coincidenze

Poiché l'Universo è un essere vivente vero e proprio, che pensa ed è cosciente, esso interagisce con noi non solo a livello macrocosmico (come abbiamo visto nel paragrafo

---

[35] Confronta Paramhansa Yogananda, *Autobiografia di uno Yogi,* Ananda Edizioni, traduzione di Elisabeth Ornaghi (edizione originale del 1946), pag. 162 e seguenti.

precedente), ma anche a livello individuale (microcosmico). L'espressione "come in cielo così in terra" è molto più di una semplice frase fatta: è l'essenza stessa della Creazione (intesa come insieme dei mondi materiale, astrale e causale). L'Universo pensante comunica costantemente con le piccole anime che popolano il pianeta, suggerendo loro in quale direzione muovere i propri passi. Nel fare ciò, lo scopo dell'Universo è quello di tenerci lontano dal dolore e dalla sofferenza e di farci avvicinare alla felicità e alla gioia. A prescindere da ciò che questi termini possano significare per ciascuno di noi, ossia a quale livello di sofferenza o piacere viviamo la nostra esistenza[36], l'importante è fuggire da tutto ciò che ci crea dolore e avvicinarci a tutto ciò che ci procura piacere.

Uno dei modi preferiti attraverso cui questa comunicazione avviene è l'intuizione. Quando siamo intuitivamente guidati dalla mano dell'Universo, automaticamente riusciamo a imboccare il sentiero del minimo sforzo per incamminarci con successo sulla strada della felicità e del successo personale. Anche se l'intuito non è di per sé abbastanza (nel senso che a esso vanno aggiunti altri ingredienti essenziali per vivere appieno la vita, come ad esempio l'azione), poter contare su di esso è già un grande privilegio. L'aspetto meno positivo della cosa è che l'intuizione non può essere forzata, anche se può essere indotta attraverso il rilassamento fisico e mentale.

Per alcune persone, invece, l'intuizione è qualcosa di completamente sconosciuto; non sanno cosa sia e nemmeno a cosa serva. Questo può essere imputabile a una pluralità di fattori, tra i quali ad esempio il grado di evoluzione spirituale o la personalità. La maggior parte delle persone materialiste, infatti, è talmente attaccata (o meglio accecata!) ai piaceri materiali della vita che non pensa nemmeno ci possa essere qualcosa di più bello e desiderabile a cui ambire. Altre persone, invece, pur conducendo una vita particolarmente improntata ai principi della spiritualità, non sono comunque baciati dalla dea dell'intuizione. A volte ciò accade per specifiche ragioni karmiche, molto spesso associate al proprio scopo di vita. Altre volte invece può essere solo una questione di personalità; in altre parole, mentre alcune persone sono intuitive per natura, altre non lo sono per niente. A prescindere dal motivo (che peraltro non è nemmeno importante) per il quale l'intuizione a volte non si manifesta, resta il fatto che queste persone non sanno come poter comunicare con l'Universo.

In questi casi una valida alternativa, altrettanto efficace dell'intuizione, è sviluppare la ricettività, che significa diventare ricettivi nei confronti dei messaggi che l'Universo ci invia costantemente attraverso le pietre dorate delle coincidenze e degli eventi fortuiti[37]. In altre parole dobbiamo diventare più consapevoli sia delle situazioni nelle quali le cose vanno per il meglio, sia di quelle in cui le cose invece vanno male. Non significa che ogni volta che ci succede qualcosa di bello vuol dire che stiamo andando nella strada giusta, e che tutte le volte nelle quali invece le cose vanno male stiamo commettendo un errore. Al contrario ci possono essere molte valide ragioni per le quali le cose vanno bene o male. Non è questo il punto della questione. L'importante è invece prestare attenzione alla concatenazione di azione (da parte vostra) e reazione (da parte dell'evento fortuito), per estrapolarne un significato attendibile.

Se ad esempio state pensando di comprarvi casa ma all'improvviso perdete il lavoro, ci sono molte buone probabilità che l'Universo vi stia comunicando che quella potrebbe non essere, in quel momento particolare, una buona cosa per voi. Non vi sembra strano che avete avuto un lavoro stabile e regolare negli ultimi vent'anni, e poi improvvisamente lo avete perso, proprio mentre stavate per accendere un mutuo e comprarvi la casa? Non sto dicendo che debba necessariamente essere così, vi sto solo consigliando di riflettere attentamente sulla cosa, nel caso dovesse capitarvi. Quando notate delle coincidenze particolari, o anomale, riflettere su cosa esse potrebbero volervi comunicare. Forse si tratta di semplici casualità che non hanno niente a che fare con la vostra intenzione originaria (l'idea di volervi comprare la casa); anche questa è una possibilità. Il mio invito è quello di riflettere e prestare attenzione a ciò che queste strane coincidenze potrebbero voler dire, ovviamente senza esagerare o diventare fanatici.

Mettete alla prova l'Universo e verificate le vostre sensazioni. Nel caso sopra preso in considerazione, ad esempio, non siete costretti a interpretare negativamente la perdita del vostro

---

[36] Una parte di questo aspetto, relativo al piacere, è stato approfondito nel libro *Intelligenza emotiva in azione*, nel capitolo sul divertimento.

[37] Confronta anche Deepak Chopra, *Le coincidenze*, Sperling Paperback, traduzione di Alessandra De Vizzi.

lavoro solo per il fatto che è avvenuta con una tempistica particolarmente inopportuna. Non è questo che vi sto suggerendo di fare. Quello che invece vi consiglio di fare è prendere consapevolezza della strana coincidenza e metterla alla prova.

Per farlo potreste ad esempio mettervi alla ricerca di un nuovo lavoro. Se riuscirete a trovare un nuovo impiego nello stesso settore nel quale avete lavorato negli ultimi vent'anni, ottenendo un congruo stipendio, allora forse potrete considerare l'esperienza indesiderata di aver perso il lavoro solo come una brutta parentesi, una casualità priva di ogni altro significato. Se però vi accorgete di non riuscire a trovare il lavoro per il quale invece avete ottime competenze e capacità, o trovate un impiego non del tutto appagante dal punto di vista economico, dovrete riflettere sul fatto che ci sia la possibilità che l'Universo voglia comunicarvi qualcosa. Non voglio dire che dovreste pensare: "Ecco! Questa è la prova che aspettavo: Dio non vuole che io compri quella casa!". Piuttosto l'atteggiamento corretto è il seguente: "Dopo aver perso il lavoro, faccio anche fatica a trovare un nuovo impiego ben retribuito, nonostante sia particolarmente referenziato e abbia le competenze necessarie per quel tipo di attività. Forse l'Universo vuole davvero che io non compri quella casa". L'utilizzo della parola *forse* è fondamentale, perché ci fa aprire alla possibilità che l'Universo ci stia comunicando qualcosa di importante, senza però darlo per scontato. A questo punto, dunque, potete mettere alla prova nuovamente l'Universo per vedere se le cose stiano davvero in questo modo o se si tratta solo di due semplici causalità che non hanno nulla a che vedere l'una con l'altra.

Potreste ad esempio decidere di provare a cambiare lavoro, reinventandovi in qualche nuovo settore o ricominciando a fare il lavoro che facevate vent'anni fa, prima di essere assunti dal vostro ex datore di lavoro. Se ci riuscirete potrete concludere che la vita vi stava solo mettendo alla prova per vedere quanto desideravate veramente comprare quella casa; in questo caso rinunciare sarebbe stato un grave errore, perché vi avrebbe precluso la possibilità di ottenere ciò che il vostro cuore invece desiderava. Se aveste gettato la spugna, la vita non vi avrebbe certo ricompensato. Se però non riuscite a trovare un nuovo impiego, dovreste iniziare a pensare seriamente al fatto che forse l'Universo vi stia ostacolando per impedirvi di avere ciò che tanto desiderate. Forse quello che volete non è la cosa giusta da fare per voi in questo momento, o forse la vita ha in serbo qualcosa di meglio in futuro. Nessuno può saperlo, perché assai raramente l'Universo comunica chiaramente le proprie ragioni alle orecchie delle persone che sono rimaste deluse dalla vita. L'unica cosa che potete fare è prendere consapevolezza della situazione e rimettere nuovamente alla prova l'Universo, per avere un'ulteriore conferma del fatto che le vostre sensazioni siano fondate o no.

Non ci sono limiti al numero di tentativi che potete porre in essere per verificare la fondatezza delle vostre sensazioni o dei vostri dubbi. Piuttosto di mollare troppo presto, è meglio cercare altre prove "concrete" a conferma delle vostre impressioni; in altre parole, prima di rinunciare al vostro proposito di comprarvi casa assicuratevi di aver raccolto un numero sufficientemente indicativo di conferme al riguardo. Per qualcuno potrebbero bastare due o tre conferme, altre persone più cocciute potrebbero volerne cinque o sei, o anche di più. I più testardi potrebbero addirittura non voler riconoscere in alcun modo il fatto che l'Universo li stia ostacolando di proposito: costoro, invece di lasciare andare e mollare la presa, aumenteranno invece gli sforzi per appropriarsi di quello che desiderano, incontrando ostacoli sempre più grandi e andando incontro probabilmente a problemi sempre più insormontabili. Alle persone particolarmente sensibili potrebbe bastare anche solo una semplice avvisaglia negativa: anche se il resto del mondo le giudica negativamente perché hanno abbandonato i loro intenti alla prima difficoltà, queste persone sanno invece di avere agito con discriminazione e saggezza, e di essersi risparmiate un sacco di fatica, energia e sofferenza. Esse accettano l'inevitabile e fluiscono tra gli ostacoli della vita, consapevoli che là fuori, da qualche altra parte, qualcosa di meglio le sta aspettando.

C'è una perfetta (e per certi versi incomprensibile) sincronia tra l'Universo e ogni creatura che lo popola. Pensate ad esempio al volo di uno stormo di uccelli nel cielo: tutti si muovono all'unisono senza che ci sia nessuno a guidarli. È come se un'intelligenza superiore li guidasse a destra e a sinistra, in alto e in basso. Tutti si muovono autonomamente, lasciandosi tuttavia cullare dal vento di questa intelligenza nascosta e abbandonandosi a essa.

La stessa cosa dovremmo farla noi esseri umani, anche se a differenza degli uccelli siamo anche dotati dell'intelletto che ci permette di pensare e ragionare. Un eccessivo uso dell'intelletto, però, può farci perdere l'aspetto più romantico dell'esistenza: la capacità di lasciarci andare e abbandonarci al flusso della vita che scorre nella nostra esistenza. Bisogna dunque riuscire a trovare il giusto equilibrio tra pensiero razionale e abbandono alla grazia di Dio, senza correre il rischio di cadere agli estremi: un eccessivo razionalismo o un eccessivo abbandono, privo di qualsiasi freno inibitore.

Una buona combinazione può essere quella tra buonsenso e fiducia, dove per fiducia si intende appunto la capacità di abbandonarci tra le braccia dell'Universo, sentendoci allo stesso tempo protetti e sicuri[38]. Mentre la fiducia ci aiuterà a lasciarci andare, il buonsenso invece ci aiuterà a non esagerare. Se c'è il buonsenso non può mai mancare la fiducia in qualcosa di più grande di noi, e allo stesso modo la fiducia non può mai suggerire qualcosa di contrario al buonsenso.

Le coincidenze non esistono. Quella che normalmente chiamiamo *coincidenza* è in realtà un modo attraverso cui l'Universo comunica con noi: dovunque ci sia una coincidenza, lì è all'opera l'Universo. Quindi non bisogna mai ignorare le coincidenze che accadono nelle nostre vite, soprattutto se appaiono strane o giungono in maniera del tutto inaspettata. Allo stesso modo non bisogna neppure esagerare, interpretando qualsiasi cosa che ci succede come un messaggio dell'Universo (anche per questo motivo ho consigliato in precedenza di chiedere ulteriori conferme delle vostre sensazioni).

A cosa prestare attenzione?

Nel prestare attenzione alle coincidenze ci sono alcune cose che possono aiutarci. Il primo campanello d'allarme, che dovrebbe risvegliare il vostro istinto, è la peculiarità della coincidenza. In altre parole, se mentre state per fare qualcosa di importante improvvisamente vi capita qualcosa che coinvolge direttamente l'attività stessa che state per implementare, questo deve farvi riflettere se ci possano essere potenziali messaggi dell'Universo. Se non volete degnarvi di prendere seriamente in considerazione la questione, almeno cercate di rallentare il ritmo di quello che state facendo.

Un altro valido campanello d'allarme è la stranezza della situazione. Quando vi capita qualcosa di particolare o di insolito, questo dovrebbe bastare a farvi riflettere. È solo una coincidenza o c'è qualcosa che vi sta sfuggendo? Le coincidenze anomale sono uno dei modi preferiti con i quali l'Universo comunica con noi, perché la stranezza della circostanza dovrebbe catturare la nostra attenzione perlomeno a livello subconscio.

Infine, un ultimo modo altrettanto efficace con cui l'Universo comunica con noi è attraverso le novità. Quando ci capita qualcosa per la prima volta, magari in modo del tutto inaspettato o fortuito, può essere che ci sia in serbo un messaggio per noi. Questo vale sia nel bene sia nel male. Quando un "fulmine a ciel sereno" colpisce la nostra vita, generalmente si tratta di qualcosa che porta con sé un messaggio contrario rispetto alle nostre intenzioni originarie; quando invece siamo baciati dalla fortuna generalmente vuol dire invece che l'Universo ha espresso il suo parere positivo nei confronti delle nostre intenzioni.

A prescindere da quale sia la direzione del messaggio che riceviamo, quando succede qualcosa di nuovo vale sempre la pena fermarsi un attimo e riflettere. Forse non c'è nessun messaggio segreto custodito nel cuore della situazione, in quel caso avremo solo perso un po' di tempo. Ma se ci fosse invece qualcosa di importante da capire, farselo sfuggire potrebbe essere deleterio. Forse non ci verrà concessa un'altra opportunità e il destino ci cadrà rovinosamente addosso senza poter far nulla per evitarlo. Di conseguenza, piuttosto di lasciarsi sfuggire una grande opportunità è meglio perdere un po' di tempo e fermarsi a riflettere se ciò che ci è successo porta con sé qualche tipo di consiglio o messaggio.

Sincronia

Vivere può sembrare facile per noi. Dopotutto dobbiamo occuparci solo di noi stessi e dei nostri cari, nella peggiore delle ipotesi. In più non dobbiamo preoccuparci di far battere il cuore o di svolgere tutte le altre attività necessarie alla vita, perché il nostro corpo provvede in maniera autonoma senza che noi dobbiamo fare alcunché. In fin dei conti, se considerate la complessità del funzionamento del corpo umano, vivere è molto più semplice di come potrebbe essere, se non avessimo il pilota automatico del sistema nervoso autonomo.

---

[38] Per approfondimenti sulla fiducia si consiglia la lettura del capitolo a essa dedicato nel libro *Intelligenza emotiva in azione*.

Pensate però all'Universo. A differenza nostra, deve coordinare le attività di più di sei miliardi di individui, e per di più deve farlo in modo che a ciascuno venga dato ciò che gli spetta in accordo con la legge cosmica di causa-effetto. Quindi oltre al fatto di dover organizzare e coordinare la vita di più di sei miliari di persone, deve anche preoccuparsi che la Terra continui a girare attorno al Sole e che la Luna continui a ruotare attorno alla Terra. A ciò si aggiungono anche una pluralità di altri elementi da considerare, tutti ugualmente indispensabili per rendere possibile la vita sul pianeta: la giusta quantità di ossigeno nell'aria, il filtraggio dei raggi del sole, il mantenimento della legge di gravità e chissà quante altre questioni. In fin dei conti, se paragonata alla nostra piccola esistenza, l'Universo ha molto più da fare rispetto a noi.

Eppure esso organizza ogni cosa in maniera perfetta. Niente di quello che ci succede può accaderci a meno che non sia coerente con il nostro programma karmico interiore. La mente umana, per quanto evoluta rispetto a quella degli animali o delle piante, non avrebbe mai la capacità di organizzare una tale quantità di eventi e attività. È solo la mente universale (la mente superconscia che regola la vita a ogni livello) che ha questo potere. È la mente stessa dell'Universo l'unica che può fare cose del genere, e questa mente funziona attraverso la sincronia. Ogni evento succede al momento giusto. Per quanto semplice possa sembrare, non esiste niente di più preciso. Per quanto a volte noi esseri umani ci sforziamo per influenzare gli eventi, alla fine dobbiamo piegare la testa alla volontà di Dio che si esprime attraverso la mente dell'Universo. Quando qualcosa non ci accade, vuol dire semplicemente o che è giusto così (ossia che è giusto che non ci accada), o che non è ancora arrivato il momento giusto perché ciò succeda. Non ci sono alternative, è tutto qui.

Non resta dunque molto da fare, se non armarsi di pazienza e abbandonare il desiderio di controllare gli eventi della vita. Dopotutto ci siamo abituati a farlo (a livello inconscio), visto che il nostro cuore batte senza alcun contributo conscio da parte nostra. Se Dio volesse toglierci il respiro in questo stesso istante, non avremmo modo di impedirlo. Quindi perché cercare di forzare gli eventi della vita quando in realtà siamo marionette alla mercé dell'Universo? Sicuramente abbiamo il libero arbitrio di poter fare la nostra parte, nel limite in cui ci è concessa questa possibilità. Ma al di là di questo, non siamo noi ad avere tra le mani lo scettro del potere. Quello ce l'ha l'Universo, che sa meglio di noi come usarlo (ovvero non tanto per soddisfare i capricci del nostro ego ma piuttosto per fare la volontà di Dio).

La sincronia è il motore stesso della vita e la sua vera essenza. Tutto ciò che ci accadrà in futuro avverrà esattamente nel momento esatto in cui deve accadere. L'unica cosa che potremo fare sarà farci trovare pronti. Questa, in ultima essenza, è la vita: prepararsi per quando qualcosa accadrà veramente, in modo da non farci trovare impreparati. Sotto questo punto di vista tutta la vita potrebbe apparire come la preparazione all'evento della morte, che cancellerà praticamente ogni traccia della nostra esistenza (o quasi) da questo pianeta. Dobbiamo dunque avere l'umiltà di ammettere che non siamo in fondo così furbi e forti come ci piacerebbe essere, almeno fino a quando non avremo imparato a sintonizzare la nostra piccola volontà con quella di Dio: a quel punto, e solo a quel punto, potremo allora dire di essere i veri padroni dell'Universo, non perché in realtà lo saremmo davvero, ma perché in verità Dio stesso lo sarebbe attraverso di noi.

Seguire il flusso

Una volta che avete appurato la bontà della situazione con cui siete entrati in contatto (ovvero la coincidenza), prendete seriamente in considerazione l'idea di dare un seguito concreto al messaggio che l'Universo vi sta mandando. In altre parole, dopo essere sicuri al 100% che non si tratti di semplici eventi o circostanze casuali, datevi da fare per muovervi nella direzione suggerita dalle coincidenze stesse. Se ad esempio state pensando di iniziare una dieta, e improvvisamente incominciate a incontrare dappertutto persone che mangiano cibo biologico, forse l'Universo vi sta mandando un messaggio. Forse dovreste iniziare a mangiare cibo biologico anche voi, piuttosto che iniziare una qualsiasi altra dieta che probabilmente non darà i frutti sperati. In altre parole, il secondo passo consiste nell'entrare in azione e agire per cambiare la propria vita.

Non è detto che la soluzione che l'Universo vi suggerisce attraverso le coincidenze e gli eventi sincronici sia la soluzione definitiva ai vostri problemi. Sicuramente però è la soluzione giusta (adatta) per voi in quel preciso momento. Forse in futuro dovrete veramente iniziare una dieta, ma per il momento è sufficiente che iniziate a mangiare cibo biologico. Il contenuto dei messaggi dell'Universo può cambiare rapidamente, una volta che la nostra anima ha deciso di seguire il loro consiglio. Se fino ad oggi l'Universo ci ha spinti in una particolare direzione, è perché in quel modo abbiamo potuto imparare qualcosa che ci è stato utile o che ci tornerà utile in futuro (o addirittura nelle vite future). Non possiamo mai sapere che cosa Dio abbia in serbo per noi. L'unica cosa che possiamo fare è salire un gradino alla volta la scala dell'evoluzione personale, scoprendo passo dopo passo quali altre sorprese ci aspettano.

A volte può anche succedere che le coincidenze ci dicano che non è ancora arrivato il momento di intraprendere una determinata attività. In questi momenti generalmente proviamo delusione e frustrazione, perché vorremmo fare qualcosa da cui invece l'Universo sembra volerci allontanare. È quello che mi è successo con la scrittura: il mio primo tentativo di scrivere un libro risale a quando avevo diciassette anni. Dopo una settantina di pagina però, mi accorsi che non avevo molto da scrivere e fui costretto ad abbandonare il progetto. Il desiderio di scrivere era però molto forte dentro di me e non ne conoscevo neanche il motivo. Così qualche anno più tardi feci un secondo tentativo che, nonostante abbia avuto più successo del precedente, è anch'esso naufragato. Solo un paio di anni fa sono riuscito a scrivere un libro per intero e sono anche riuscito a fare diverse revisioni editoriali. Ora sto scrivendo il mio secondo libro e l'anno prossimo so già che ne scriverò un altro.

Ho dovuto aspettare quindici anni per poter realizzare il mio sogno di scrivere libri attraverso i quali condividere le mie conoscenze con gli altri e aiutarli a migliorare la loro vita. Per quindici anni mi sono sentito frustrato e deluso, perché la vita non mi metteva mai nelle condizioni di poter soddisfare un mio desiderio profondo. Anche se quindici anni possono sembrare tanti, in realtà essi non sono nulla se paragonati all'eternità della vita (non di *questa* vita, ma della vita in generale). Evidentemente allora non avevo né le competenze né le capacità per intraprendere questa impresa, diversamente da oggi. Quindi quando l'Universo ci dice chiaramente di mettere nel cassetto alcuni dei nostri desideri, forse vuol dire che non è ancora arrivato il momento di dedicarci a essi. C'è anche la possibilità che, prima di quel momento, dobbiamo sviluppare delle capacità propedeutiche che ci permettano poi di riuscire a manifestare i nostri sogni "nel cassetto" (e soprattutto di gestirne le conseguenze).

A volte invece accade che i nostri desideri non siano una priorità per l'evoluzione della nostra anima; in questi casi l'Universo ci dice chiaramente che dobbiamo mettere i nostri desideri non tanto nel cassetto, in attesa di poterli tirare fuori in futuro, ma proprio in soffitta, dove rimarranno per il resto della nostra vita. Se posticipare qualcosa che vorremmo fare immediatamente è difficile, rinunciarvi completamente è ancora più complicato. Penso non ci sia niente di più difficile nella vita di saper rinunciare ai propri desideri. Il desiderio è l'elemento principale che ci spinge a reincarnarci in questa dimensione spazio-temporale ed è il collante che unisce tutte le nostre incarnazioni del passato, del presente e del futuro. Una volta eliminato il desiderio, non avremo più motivo di calpestare questo suolo e potremo godere della beatitudine infinita che si nasconde nel mondo astrale e causale[39].

Rinunciare ai propri desideri è qualcosa di particolarmente impegnativo, perché ci impone di distruggere il nostro ego a favore di una causa non meglio precisata. Per coloro che sono guidati nella vita da un vero Guru, la distruzione dell'ego e la "rinuncia" sono elementi chiave per conseguire la liberazione per la quale Dio ha fatto loro dono del Guru. Per tutti gli altri invece, che vivono nel mondo e non hanno un Guru che li guidi, rinunciare diventa quasi impossibile. Tuttavia, se l'Universo ci mostra chiaramente che dovremmo abbandonare un nostro desiderio, dovremmo sforzarci di seguire quella indicazione. Non possiamo mai sapere cosa si nasconda nel futuro, o quali pericoli incombano su di noi. Se abbiamo sempre avuto l'abitudine di lavorare quindici ore al giorno come dei forsennati, e l'Universo ci dice di rallentare il ritmo, non lo fa per il gusto di farci un dispetto. Può essere che la nostra eccessiva animosità verso il lavoro stia per condurci sull'orlo di una crisi di nervi. Peggio ancora, può essere che l'iperattività che caratterizza il mondo del lavoro abbia creato dentro di noi delle tendenze mentali che negli anni della vecchiaia potrebbero trasformarsi con facilità in demenza senile o in altre malattie neurodegenerative. Non possiamo mai essere sicuri di niente, né nel bene né nel male. Di conseguenza, quando l'Universo ci comunica qualcosa, dovremo sforzarci di seguire le sue indicazioni perché, diversamente da noi, esso può vedere chiaramente il quadro della nostra intera vita (l'intelligenza supercosciente che

---

[39] In realtà la beatitudine infinita si raggiunge solo quando ci siamo liberati anche dai desideri dei mondi astrali e causali.

guida la Creazione è onnisciente e onnipresente, diversamente dalla nostra limitata esperienza percettiva).

Lezione n. 23: vivere una vita equilibrata

Un'altra cosa importante da imparare è condurre una vita equilibrata. La tendenza a concentrarsi quasi esclusivamente su un aspetto della nostra esistenza, come ad esempio la famiglia o il lavoro, è infatti la causa principale di molte insoddisfazioni e frustrazioni personali. Non che ci sia qualcosa di sbagliato nel farlo, anzi al contrario famiglia e lavoro sono forse le uniche due cose su cui vale veramente la pena concentrare le proprie energie. Il problema, piuttosto, risiede nell'intensità e nella ristretta limitatezza del nostro focus. In altre parole, se siamo troppo concentrati sul lavoro, o perché siamo imprenditori o perché vogliamo costruirci una carriera, corriamo seriamente il rischio di perdere qualcosa di importante del resto della vita, come gli amici e la famiglia. Anche se siamo troppo concentrati sulle relazioni intime personali (con moglie e figli) corriamo lo stesso pericolo. È lecito e auspicabile focalizzare la propria attenzione negli ambiti della famiglia e del lavoro, ma nel farlo vanno sempre tenute in considerazioni anche altre esigenze.

Tra di esse c'è sicuramente il bisogno di socializzare, ovvero la necessità di stringere amicizie e approfondire rapporti sociali interpersonali. Questo è il motivo per cui le persone fanno sport di squadra o partecipano a vari tipi di attività sociali, culturali e religiose: ciò che in realtà cercano di perseguire mediante queste attività è l'amicizia e la compagnia di altre persone. Quale modo migliore di trovare amici se non quello di dedicarsi a una passione comune come ad esempio uno sport o un'attività culturale? Il piacere di stare insieme ad altre persone, discutendo e confrontandosi con esse, è uno dei cardini della nostra vita. L'amicizia, di conseguenza, merita sicuramente almeno di avere un proprio spazio all'interno del quadro della nostra esperienza di vita: senza amicizia o relazioni sociali siamo destinati a diventare persone che vivono fuori dal mondo, senza contatti umani. Incontrarsi periodicamente una o più volta alla settimana con gruppi di persone che condividono i nostri interessi è un buon modo per soddisfare questa esigenza. Anche uscire ogni tanto con i propri amici di un tempo è un buon modo per tenere vive le nostre relazioni.

Un altro bisogno fondamentale dell'essere umano è quello di riscoprir il contatto con l'ambiente in cui vive. Trascorrere del tempo in mezzo alla natura è il modo migliore per farlo, dal momento che non costa nulla e richiede pochissimo o nessuno sforzo. Trascorrere una giornata in montagna o al mare rientra in questa categoria di attività. Anche prendere il sole o andare a giocare al parco comportano un contatto con la natura, anche se apparentemente meno diretto. Lavorare la terra a mani nude o con gli appositi utensili è un altro buon modo per mantenere il contatto con la natura, che rappresenta il nostro sé più grande. È come se le nostre vite non fossero altro che tanti piccoli sottoinsiemi della natura stessa, della quale siamo parti inseparabili e inscindibili. Gli elementi che costituiscono il nostro corpo fisico (l'acqua, l'aria, il fuoco, la terra e i gas) sono gli stessi elementi che costituiscono la natura dell'intero universo. Di conseguenza non possiamo pensare di poter trovare piena felicità e soddisfazione se escludiamo la natura dai nostri contatti quotidiani. Se proprio non avete il tempo di passare del tempo in giardino o sedervi su un prato verde, almeno assicuratevi di uscire all'aria aperta e fare qualche bel respiro profondo inalando l'aria fresca del mattino o della sera, o in alternativa assicuratevi di prendere almeno dieci minuti di sole ogni giorno[40].

Assieme al bisogno di stringere relazioni sociali e di entrare in contatto con il nostro sé più vasto, abbiamo anche bisogno di tempo libero per staccare la spina dalla solita *routine* quotidiana. Il tempo libero può essere utilizzato per riposarsi o per dedicarsi alle attività che ci piacciono. Se ci dedichiamo a queste ultime, dovremo ricordarci che lo scopo resta comunque quello di riposarsi. Quando la corda di un arco è troppo tesa, non si riesce a scoccare bene la freccia. La corda dunque non deve essere né troppo allentata né troppo tesa, ma tesa al punto giusto. Dicono che anche Dio si prese un giorno di riposo, dopo aver creato l'Universo nei sei giorni precedenti. Perché dunque non prenderci anche noi un po' di tempo per riposarvi?

Una delle cose migliori che potete fare è trovare qualcosa che vi piaccia e che allo stesso tempo vi permetta di riposarvi e di stare in mezzo alla natura, magari in compagnia di altre persone. Fare dei picnic o andare a farsi un giro in bicicletta possono essere buoni modi per combinare assieme tutte queste attività.

---

[40] Con le dovute precauzioni, chiaramente.

Ultimo ma non meno importante, abbiamo bisogno anche di vivere la nostra spiritualità. In ogni epoca e in ogni luogo della Terra, le persone hanno sempre sentito il bisogno di avvicinarsi a qualcosa di più grande di se stesse. Le religioni non sono altro che il tentativo di tracciare un sentiero che conduca alla conoscenza di ciò che è sconosciuto, di questo qualcosa che in qualche maniera trascende la vita così come noi comuni mortali la percepiamo in questa dimensione spazio-temporale. Non importa quale sia il nome con cui di solito chiamiamo Dio, e non importa neppure il particolare sentiero attraverso il quale lo stiamo cercando, perché tutte le vere religioni portano comunque a lui.

Una volta pensavo che le principali religioni dell'umanità (cristianesimo, induismo, buddhismo e islam) fossero le uniche a detenere lo scettro della verità assoluta. Nel corso delle mie ricerche, invece, mi sono accorto che anche molte altre tradizioni culturali e locali, che non sempre si sono organizzate nella forma specifica di una religione, possiedono le chiavi giuste per conoscere Dio.

Pensando ai nativi americani o alle tradizioni indigene dei popoli dell'Africa, mi accorgo che non hanno nulla da invidiare alle altre tradizioni religiose più conosciute. Mentre gli indù cantano l'*Aum* e i cristiani recitano l'*Amen*[41], i popoli del continente africano (ma non solo) cercano di entrare in contatto con quello stesso principio creatore attraverso la percussione di tamburi e cembali. Molte di queste tradizioni culturali, che noi occidentali definiamo, generalmente con troppa semplicità, *primitive*, in realtà sono più vicine alle verità dell'Universo di quanto non lo siano le tradizioni culturali più consolidate. Basta pensare ai nativi americani che vivevano in perfetta armonia con l'ambiente nel quale si trovavano, senza creare inquinamento e rifiuti, come invece fa quotidianamente l'uomo moderno; o agli sciamani, che attraverso la percussione dei tamburi ricostruiscono il suono cosmico dell'*Aum*, il motore cosmico, che invece nella tradizione cristiana è ridotto alla sola effimera ripetizione della parola *Amen*.

Altre persone, invece, non si sentono particolarmente attratte da alcun specifico sentiero religioso, ma praticano l'antica scienza interiore dello yoga[42], che a tutti gli effetti, come già detto, può essere considerata una mèta-religione. Ancora una volta, "l'etichetta" che attribuiamo alla nostra pratica religiosa non è in alcun modo importante. Da un punto di vista spirituale non importa *qual* è lo specifico sentiero dal quale ci sentiamo attratti: l'importante è che esso ci aiuti a espandere la nostra coscienza oltre i limiti di questo corpo mortale, perché questo è lo scopo della spiritualità (e della religione). Il bisogno di conoscere lo sconosciuto, il luogo da cui provengono le nostre anime e il posto in cui ritorneranno dopo la morte fisica, è un bisogno indispensabile dell'essere umano. Per quanto possiamo fare del nostro meglio per stare alla larga da Dio, un giorno, prima o poi, saremo costretti a rivolgere il nostro sguardo nella sua direzione.

Ieri ho incontrato il mio amico Giuseppe che mi ha raccontato quello che le era successo il giorno prima. "Proprio stamattina sono andato a comprare la frutta al mercato, come faccio di consueto tutti i sabati. Mentre ero in coda per acquistare delle fragole, ho scoperto che la persona davanti a me era proprio il mio primissimo datore di lavoro, che avevo conosciuto più di vent'anni prima. Allora era un tipo molto materialistico e dedito a godersi la vita, e l'ultima cosa che gli passava per la testa era proprio il pensiero di Dio. Per lui c'erano solo i soldi, il sesso e le donne. Il resto era secondario e meno importante. Qualche mese fa ha però avuto un infarto, e dallo sguardo che aveva mentre mi raccontava l'accaduto, scommetterei sul fatto che ciò che gli è successo ha in qualche modo cambiato molte delle sue priorità".

Non posso che condividere il suo punto di vista. Ho visto molte persone rincorrere il dio denaro o i falsi piaceri del sesso e del vino, ma che io sappia, nessuno ha mai trovato l'appagamento che cercava. Anzi al contrario molti di loro sono diventati bevitori incalliti o imprenditori senza scrupolo, che per avidità si sono alla fine rovinati la vita, restando senza un soldo. Qualcuno è stato colpito dalla malattia e ha dovuto riconsiderare le sue priorità, iniziando a prendersi maggior cura del proprio corpo. Alla fine, a prescindere dall'evento traumatico affrontato, tutti hanno comunque ripreso in considerazione il loro rapporto con quel "qualcosa" che c'è oltre il mondo visibile che vediamo e che ci dona la vita.

---

[41] Confronta Paramhansa Yogananda, *Autobiografia di uno Yogi*, Ananda Edizioni, traduzione di Elisabeth Ornaghi (edizione originale del 1946), pag. 233.

[42] Con il termine *yoga*, in questo frangente, si intendono i tre principali sentieri della devozione (*bhakti yoga*), della saggezza discriminatrice (*jnana yoga*) e dell'azione (*karma yoga*), assieme al quarto sentiero dello yoga regale (*raja yoga*).

Dunque anche se può apparire esagerato, il bisogno di trovare risposte alle domande rimaste insolute dell'umanità non è per niente qualcosa di cui si possa fare a meno. Se non volete rivolgervi a una qualche forma di culto già esistente, cercate le risposte nella nuova scienza della fisica quantistica, che in parte sta riuscendo a decifrare molte delle antichissime conoscenze che ci sono state tramandate dalle antiche tradizioni culturali del passato o dai rispettivi Testi Sacri (ad esempio i *Veda*). Se la fisica quantistica non vi stimola, pregate e meditate in silenzio in camera vostra, e se non volete fare neppure questo, almeno diventate studenti della vita e appassionatevi a diventare persone migliori giorno dopo giorno.

Quelle che sono state brevemente riassunte nei paragrafi precedenti sono, assieme alla famiglia e al lavoro, le principali aree della vita nelle quali dovete concentrare, almeno parzialmente, la vostra attenzione. Se avete qualche particolare esigenza, potete ovviamente aggiungerla alla lista. Ad esempio alcuni amano così tanto lo sport che esso è diventato parte integrante della loro esistenza e, attraverso di esso, si divertono, si rilassano e stanno in compagnia di altre persone, facendo peraltro anche attività fisica, altro elemento fondamentale per vivere una vita sana e felice. Di conseguenza quelle che sono state brevemente presentate sono solo delle linee guida che potete (anzi dovete) personalizzare a volontà. Ognuno è fatto a modo suo ed è giusto che crei una pratica su misura che sia in grado di rispondere con successo alle sue specifiche esigenze e necessità. Ancora una volta non è questione di "*giusto o sbagliato*", ma di "*giusto*" e "*sbagliato*" per se stessi e per la propria vita.

Inoltre il principio della ricerca del giusto equilibrio vale anche per ogni altro aspetto della vita. Ad esempio in questo libro abbiamo parlato della necessità di rispettare le tradizioni in qualsiasi ambito della nostra vita. Allo stesso modo, in un altro capitolo abbiamo parlato del bisogno di spezzare i vecchi modelli per rompere con la tradizione, dove necessario. Apparentemente, queste due lezioni dicono due cose contrarie. Se vi concentrate troppo sulla prima diventerete dei tradizionalisti inflessibili, mentre se vi focalizzate troppo sulla seconda diventerete degli anticonformisti impossibili da soddisfare. La soluzione migliore sta nel mezzo: dovete trovare il giusto equilibrio tra il rispetto delle tradizioni esistenti e il bisogno di aprire nuove strade in un mondo che cambia. Ovviamente ci sarà chi preferirà restare aggrappato ai propri vecchi e sicuri modelli, e rimarrà sempre guardingo nei confronti dei nuovi cambiamenti. Allo stesso modo ci saranno persone che guarderanno con sospetto le tradizioni passate, mentre saranno più disponibili a sostenere un cambiamento migliorativo.

Il giusto equilibrio può essere leggermente spostato da una part o dall'altra della bilancia (le opzioni disponibili), ma l'importante è trovare il modo di mettere assieme i due diversi atteggiamenti. Se ci riuscirete, diventerete perfetti perché svilupperete la sensibilità di capire quand'è il momento di rispettare le tradizioni e quando invece è il momento di voltare pagina. Se invece svilupperete un equilibrio meno perfetto, diventerete rispettivamente o dei "tradizionalisti progressisti" o dei "progressisti tradizionalisti". Ma se non lo farete, correrete seriamente il rischio di diventare dei tradizionalisti o degli anticonformisti incalliti, quelli della peggior specie. Il giusto equilibrio deve essere ricercato in qualsiasi ambito della nostra vita, perché può solo portare benefici e conseguenze positive nel medio-lungo termine. Dunque non limitatevi a creare un nuovo equilibrio nella vostra vita, ma sforzatevi di cercare il giusto equilibrio in qualsiasi attività intraprendiate, in qualsiasi ambito.

Lezione n. 24: il karma e le vite passate sono una realtà

Il terzo principio della dinamica (conosciuto anche come *terza legge di Newton*), stabilisce che a ogni azione corrisponde sempre una reazione pari e contraria. Da un punto di vista strettamente scientifico, questo significa che se un corpo *A* esercita una forza contro un altro corpo *B*, quest'ultimo risponde sollecitando a sua volta il corpo *A* con una forza equivalente ma contraria.

Allo stesso modo Einstein, con la sua famosa equazione della relatività, ha scoperto che tutta la materia è energia. Questo significa che, se guardate a un microscopio un qualsiasi pezzo di materia, vi apparirà non come qualcosa di statico ma come un campo dinamico di energia.

Quindi il terzo principio della dinamica, in realtà, si applica anche all'energia che sta dietro ogni manifestazione fisica; di conseguenza appare ragionevole supporre che tale legge valga più in generale anche con qualsiasi altra manifestazione energetica esistente in natura. In altre parole, combinando insieme le scoperte scientifiche di Newton ed Einstein, se a ogni azione corrisponde una reazione uguale e contraria, e se la materia è essenzialmente energia che vibra a una particolare frequenza, allora qualsiasi azione *non fisica* (avente cioè una natura "energetica") produrrà inevitabilmente a sua volta una reazione equivalente e contraria. Ciò significa che la legge di Newton non opera solo nei confronti della materia fisica inerte, ma più in generale anche nei confronti di ogni altra manifestazione di energia. Questo vuol dire che qualsiasi forma di energia che viene posta in essere genera di per sé, solo per il fatto di esistere, una forza energetica pari e contraria. Nel caso non abbiate colto la rilevanza di quest'ultima affermazione, la ripeto un'altra volta: qualsiasi espressione di energia che viene creata genera una forza energetica pari e contraria. Da un punto di vista pratico, poiché tutto quello che facciamo è riconducibile di fatto a un'azione energetica, qualsiasi atto che mettiamo in essere, a prescindere da cosa sia, genera una reazione opposta ed equivalente.

A questo punto bisogna soffermarsi un attimo sul significato di "*azione energetica*". Che cos'è nello specifico? Il solo fatto di chiamarla *azione energetica* spiega già di per sé il significato della parola: una qualsiasi azione che implica un movimento. Dove c'è movimento c'è anche energia, perché altrimenti il movimento non sarebbe possibile. Di conseguenza, ogni volta che poniamo in essere un'azione, automaticamente anche l'energia è coinvolta. Non sempre quest'energia assume una forma fisicamente visibile (come ad esempio in un'azione vera e propria), ma ciò non toglie, come abbiamo appena visto, che questo tipo di azione sia meno reale di un'azione fisica. Il pensiero o le emozioni, ad esempio, sono altrettanto reali del corpo fisico. A nessuno verrebbe da pensare che il pensiero o le emozioni non esistono solo perché non possono essere toccate fisicamente. Tutti sappiamo che il pensiero e le emozioni sono cose reali che vengono sperimentate individualmente; sostenere il contrario significherebbe semplicemente dire una sciocchezza.

L'esistenza delle azioni di natura energetica, inoltre, trova un'altra valida giustificazione nel risultato che esse producono. Il pensiero, ad esempio, è in grado di compiere miracoli. Nessuno ha mai realizzato qualcosa senza averci prima pensato. Come hanno sempre detto i santi di tutte le religioni, questo mondo non è altro che un sogno di Dio, un pensiero materializzato ricoperto di energia e materia fisica. Senza scomodare i grandi santi, tuttavia, anche voi potete facilmente trovare conferma di quanto appena detto, se ripensate a un momento della vostra vita nel quale avete preso una decisione che ha poi cambiato il corso della vostra esistenza. Le decisioni non sono altro che pensieri che generano specifiche conseguenze future.

Anche le emozioni o gli stati d'animo sono concretamente reali, basti pensare a cosa sono in grado di spingervi a fare. Un profondo sentimento d'amore vi ha fatto innamorare della donna della vostra vita, assieme alla quale avete poi trascorso il resto dell'esistenza. Al contrario una rabbia feroce può farvi persino commettere un omicidio. In generale, qualsiasi emozione o stato d'animo ha un effetto concreto e tangibile sulla nostra psiche e sulle azioni che compiamo (anche le neuroscienze concordano su questo aspetto).

Quello che abbiamo detto in relazione al pensiero, alle emozioni e agli stati d'animo, in realtà si applica anche a ogni altra azione mentale che, consciamente o inconsciamente, poniamo in essere. Le neuroscienze e gli esperti di fisica quantistica concordano sul fatto che le convinzioni subconsce creino di fatto la nostra realtà, perché "fanno collassare l'onda" su un particolare tipo di realtà tra le miliardi disponibili nell'Universo quantistico.

Anche le percezioni hanno un effetto tangibile su di noi: se, camminando di notte lungo una strada priva di illuminazione, vedeste un serpente per terra, fareste immediatamente un balzo all'indietro e scappereste nella direzione da cui siete arrivati. In realtà quello che voi avete percepito come un serpente non era altro che una canna dell'acqua utilizzata per innaffiare i fiori del giardino che costeggiava la strada. La vostra mente tuttavia l'ha percepita come un pericolo, spingendovi ad agire di conseguenza.

Ogni altra manifestazione mentale o psicologica crea lo stesso effetto e dunque può essere fatta rientrare nella categoria delle azioni energetiche di cui stiamo parlando. Data l'eterogeneità e la numerosità dei fenomeni mentali riconducibili alle azioni energetiche, per comodità ci limiteremo a riassumerle in tre grandi categorie: i pensieri, le parole e le azioni vere e proprie. Le parole sono infatti un'altra tipica espressione di azione energetica, mentre le azioni vere e proprie sono quelle azioni energetiche che hanno trovato espressione anche sul piano materiale.

Qualsiasi cosa pensiate, diciate o facciate, produce una reazione pari e contraria. Le tradizioni orientali la chiamano *legge del karma*. In Occidente ci sono voluti Newton, Einstein e la fisica quantistica, ma alla fine ce l'abbiamo fatta. In Oriente la conoscono da millenni, grazie allo yoga e alle antichissime civiltà (tecnologicamente molto avanzate) che millenni fa abitavano l'India. Data la sua grande potenzialità di abbracciare ogni aspetto della vita, la legge del karma in Oriente è parte integrante del tessuto sociale e permea ogni aspetto della vita delle persone, dalla famiglia al lavoro, dai rapporti sociali alla religione.

La legge del karma è la legge della giustizia divina

Perché esistono la sofferenza e il dolore? Perché esistono le ingiustizie? Perché alcune persone ricevono dalla vita molto di più di quello che meriterebbero, mentre altre al contrario ricevono in cambio meno di quanto sarebbe lecito aspettarsi? La legge del karma dà una spiegazione plausibile a queste domande e a molte altre.

Ad esempio, il dolore e la sofferenza esistono perché viviamo in un mondo duale nel quale ci sono piacere e dolore, felicità e sofferenza. È nel normale ordine delle cose che sofferenza e felicità si alternino sul palcoscenico della vita. Per questo i maestri spirituali di ogni epoca hanno sempre sottolineato l'importanza di trascendere i piaceri e i dolori del mondo, sviluppando l'equanimità. Il fatto di godersi la vita o di soffrire le pene dell'inferno non dipende dai capricci di Dio o dal caso, ma dalla legge di causa-effetto. È a causa delle azioni (pensieri, parole e azioni vere e proprie) che abbiamo messo in atto in periodi precedenti della nostra vita, in questa attuale esistenza o in una delle precedenti, che raccogliamo piacere o dolore, felicità o sofferenza. Buone azioni causano effetti piacevoli, mentre azioni sbagliate causano effetti spiacevoli. Non sono il caso, la fortuna o Dio a determinare la nostra vita, ma siamo noi stessi (o meglio i nostri *alter ego* delle vite passate) a farlo, attraverso i pensieri, le parole e le azioni che abbiamo posto in essere in passato. A volte possono passare alcune vite tra la creazione di una causa e la manifestazione del suo effetto, ma il fatto di non riuscire a connettere logicamente le due cose non significa che la legge non funzioni.

La stessa ragione si nasconde dietro l'ingiustizia. Tutto ha una spiegazione che può essere ricercata a ritroso nel passato di questa vita o delle incarnazioni precedenti. Se siete nati con qualche problema di salute, ad esempio, potreste giustamente prendervela con Dio. Apparentemente potreste anche avere ragione, ma se foste a conoscenza di quello che avete fatto in un lontano passato, molto probabilmente smettereste di imprecare contro Dio e iniziereste a rimproverare voi stessi per aver commesso delle sciocchezze e aver violato le leggi cosmiche della Creazione. Nel corso della lunga catena delle incarnazioni umane, tutti prima o poi commettiamo errori di questo genere, e impariamo strada facendo a diventare più saggi e lungimiranti.

La legge del karma (o causa-effetto) è la legge della giustizia divina secondo la quale, prima o poi, ognuno riceve a seconda di ciò che ha dato. Il tempo, per Dio, è solo un'illusione, un minuscolo granello di sabbia sulla spiaggia dell'eternità. Ecco perché Dio non ha fretta che impariate le vostre lezioni: se non lo farete in questa vita ci saranno altre occasioni. Questa è la legge e non ci sono altre vie d'uscita. Non ci sono scappatoie o vie di fuga secondarie: ognuno risponderà da sé per tutto quello che ha fatto, nel bene e nel male.

Siate furbi

Molte persone pensano di essere furbe perché fanno soldi a palate o perché ricoprono ruoli importanti a livello sociale, ma confondono la furbizia con la scaltrezza. Poi un giorno capita loro qualcosa di brutto che manda in frantumi tutto ciò che ha conquistato nella vita, e allora capiscono di aver commesso un errore. Avere i soldi senza la salute non è per niente saggio. Persino avere soldi e salute a volte non basta, se manca la felicità. Essere scaltri non vuol dire necessariamente anche essere furbi. Se siete uomini d'affari navigati (o addirittura milionari), sicuramente saprete come muovervi nel mondo degli affari, ma questo non significa necessariamente che siate anche furbi. Se ad esempio avete costruito il vostro impero economico sulla corruzione o sull'illegalità, c'è poco da festeggiare. Se avete fatto i soldi abusando del vostro potere o a scapito degli altri (ad esempio dando salari miseri ai vostri impiegati), non c'è molto per cui sentirsi al sicuro: se avete violato le leggi divine il karma prima o poi vi presenterà il conto da pagare. Il fatto di aver raggiunto un certo livello di abbondanza economica non è di per sé indicativo del livello di furbizia o intelligenza di una persona. Una famosa storia lo spiega in modo molto chiaro e semplice.

Gli abitanti di un villaggio di montagna un giorno andarono in visita al villaggio lì vicino, notoriamente abitato da un vecchio anacoreta che tutti consideravano matto. Quando arrivarono al villaggio, gli abitanti si imbatterono in una sena a dir poco inusuale: il vecchio anacoreta stava goffamente danzando attorno a un falò, cantando in una lingua apparentemente sconosciuta e facendo versi di ogni tipo, imitando di tanto in tanto anche i versi di alcuni animali selvatici della zona (lupi, uccelli e così via). Sbigottiti e sorpresi dalla scena inusuale, gli abitanti del villaggio decisero di tornare immediatamente indietro, evitando ogni contatto con quell'uomo che, indubbiamente, sembrava fuori di testa.

Una volta ritornati al loro villaggio, uno dei giovani figli di una coppia di residenti provò curiosità per lo strano comportamento del vecchio anacoreta e volle saperne di più. Il giorno successivo partì nuovamente per il villaggio del vecchio, stavolta da solo. Quando arrivò rimase però completamente sorpreso nel vedere l'anacoreta tranquillamente seduto all'ombra di una grande pianta, dedito alla costruzione di un piccolo utensile domestico. Alla vista del ragazzo, il vecchio anacoreta lo salutò affabilmente, come se fossero vecchi amici.

Il ragazzo, sorpreso dall'atteggiamento stranamente ospitale del vecchio, decise di avvicinarsi. Dopo aver scambiato alcuni convenevoli, il giovane chiese con curiosità all'anacoreta: "Signore, posso chiedervi perché ieri, quando sono arrivato qui assieme a tutti gli altri abitanti del villaggio, stavate goffamente danzando attorno a un fuoco, cantando e urlando come un pazzo?". "Figlio mio" – rispose l'anacoreta – "perché se mi fossi comportato in maniera ragionevole, come faccio abitualmente e come sto facendo proprio in questo momento con te, gli uomini del tuo villaggio avrebbero pensato che avremmo potuto diventare amici. Così facendo avrei perso la pace della mia solitudine, della quale invece ho ancora intenzione di bearmi. Comportandomi in modo eccentrico, invece, li ho spinti a stare lontano da me in modo da poter continuare a vivere la mia solita esistenza in pace e armonia con la natura".

A questo punto il ragazzo capì, e dopo aver salutato il vecchio, tornò al villaggio con la consapevolezza che le persone che sembrano strane ed eccentriche, in realtà non sempre lo sono veramente. Al contrario, invece, a volte quelli che apparentemente sembrano meno furbi degli altri in realtà sono più furbi di tutti.

Essere furbi significa dunque conoscere le leggi divine che regolano l'Universo e agire rispettandole. Condurre una vita equilibrata e vivere con rettitudine è il miglior biglietto da visita per il vostro futuro, per questa esistenza e le successive.

La vita è perfetta

A prima vista, apparentemente, la vita sembra ingiusta. È questa infatti la prima cosa che pensiamo quando vediamo bambini che muoiono dopo appena qualche giorno di vita, o che nascono già in condizioni di salute critiche. Che cosa può aver fatto di male un bambino di pochi giorni per meritarsi un cancro o qualche altra grave malattia? Perché un bambino dovrebbe nascere con qualche handicap fisico o mentale? Cosa può aver fatto per meritarselo?

La prima risposta che ci passa per la testa è che sia colpa del destino. Quello che però non vediamo, dalla nostra limitata prospettiva, è tutto quello che ha preceduto la nascita, ossia la vita precedente di quel bambino. Se potessimo esaminare la storia della sua anima, probabilmente capiremmo perché in questa vita è nato con qualche grave malattia. Non che questa sia una scusa sempre addebitabile per giustificare ogni malattia o ogni problema congenito, ma potrebbe essere una buona spiegazione.

Quando le anime, nel mondo astrale, sono attirate verso la rinascita sulla Terra (o su un altro pianeta fisico della creazione) a causa dei loro desideri irrisolti, possono entrare nel corpo dello spermatozoo fecondato nel momento del concepimento solo se il loro karma individuale è compatibile con quello del nascituro. In altre parole, i vostri figli e le vostre figlie non sono *vostri*: voi avete creato i loro corpi e le loro menti, ma la loro essenza vitale, la loro anima, non ha nulla a che fare con voi (e appartiene all'Universo stesso e a Dio). Quindi non dovete sentirvi neanche più di tanto in colpa se vostro figlio nasce con qualche malattia o handicap, perché in realtà è una questione che riguarda più lui che voi (anche se voi, indubbiamente, siete comunque direttamente coinvolti in quel tipo di karma, dal momento che quella specifica anima si è reincarnata nel corpo di vostro figlio; in qualche modo, evidentemente, anche voi dovete assumervi le vostre responsabilità di qualche errore commesso in passato).

Alla fine, anche se non sembra, la vita è perfetta. A prima vista è difficile da accettare, soprattutto quando la malattia, la povertà o gli handicap capitano proprio a noi. Tuttavia, se interpretiamo i fatti della realtà alla luce del karma e della legge della giustizia divina, non possiamo che renderci conto che la vita, alla fine, è davvero perfetta perché prima o poi ognuno raccoglierà i frutti di ciò che ha seminato. Anche se non sempre è facile da accettare, questa è la realtà delle cose. La legge del karma offre una spiegazione plausibile a ogni domanda irrisolta. È attraverso di la legge del karma che Dio ha deciso di stabilire la giustizia divina sulla Terra: potete ingannare gli uomini ma non riuscirete a prendervi gioco di Dio. È lui che vi a creati ed è lui che ha creato le regole del gioco. Voi potete solo scegliere se giocare rispettando le sue regole o ignorarle. Questo è tutto ciò che potete fare ed è quello che viene chiamato "libero arbitrio". Se sceglierete di rispettare le regole, allora vivrete una vita sana, felice e ricca di soddisfazione. In caso contrario, malattie, povertà e infelicità vi tormenteranno fino a quando non imparerete a giocare secondo le regole da lui stabilite. Dio non ha fretta e il fatto che non vi ricordiate le vostre passate incarnazioni non lo preoccupa minimamente, dal momento che vuole che impariate le vostre lezioni in maniera autonoma, da soli. Dunque non lasciatevi sfuggire l'opportunità che questa vita presenta, e impegnatevi sin da ora a vivere con rettitudine e a trattare con rispetto le altre persone.

L'atteggiamento giusto da tenere nei confronti delle persone colpite da cattivo karma

L'esistenza della legge del karma, tuttavia, non è una buona scusa per giustificare comportamenti inadeguati o irriverenti nei confronti di quelle persone che devono pagarne le funeste conseguenze. Rivolgere a un bambino appena nato il pensiero: "Ecco se l'è proprio meritato, questo vecchio delinquente!", non è assolutamente il modo giusto di affrontare la situazione. Dobbiamo sempre mostrare compassione e comprensione verso tutti coloro che sono chiamati ad affrontare le dure sfide della malattia o degli handicap. Dopotutto, chi può dire che non capiterà anche a noi in futuro, o che non sia già accaduto in passato? Nessuno può dirlo e nessuno può escluderlo, dal momento che tutti noi, in un modo o nell'altro, nel vicino o nel lontano passato, abbiamo commesso ogni sorta di malefatta.

A volte provare comprensione e compassione non basta, quando la vita ci chiede concretamente di offrire il nostro aiuto. Il fatto di prendersi cura di una persona malata (inclusi i bambini appena nati) o con forti disabilità è già di per sé un ottimo modo per aiutarla a bruciare quel karma negativo che si porta appresso. Se aiutiamo questa persona ad affrontare con forza e coraggio la situazione, forse si libererà interamente del suo cattivo karma già in questa vita, e nella prossima incarnazione sarà libero di vivere una vita normale. In caso contrario, molto probabilmente l'anima di quella persona (o di quel bambino) sarà costretta a reincarnarsi di nuovo in un corpo malato o deficitario, per completare la purificazione del karma che non si è conclusa in questa esistenza.

La stessa cosa si può dire di chiunque sia colpito dal cattivo karma in qualsiasi altro modo. Malattia, povertà e vecchiaia sono piaghe che possono colpire in ogni momento della vita, all'improvviso e senza preavviso. Di conseguenza nessuno può ritenersi completamente al sicuro.

Se una persona dovesse comunque passare indenne la vita, alla fine dovrà comunque affrontare la morte, il grande giustiziere finale. Se doveste dunque trovarvi a interagire con una persona pesantemente colpita dal karma, offritele compassione e comprensione, e non dimenticatevi di offrirle anche aiuto concreto, se potete. Oltre che aiutarla ad affrontare gli effetti negativi dei suoi stessi errori (che lei stessa ha commesso in questa vita, o che il suo *alter ego* ha commesso in una delle esistenze precedenti), create allo stesso tempo anche ulteriore buon karma per voi. È chiaro che questo può accadere solo quando siete motivati da una sincera compassione e da un sincero desiderio di esserle d'aiuto, perché in caso contrario le vostre buone azioni non genereranno per voi alcun buon karma, anzi in realtà potrebbero generare karma negativo dovuto al fatto di aver cercato di ingannare Dio e la sua legge divina.

Può sembrare una prospettiva cupa e poco stimolante. Al contrario, per il mio modo di vedere le cose, è una prospettiva che ci restituisce un grande potere: quello di creare il nostro destino. Le vite di tutti sono cosparse di grandi malefatte ed errori, gli effetti dei quali, un giorno, dovranno per forza essere sperimentati sulla nostra pelle. L'unica cosa che possiamo fare è dunque incominciare sin da subito a vivere con rettitudine, onestà e giustizia, in modo da creare solo karma positivo per il futuro. Questo servirà in parte anche a mitigare gli effetti negativi del cattivo karma passato, che dunque potrebbe riversarsi nella nostra vita in maniera meno distruttiva di quanto farebbe se invece decidessimo di continuare a vivere ancora in modo innaturale e contro le leggi della natura. Ancora una volta la vera saggezza consiste dunque nel condurre un'esistenza in armonia con la volontà divina e le leggi di Dio.

Lezione n. 25: liberarsi dalle cattive abitudini

Salute e felicità dovrebbero essere gli elementi portanti della nostra vita. Innanzitutto dobbiamo assicurarci una salute di ferro, perché senza di essa la vita perde ogni significato (o quasi). Come possiamo goderci la vita o adempiere al nostro *dharma*, se siamo costantemente presi nella morsa della malattia o della sofferenza? Quando il corpo non funziona bene come dovrebbe, diventa difficile concentrarsi su altri aspetti dell'esistenza. Questo vale per la maggior parte delle persone, oserei dire quasi per tutte. Alcune anime particolarmente evolute, invece, non hanno necessariamente bisogno di un corpo sano e possono adempiere ai loro doveri di vita anche in un corpo malato (anzi, raggiunto un certo livello di evoluzione spirituale, la malattia può addirittura avere risvolti positivi perché permette di bruciare il karma passato, aprendo dunque le porte alla liberazione finale dell'anima). Di conseguenza, anche se la salute non è di per sé un indicatore del livello di sviluppo spirituale raggiunto da una persona, resta consigliabile fare del proprio meglio per mantenere sano il proprio corpo.

La cosa immediatamente successiva che dobbiamo cercare dopo la salute è la felicità. Quest'ultima infatti è l'unica via che abbiamo per riuscire a vivere una vita appagante e ricca di significato. Essere sani ma infelici è una dolce condanna, che equivale quasi alla malattia fisica. Se la salute fisica vuole garantirci il benessere fisico di cui abbiamo bisogno, la felicità ci dà il benessere psicologico necessario per affrontare la vita nel modo corretto. Senza felicità la vita diventa pesante, noiosa e difficile da fronteggiare. Con la felicità, invece, possiamo adempiere ai nostri doveri di vita con il sorriso sulle labbra e le giuste motivazioni, ebbri di gioia e di piacere.

Avere la salute e la felicità è già di per sé una bella conquista. Alcune persone hanno la prima ma non la seconda, o viceversa. Fino a quando non avremo entrambe, non potremo vivere appieno la nostra esistenza, perché difficilmente riusciremo a trovare il tempo per concentrarci su ciò che conta davvero. Salute e felicità, da questo punto di vista, sono dunque due prerequisiti indispensabili per vivere la vita al suo più alto potenziale.

Con questo non voglio dire che la malattia e l'infelicità debbano per forza essere considerate qualcosa di negativo; al contrario esse devono servire da stimolo per raggiungere salute e felicità. In qualche caso, persino la malattia o l'infelicità possono invece dare significato alla vita. Le persone gravemente malate e i portatori di handicap, ad esempio, devono imparare in fretta a convivere con la malattia o con le gravi limitazioni fisiche o psichiche che le colpiscono, e proprio attraverso questo processo di accettazione possono imparare a trarre comunque piacere dalla vita, nel limite del possibile. Costoro non hanno alcuna possibilità di scegliere tra salute e malattia, perché la vita (o meglio la legge del karma) ha già scelto per loro. Per tutti gli altri che invece hanno la possibilità di scegliere, è meglio preferire la salute alla malattia e la felicità all'infelicità, perché così facendo avremo più probabilità di riuscire a massimizzare il potenziale della vita.

Dedicare la nostra vita alla ricerca della salute e della felicità è dunque un ottimo modo per vivere l'esistenza. Se lo facessimo, saremmo già degni di lode. Tuttavia, salute e felicità non bastano. O meglio si dovrebbe dire che *non sempre* bastano. Dipende da ciò che uno desidera dalla vita; se una persona si "accontenta" di essere sano e felice, e non ha bisogno di altro, è a posto con se stesso e con la vita, ma se invece qualcuno sente dentro di sé il bisogno di esplorare a fondo le potenzialità dell'essere umano, e spingersi al di là dei propri limiti, allora salute e felicità non bastano (anche se, come già detto, non sono nemmeno elementi di per sé strettamente indispensabili).

Nella maggior parte dei casi la spiritualità fa il suo ingresso in scena proprio quando le persone hanno già raggiunto un buon livello di salute e di felicità. Generalmente, infatti, le persone sono troppo impegnate a prendersi cura di se stesse, sia dal punto di vista fisico (salute), sia da quello psicologico (felicità). Se stiamo male e siamo malati, di solito pensiamo a come riconquistare il nostro abituale stato di salute; di certo non pensiamo ad altre cose, né tantomeno alla spiritualità (se non in via incidentale, come strumento attraverso il quale riconquistare la salute). Di conseguenza potremmo dire che lo scopo più elevato della vita incomincia, per la maggior parte delle persone, proprio quando esse hanno raggiunto le tappe intermedie della salute e della felicità (per altri invece, come abbiamo già detto, inizia molto prima).

La spiritualità è un territorio per molti versi inesplorato e sotto molti punti di vista tuttora privo dell'attenzione che meriterebbe. L'argomento, di per sé, è talmente vasto che necessiterebbe un'intera enciclopedia per essere trattato esaustivamente. Prima di portare la spiritualità nella nostra vita quotidiana, tuttavia, c'è un'altra cosa altrettanto importante da fare: liberarsi dalle cattive abitudini.

Che cosa sono le cattive abitudini?

Le cattive abitudini sono l'insieme di tutti quei nostri comportamenti abituali che ci impediscono di accedere ai tesori segreti dell'esistenza, nascosti nello scrigno della spiritualità. Riuscire a eliminare le cattive abitudini è un prerequisito per riuscire a vivere la spiritualità al suo più alto livello. Non che non si possa condurre una vita spirituale anche mentre si continua a intercedere nelle cattive abitudini, ma sarebbe come fare un passo avanti e uno indietro. Inoltre i *tesori segreti* della spiritualità si rivelano esclusivamente alle persone che scelgono di liberarsi dalle zavorre delle cattive abitudini per librarsi nei cieli dell'immortalità.

Essere sani e felici, avere un lavoro che ci piace e una famiglia che ci ama non bastano a esprimere le nostre più elevate potenzialità. Per quanto possiamo godere della vita a 360 gradi, avremo sempre qualche "scheletro nell'armadio". Anche se siamo idealmente delle persone modello, abbiamo sempre delle cattive abitudini che ci impediscono di diventare la miglior versione possibile di noi stessi. Forse abbiamo l'abitudine di aggredire verbalmente il nostro interlocutore o di "scaldarci" in fretta. Forse siamo bugiardi e raccontiamo a ognuno esattamente ciò che vorrebbe sentirsi dire, in modo da andare d'accordo sempre con tutti senza dover mai litigare con nessuno. Forse ci piace bere alcol o fumare. Forse siamo dipendenti dal sesso o da qualche sostanza stupefacente, o forse siamo semplicemente schiavi del denaro, disposti a tutto pur di far soldi. Forse siamo ingordi o abbiamo preso l'abitudine di mangiare cibo spazzatura. Forse non abbiamo nessuna delle cattive abitudini sopra elencate, ma ne abbiamo altre. Le possibilità sono semplicemente infinite. Ognuno ha i suoi punti deboli, le sue debolezze. Questo capitolo non ha lo scopo di giudicare e criticare, ma di portare alla luce eventuali possibili lati oscuri di noi stessi. Tutti ne abbiamo, anche se forse non ne siamo consapevoli.

Forse pensate che non ci sia niente di male nel fumare occasionalmente qualche sigaretta per rilassarsi e staccare dalla solita *routine* quotidiana. Dopotutto siete sani e felici, perché dovreste impedirvi di godere di qualche sigaretta? In realtà ci sono almeno due buoni motivi per farlo.

Innanzitutto non potete avere ben chiaro, dentro di voi, lo stato dell'arte della vostra salute. Il fatto di essere comunque in salute nonostante il vizio di fumare non è di per sé abbastanza per assicurarvi che lo sarete per il resto dei vostri giorni. Forse tra sei mesi la vostra salute peggiorerà e inizieranno a manifestarsi le conseguenze negative delle vostre cattive abitudini. Il fatto che essa non abbia già iniziato a generare effetti negativi non significa che non lo stia facendo a vostra insaputa. Questo vale per tutte le abitudini. Persino la più dolce di tutte le cattive l'abitudini, l'abuso del sesso, nel lungo periodo produce disturbi fisici e psicologici come le emozioni negative (irritabilità, insoddisfazione, infatuazione) e la perdita di vitalità, accelerando di fatto il processo di invecchiamento e conducendo dunque a morte prematura.

In secondo luogo le vostre cattive abitudini vi impediscono comunque di avere accesso al livello più alto del vostro potenziale. In altre parole non riuscirete a sperimentare stati di coscienza più "elevati" se non vi libererete prima delle vostre cattive abitudini. Se per la maggior parte delle persone questo potrebbe comunque non rappresentare un grande problema, qualcuno potrebbe invece sentire il bisogno di spingersi al di là dei propri limiti, stanco di vivere una vita apparentemente così "povera" di significato.

Se siete soddisfatti della vostra vita così com'è, e se non siete disposti a rinunciare alle vostre cattive abitudini, vuol dire che per voi non è ancora arrivato il momento di accedere al vostro più alto potenziale. Forse accadrà nella prossima incarnazione, o in una delle successive. Prima o poi tutti arriveremo al punto di desiderare uscire definitivamente dal ciclo di nascita e morte che sta alla base della reincarnazione, per liberarci una volta per tutte dall'obbligo di ritornare su questa Terra (o su un altro pianeta della Creazione). Eliminare le cattive abitudini è dunque la prima cosa da fare. Il problema è che, nella maggior parte dei casi, non è così semplice come potrebbe sembrare.

Per quanto riguarda il vizio del fumo, ad esempio, ci sono milioni di persone che hanno provato e riprovato, senza alcun successo. Al contrario, un numero limitato di esse ci è riuscito con una facilità quasi disarmante. Se riuscite a liberarvi dalle vostre cattive abitudini in fretta e con facilità, siatene grati e datevi da fare per aiutare gli altri a farlo a loro volta (ma solo dopo aver appurato di essere *veramente* liberi dai vostri vecchi vizi, altrimenti correrete seriamente il rischio di ricaderci).

Se invece non siete così fortunati e dovete affrontare numerose difficoltà, avete un buon motivo per festeggiare. Più ostacoli incontrerete, più diventerete forti e determinati nel vostro intento. Io stesso sto combattendo da anni contro le mie cattive abitudini, apparentemente senza successo. Dopo più di dieci anni di tentativi, durante i quali ho veramente provato di tutto, ora inizio a ottenere qualche vittoria. Anche se la vittoria sembra molto lontana (quasi un miraggio!), so che invece è dietro all'angolo. Ogni giorno mi avvicino un millimetro in più alla mèta finale; anche se può sembrare poco, quando si parla di cattive abitudini a volte è già tanto.

È un po' come prendere a martellate una pietra: per quanto continuate a martellare incessantemente, la pietra sembra non risentire in alcun modo dei colpi che riceve. Potreste andare avanti anche qualche decennio senza notare tangibili segnali del fatto che il vostro operato sta producendo un risultato concreto. Continuate a martellare senza preoccuparvi più di tanto degli esiti delle vostre azioni. Continuate a martellare con tutta la forza che avete, senza scoraggiarvi e senza farvi prendere dallo sconforto. Siate flessibili e usate il buonsenso, ma non smettete mai, nemmeno per un istante, di martellare le rocce delle vostre cattive abitudini. Se per qualche motivo siete impossibilitati a farlo, martellate le vostre cattive abitudini solo a livello mentale. Potrete andare incontro anche a rovinose sconfitte, ma se continuerete a martellare anche solo mentalmente le vostre cattive abitudini, prima o poi conquisterete la vittoria finale. E la vittoria finale è sempre quella definitiva. Quando l'avrete raggiunta, le vostre vecchie abitudini non riusciranno più a infastidirvi non solo in questa vita, ma per l'eternità. Dopo miliardi di milioni di martellate apparentemente infruttuose, un giorno, a seguito dell'ennesima martellata, la roccia delle vostre cattive abitudini si spezzerà a metà improvvisamente, senza darvi alcun preavviso. A quel punto avrete conseguito la vittoria definitiva sulle vostre cattive abitudini, per l'eternità. Ci sono voluti anni di sacrificio e di disciplina, ma alla fine ce l'avete fatta e avete conquistando la vera libertà, quella definitiva.

Lezione n 26: spiritualizzare ogni aspetto dell'esistenza

La dimensione della vita più sottovalutata è la spiritualità, forse perché sotto alcuni aspetti è la più astratta e quindi quella che, generalmente, viene considerata, in ordine di priorità, l'ultima. In realtà è di gran lunga quella più importante, perché ci permette di dare significato alla vita anche quando questa sembra esserne priva. Molte persone infatti pensano che la spiritualità sia una specie di cloroformio mentale da applicare una volta alla settimana (generalmente alla domenica mattina) per essere a posto con Dio e con la propria coscienza. In realtà la spiritualità è molto *ma molto* di più.

Innanzitutto bisogna spiegare la differenza tra spiritualità e religione, che in linea di principio dovrebbero avere lo stesso significato. La spiritualità è riconducibile all'indomabile tendenza dell'uomo a raggiungere livelli di coscienza sempre più alti; la religione invece è la forma in cui vengono "cristallizzati" gli strumenti e le tecniche utilizzate per farlo. In altre parole, mentre la spiritualità riguarda l'elevazione della propria coscienza, la religione è il mezzo attraverso il quale riuscirci. Di conseguenza le religioni dovrebbero offrire ai loro sostenitori strumenti concreti con cui elevare la propria coscienza, come ad esempio la preghiera e la meditazione. Le religioni, inoltre, dovrebbero indicare alle persone i comportamenti appropriati da tenere in ogni situazione della vita. In altre parole, la religione è l'insieme dei mezzi e dei comportamenti necessari per elevare la nostra coscienza.

Il processo di elevazione della coscienza necessita di strumenti. I principali sono lo studio, la preghiera, la meditazione e il servizio agli altri. Ad esempio, studiare le Sacre Scritture della tradizione religiosa alla quale apparteniamo (o di qualche altra religione che ci incuriosisce) è un modo molto efficace per elevare il nostro livello di coscienza. Tuttavia, pur essendo molto facile disporre degli antichi Testi Sacri, non è altrettanto facile interpretarli. O meglio, non è per niente facile interpretarne il significato originario così come inteso al momento in cui sono state scritte.

Chiunque può aprire la Bibbia, leggerne un estratto e commentarlo brevemente: inevitabilmente però il suo commento rifletterà il suo particolare punto di vista e la sua personale comprensione dell'argomento in questione. Di conseguenza se mille persone leggessero lo stesso identico versetto, ne darebbero mille diverse interpretazioni (o quasi), nessuna delle quali, molto probabilmente, si avvicinerebbe al significato originale inteso dall'autore. Questo succede sia perché le Sacre Scritture sono state scritte per rispondere alle esigenze dell'uomo a diversi livelli[43], sia perché il loro significato può comunque essere pienamente compreso solo da una persona la cui coscienza è in piena sintonia con quella dell'autore della scrittura.

Molti infatti credono che lo scopo delle Sacre Scritture sia quello di conoscere Dio, e in un certo senso hanno ragione. Nello specifico, però, i Testi Sacri si pongono lo scopo di offrire soluzioni alla triplice sofferenza dell'umanità: fisica, mentale e spirituale. Quindi le Sacre Scritture di ogni religione sono state pensate per essere d'aiuto a qualsiasi uomo, a prescindere dal suo livello di sviluppo spirituale. Sia che si tratti di un padre di famiglia, di un uomo d'affari, di un militante dell'esercito o di un sacerdote, le Sacre Scritture contengono le risposte ai quesiti della vita in ogni ambito dell'esistenza. Questo è in parte rassicurante perché ci assicura che in esse troveremo comunque qualche insegnamento adatto a noi; da un altro punto vista però la cosa deve spronarci a evolvere e a cercare di "accedere" ai livelli più alti della scala dell'evoluzione della coscienza. Di conseguenza le Sacre Scritture non solo ci permettono di conoscere Dio e ci indicano in che modo possiamo trovarlo, ma ci aiutano anche a risolvere i problemi della vita di tutti i giorni, perché in realtà non c'è alcuna differenza tra la spiritualità vera e propria e gli aspetti prettamente materiali della vita, sui quali normalmente concentriamo buona parte della nostra attenzione quotidiana.

In secondo luogo bisogna capire che gli autori delle Sacre Scritture erano generalmente uomini particolarmente evoluti dal punto di vista spirituale, molto più di quanto lo fosse la maggioranza dei loro contemporanei. Nell'offrire all'umanità questi tesori di saggezza, hanno anche pensato bene di nascondere, dietro al significato apparentemente comprensibile di un testo, anche altri significati più profondi, che di solito vanno a costituire il cosiddetto *corpo esoterico* della scrittura (mentre i significati facilmente comprensibili dalle masse sono detti *essoterici*). Questo per tenere gli insegnamenti più preziosi (quelli esoterici, i più profondi) lontani dalla mera curiosità dei molti, in

---

[43] Confronta Paramhansa Yogananda, *Bhagavad Gita – Interpretazione spirituale di Paramhansa Yogananda*, volume I, Edizioni Vidyananda, traduzione a cura delle Edizioni Vidyananda, pag. 7.

grado invece di cogliere solo i significati più superficiali (essoterici). Il fatto di nascondere significati più profondi dietro ad altri significati invece immediatamente comprensibili ha dunque protetto gli insegnamenti esoterici dai fraintendimenti e dalle errate interpretazioni che sorgono inevitabilmente nel momento in cui un contenuto viene reso di pubblico dominio (ossia quando qualcosa viene messo a disposizione delle masse).

Se da un certo punto di vista questa strategia ha permesso di mantenere sostanzialmente inalterata nei millenni la saggezza più profonda delle Sacre Scritture, da un altro punto di vista ha sollevato un problema di non semplice soluzione: chi è in grado di accedere a quel più alto significato? Questo compito è del tutto fuori dalla portata della maggior parte delle persone. Come già visto, infatti, ognuno interpreterebbe le Scritture nel modo a lui più congeniale. Ma per comprenderne il significato più occulto, quello nascosto in profondità nelle pieghe della saggezza senza tempo, è necessario aver raggiunto lo stato di Coscienza Cosmica, che è lo stato di coscienza più alto che si possa realizzare. Questo stato di coscienza e consapevolezza è stato raggiunto nel corso della storia dell'umanità solo da poche anime. I più famosi uomini ad averlo raggiunto sono stati Gesù Cristo, Krishna, Buddha e Yogananda, assieme a molti altri profeti. Anche molti altri santi (appartenenti a ogni religione) hanno raggiunto lo stesso stato. Altri ancora hanno raggiunto quello stato in completa solitudine, lontano dal clamore del mondo. Solo costoro sono dunque in grado di rivelare con certezza il messaggio segreto nascosto nel cuore delle Sacre Scritture.

Paramhansa Yogananda, ad esempio, l'ultimo *avatar* venuto sulla Terra una manciata di anni fa per assistere l'umanità nel suo processo di crescita spirituale, ha offerto delle interpretazioni dei Vangeli cristiani (e di molti altri testi dell'Antico Testamento, come ad esempio la Genesi o l'Apocalisse) assolutamente illuminanti e rivoluzionarie, che non hanno praticamente quasi nessuna analogia con i tipici sermoni che i sacerdoti recitano durante le normali celebrazioni liturgiche. Queste interpretazioni[44] sono state rese possibili in virtù del livello di Coscienza Cosmica a cui Yogananda aveva accesso, che la maggior parte delle persone non ha ancora avuto l'opportunità di sperimentare. Dunque nell'avvicinarsi allo studio delle Sacre Scritture è fondamentale affidarsi a una fonte che abbia raggiunto il più alto livello di coscienza raggiungibile, altrimenti lo studio delle Scritture al massimo potrebbe avere l'effetto di un balsamo rinvigorente, senza però mettere in moto quella rivoluzione interiore che invece ci si aspetterebbe da esse.

Altri modi con i quali si può espandere la propria coscienza sono la preghiera e la meditazione[45]. Nella preghiera parliamo con Dio, nella meditazione lo ascoltiamo. La preghiera è generalmente associata a una qualche richiesta di aiuto, qualcosa di cui abbiamo bisogno e che ci manca. La meditazione, al contrario, è un viaggio dentro di sé alla ricerca della nostra essenza ultima, la nostra vera identità: l'anima. Ciò equivale a entrare in contatto con Dio, dal momento che l'anima è il riflesso di Dio nella Creazione, fatta a sua immagine e somiglianza. Preghiera e meditazione non si escludono a vicenda, anzi al contrario la loro pratica combinata massimizza le potenzialità di entrambe. La meditazione andrebbe praticata per prima, per contattare Dio. Una volta fatto questo, poi possiamo rivolgerci a lui chiedendogli di assisterci e di aiutarci nei problemi della vita quotidiana. Durante le sessioni più lunghe, possiamo alternare, in sequenza, periodi di meditazione e di preghiera, in modo da non stancarci o stufarci. Se durante la meditazione la nostra attenzione per qualche motivo si abbassa, possiamo passare alla preghiera, e viceversa. Pur essendo le due tecniche più importanti per elevare la coscienza dell'uomo, entrambe richiedono una preparazione e una spiegazione adeguata, che per molti motivi non possono essere fornite in questo libro.

Un altro modo con il quale possiamo aumentare il nostro livello di coscienza è il servizio agli altri. Ciò presuppone donare il proprio tempo o a qualche nobile causa, o per fare del bene a qualcuno. Aiutare i bisognosi è generalmente il modo più semplice per farlo. Fare volontariato o offrire la propria disponibilità per impieghi che rientrano nell'ambito del servizio sociale (come ad esempio portare a casa la spesa agli anziani che non sono più autosufficienti) sono altri buoni modi con i quali servire l'umanità. Per quanto piccolo possa essere il nostro contributo, può

---

[44] Confronta Paramhansa Yogananda, *Il Vangelo di Gesù secondo Paramhansa Yogananda*, volumi primo, secondo e terzo, Edizioni Vidyananda, traduzione a cura delle Edizioni Vidyananda.

[45] In questo frangente ci si riferisce a quella che nel mio precedente libro *Intelligenza emotiva in azione* ho chiamato "*meditazione attiva*".

sempre dare una mano; dopotutto anche l'oceano è formato da miliardi di miliardi di singole gocce d'acqua. Allo stesso modo se tutti si impegnassero a servire l'umanità in qualche modo, in breve tempo il mondo diventerebbe un posto migliore in cui vivere.

L'aiuto materiale (concreto) non rappresenta però l'unico modo cui possiamo servire gli altri. Anche aiutarli a superare mentalmente una difficoltà è un modo di essere utili. Motivare qualcuno a tenere duro di fronte alle avversità della vita è un altro buon modo per farlo. La cosa migliore che possiamo fare per essere d'aiuto, in ogni caso, è eliminare alla radice il problema della triplice sofferenza dell'umanità, ovvero l'ignoranza (intesa come non conoscenza della realtà dei fatti e delle leggi divine che regolano la vita).

I metodi sopra descritti (studio delle Sacre Scritture, preghiera e meditazione, servizio altruistico) possono sembrare relativamente semplici da mettere in atto, eppure la maggior parte delle persone non li pratica. La gente dice di non avere tempo per studiare le Sacre Scritture commentate da un vero Maestro spirituale, tuttavia trova sempre il tempo per leggere il giornale o per dare un'occhiata alle notizie su internet. In aggiunta, poiché la gente non ha neanche il tempo per leggere, a maggior ragione non lo ha nemmeno per pregare e meditare. Comprensibilissimo, se non fosse per il fatto quelle stesse persone magari guardano la televisione per due o tre ore ogni sera. Inoltre, poiché lavorano cinque o sei giorni alla settimana, non hanno neanche tempo da dedicare al servizio agli altri. Questo aspetto è relativamente più difficile da contestare, anche se resta il fatto che si possa sempre fare qualcosa di "piccolo" verso qualcuno che ci è vicino.

A fronte di queste apparentemente insuperabili difficoltà, c'è una soluzione almeno altrettanto valida e all'altezza delle giustificazioni che ci diamo. Questa quinta opzione, diversamente dalla quattro precedenti (studio delle Sacre Scritture, preghiera, meditazione e servizio altruistico), non ammette giustificazioni. Non potete avanzare alcuna scusa valida per non metterla in pratica, perché se non lo fate dovrete assumervi le vostre responsabilità e ammettere che la crescita spirituale non rappresenta per voi una priorità. La soluzione alla quale mi riferisco è quella di spiritualizzare ogni aspetto della propria vita.

Che cosa significa? Vuol dire agire nel mondo con la costante consapevolezza dell'esistenza di Dio e del fatto che sia lui, di fatto, che ci dà la salute e la vitalità per vivere. In altre parole, mentre adempite ai vostri doveri di vita, riservate una parte della vostra attenzione per pensare che senza il consenso divino, il vostro cuore smetterebbe di battere in quello stesso istante. Siamo qui su questo pianeta solo "temporaneamente", e quando Dio deciderà di concluderle il nostro soggiorno terreno ci richiamerà a sé e dovremo abbandonare all'istante il nostro corpo, i nostri averi e i nostri cari. Perché restarci così tanto attaccati?

Vivere con questa consapevolezza a sua volta ci spinge a considerare (e a trasformare) ogni secondo della vita in qualcosa di sacro. Per farlo dobbiamo condurre una vita retta e onesta, basata su alti principi morali e buone abitudini. Mangiare cibo spazzatura e bere litri di alcol a mezzogiorno e alla sera non sono per niente dei buoni comportamenti. Nel lungo periodo danneggiano il corpo, indeboliscono la volontà e distruggono lo spirito. Giocare d'azzardo o andare a prostitute sono altre attività da evitare. Ci sono tante altre attività che meriterebbero di essere citate ma non nomino per ragioni di spazio e di opportunità. Condurre una vita equilibrata e creare uno stile di vita basato sul buonsenso possono aiutarci a capire quali attività siano meritevoli e quali invece no.

Quando dubitate se l'attività che intendete porre in essere sia degna o meno, chiedetevi sempre: "Che cosa accadrebbe se tutte le persone del mondo facessero lo stesso?". Ad esempio, se pensate che drogarsi possa dare un tocco di classe al vostro stile di vita, rispondendo a questa domande dovreste accorgervi che invece sarebbe una pessima idea. Fare sport, al contrario, creerebbe un mondo più sano e vitale. Dunque è abbastanza facile capire se un'attività sia meritevole o no, basta che vi immaginate come sarebbe il mondo se tutti la facessero. Se lo scenario che si dipinge nella vostra mente porta verso il degrado, allora quell'attività è fortemente sconsigliata. Al contrario, se nella vostra mente prende forma l'immagine di un mondo migliore, allora saprete di poter entrare in azione.

Se non volete assumervi la responsabilità di prendere questa decisione, affidatevi ai consigli dei saggi. Le Sacre Scritture di ogni religione forniscono linee guida molto chiare in merito allo stile di vita da condurre. Lo yoga parla di *yama* e di *niyama*, il cristianesimo dei Dieci Comandamenti e il buddhismo delle sei *paramite*. Altre tradizioni culturali o religiose hanno offerto altre indicazioni, tutte comunque coerenti con gli stessi principi di base (ad esempio il taoismo cinese consiglia di coltivare le quattro virtù del rispetto per ogni forma di vita, della sincerità, della generosità e della disponibilità). A prescindere da quale sia il vostro punto di riferimento, seguitelo. Fate diventare questi principi le linee guida della vostra esistenza, perché vi condurranno alla vera libertà, che consiste nell'agire secondo i dettami della saggezza piuttosto che secondo i desideri dell'ego. A prima vista potrebbe sembrare che i Dieci Comandamenti siano completamente inadatti al giorno d'oggi. Forse andavano bene duemila anni fa, ma oggi non più. Niente di più sbagliato. I Dieci Comandamenti si fondano sulla saggezza senza tempo dei Grandi, e sotto questo punto di vista, i principi che sottendono a essi sono eterni e immutabili. Condurre una vita moderata, responsabile e improntata sul buonsenso rappresenta oggi, così come duemila anni fa, la miglior sintesi per vivere una vita sana, felice e ricca di soddisfazione e di pace.

Creare uno stile di vita impeccabile

Non avremo accesso a nessun vero livello di benessere nella vita se non ci impegniamo a coltivare uno stile di vita degno e meritevole. Non è questione di mangiare frutta e verdura una o due volte alla settimana, ma di mangiarle due volte al giorno tutta la settimana. Solo in questo modo potremo creare nuove abitudini che, nel medio-lungo periodo, ci consentiranno di guadagnare salute, longevità e benessere psicofisico. Per lo stesso motivo non sarà di grande aiuto fare un po' di esercizio fisico una volta al mese. Affinché sia veramente d'aiuto, bisogna fare esercizio fisico con regolarità, possibilmente una volta al giorno. Non è necessario correre dieci chilometri al giorno, basta fare almeno una passeggiata di qualche centinaia di metri, invece di starcene seduti sul divano davanti alla tv mangiando patatine fritte e *popcorn*.

Per creare una vita di valore, improntata sui valori della salute, della felicità e del benessere psicofisico al suo più alto livello, dobbiamo imparare a mettere in atto ogni giorno azioni che ci permettano di muoverci in quella direzione. Probabilmente sbaglieremo e falliremo molte volte, ma se persevereremo fino alla fine, prima o poi la vita ci darà ragione. Non è neanche necessario rivoluzionare la propria vita dall'oggi al domani, perché si possono tranquillamente raggiungere gli stessi risultati gradualmente (anzi questa è la soluzione che consiglio di adottare). Dateci dentro e fate del vostro meglio per creare uno stile di vita impeccabile sotto ogni punto di vista: fisico, mentale, emozionale, relazionale, sociale e spirituale. Fate un passo alla volta e non diventate fanatici. Se avrete delle ricadute, accettatele per quello che sono e rimettetevi subito in carreggiata. In definitiva, la direzione nella quale vi muovete è molto più importante dei risultati specifici che riuscirete a realizzare. L'importante non è definire obiettivi e raggiungerli, ma individuare la giusta direzione e muoversi attraverso di essa. Solo così facendo potrete creare uno stile di vita adatto a vivere l'esistenza al suo più alto livello possibile. Se dubitate sul fatto che qualche comportamento che vi piacerebbe mettere in atto sia più salutare o debilitante, chiedetevi che cosa succederebbe se tutto il resto del mondo facesse proprio quel comportamento. La risposta dovrebbe giungervi immediata. Se così non fosse, potete sempre cercare la risposta spulciando nei consigli dati nelle Sacre Scritture di tutte le vere religioni, tra i quali i Dieci Comandamenti. In ogni caso l'importante è prendere l'abitudine di vivere a livelli sempre più alti, perché se non lo farete automaticamente non potrete che cadere in basso. Nella vita purtroppo non si può restare fermi: o si sale o si scende. Assicuratevi dunque di salire e di esprimervi al vostro più alto potenziale.

Lezione n 27: non si smette mai di imparare

La vita è un'aula di scuola. Veniamo al mondo inermi, impauriti e completamente dipendenti dagli altri. Impariamo una cosa dopo l'altra: prima a camminare, parlare e a scrivere, poi a far funzionare l'intelletto grazie all'istruzione scolastica. Successivamente impariamo un lavoro e poi facciamo carriera. Nel frattempo impariamo a vivere sotto ogni altro punto di vista: relazionale, emozionale, sociale e spirituale. L'intera esistenza è pensata come un corso di studi fatto da tante piccole materie che prima o poi dovremmo imparare a padroneggiare alla perfezione. Non ci sono alternative: o scegliamo di imparare *in fretta* o la vita ci costringerà a farlo.

Nella maggior parte dei casi, l'apprendimento volontario (ossia quello che nasce dall'iniziativa personale) è generalmente associato a uno stato di benessere interiore superiore rispetto a quello che proviene dall'apprendimento forzato (che nasce da una costrizione esterna). In altre parole è preferibile prendere la decisione conscia di cambiare, piuttosto che aspettare che la vita ci costringa a farlo. Quando le cose incominciano ad andare male, meglio cogliere al volo l'occasione e apportare alla nostra vita i cambiamenti necessari; così facendo eviteremo ulteriori complicazioni. Se non lo faremo, la vita stessa creerà le condizioni per insegnarci quello che non vogliamo imparare, e molto probabilmente lo farà senza troppa gentilezza (con le "cattive maniere"). Che senso ha aspettare? Meglio imparare con piacere, o perlomeno senza soffrire.

La vita è un insieme indissolubile di sfide che ci aiutano a tirare fuori il massimo del nostro potenziale. Sono una benedizione spirituale che ci permette di spingerci oltre le nostre possibilità, i nostri limiti. Le sfide e i problemi ci permettono di andare oltre i nostri pregiudizi, le convinzioni limitanti e le nostre abituali reazioni emotive. Senza di essi semplicemente non potremmo crescere e migliorare, perché non ce ne sarebbe bisogno. La crescita si rende necessaria come reazione alla sofferenza, alle difficoltà e alle prove che incontriamo lungo il cammino. Se la vita fosse facile, non avrebbe senso viverla. Questo mondo non è stato pensato per compiacere l'anima che vi si reincarna, ma per stimolarla a superare i suoi stessi limiti. Il pianeta Terra non è uno dei migliori pianeti su cui rinascere: è dominato dall'egoismo, dall'avidità e dall'orgoglio. Gli abitanti della Terra sono per lo più interessati a conquistare sempre più potere (politico ed economico) a scapito degli altri, come se l'uomo fosse nemico di se stesso. Anche se tutti i grandi maestri spirituali di ogni religione hanno sempre sottolineato l'esigenza di contribuire alla creazione di un mondo dove la fratellanza universale e l'aiuto reciproco siano i valori dominanti, poche nazioni sulla Terra seguono i loro consigli. I Paesi più saggi vivono nell'anonimato, all'ombra delle grandi potenze che invece cercano costantemente di sopraffare le potenze rivali. Tecnologia, potere, risorse energetiche, denaro e influenza politica sono i campi nei quali le grande Potenze della Terra combattono quotidianamente le loro battaglie.

La cosa strana è che nessun politico si ferma mai a pensare che cosa guadagnerà da ciò che fa. Nessuno ci pensa, perché se lo facesse resterebbe alquanto amareggiato: per quanto una persona possa vivere da eroe, alla fine della sua vita finirà comunque dentro una tomba, come il più umile dei poveri. La vita, sotto questo punto di vista, è giusta e non fa sconti a nessuno. Nessuno può scappare da questo ineludibile destino. Che senso ha dunque acquisire potere e denaro a scapito degli altri, se poi comunque non avremo il tempo per goderceli? A peggiorare ulteriormente le cose c'è sempre la legge di causa-effetto, la quale prevede che ogni azione che viene compiuta verso gli altri trovi un giorno manifestazione anche nei nostri stessi confronti.

Se desiderate vivere in un mondo giusto, pieno di gioia, amore, armonia, semplicità e pari opportunità per tutti, avete sbagliato pianeta. Sulla Terra questo non è attualmente possibile, anche se dobbiamo tutti impegnarci affinché questo possa diventare realtà nel minor tempo possibile. Per il momento la Terra resta un pianeta dominato dall'egoismo, nel quale ognuno cerca di fare i propri interessi a scapito degli altri. La buona notizia, tuttavia, è che essere nati qui offre una grande opportunità, visto che ci offre la possibilità di misurarci con un alto grado di difficoltà. Infatti, così come chi va in palestra e solleva pesi da cento chilogrammi diventa molto più forte e muscoloso di chi invece ne solleva solo venti, allo stesso modo chi rinasce sul pianeta Terra ha una grande opportunità per dare un'importante accelerata alla propria evoluzione.

Questo pianeta, infatti, con tutte le sue dualità e dicotomie, si presta a essere ideale per lo sviluppo personale. Si cresce più velocemente quando ci si trova in un ambiente stimolante piuttosto che in uno "scoraggiante", anche se questo può tradursi nella necessità di dover sperimentare maggiormente la sofferenza rispetto al piacere. Questo è il motivo per il quale le antiche Sacre Scritture indù dicono che persino gli dei desidererebbe rinascere sul pianeta Terra. Il grande contrasto tra bene e male (presente su questo pianeta) è di grande aiuto per lo sviluppo spirituale dell'anima, se quella persona sfrutta l'occasione. Al contrario, se ci si limita a vivere per motivi meno nobili (anche se queste motivazioni fossero in parte comprensibili e giustificabili), la vita ci lascerà continue cicatrici e delusioni, perché alla fine saremmo costretti a constatare che essa stessa, in ultima essenza, è comunque legata alla sofferenza.

Il solo fatto di nascere, crescere e invecchiare è di per sé sufficiente per capire che la vita non è stata pensata per farci godere la vita, ma per metterci alla prova. Se non lo capiamo in tempo, avremo comunque modo di comprenderlo chiaramente quando ci avvicineremo alla morte. In ogni caso, l'importante è sfruttare appieno questa opportunità, perché non possiamo essere sicuri che in futuro ce ne venga offerta un'altra (infatti chi può dire se in futuro rinasceremo su questa Terra o su qualche altro pianeta più evoluto, e dunque meno stimolante dal punto di vista della crescita spirituale?).

Uno dei modi più semplici per accelerare la propria evoluzione è chiedersi tutte le sere, prima di andare a dormire: "Che cosa ho imparato oggi?". La stessa domanda ce la dovremo fare tutte le volte che incontriamo delle difficoltà o delle sfide: che cosa c'è da imparare? Qual è la lezione sottesa a questa situazione? Che cosa vuole insegnarmi la vita? È lo stesso principio che ci permette di imparare dai nostri errori, così che non possiamo mai sbagliare completamente. Perché se sbagliamo ma comprendiamo l'errore commesso, di fatto è come se non avessimo mai sbagliato. Al contrario, se sbagliamo ma non impariamo niente dai nostri errori, allora abbiamo davvero perso. L'apprendimento, nella vita come in ogni altro aspetto dell'esistenza, passa attraverso l'errore e il successivo miglioramento che ne consegue. Per imparare a vincere bisogna prima imparare a perdere, e poi lavorare sulle proprie debolezze fino a quando queste non sono state eliminate completamente una alla volta.

Si può imparare qualcosa di utile anche nelle situazioni più fortunate. Una volta ero in ritardo a un appuntamento e per arrivare in tempo ho superato i limiti di velocità in tangenziale. Sono stato fortunato a non aver preso multe per eccesso di velocità, ma lo sono stato ancora di più a non essere rimasto coinvolto in un incidente. È stata una cosa alquanto inusuale, soprattutto considerando che non ho mai l'abitudine di correre, quando sono alla guida. Alla sera, guardando in modo retrospettivo la giornata, mi sono accorto di aver commesso una sciocchezza, mettendo a rischio la vita per arrivare in orario a una pulizia dei denti. Da quel momento in avanti ho deciso che sarei stato più attento a non dimenticarmi il taccuino in ufficio (motivo per il quale ero in ritardo), e che, se questo fosse successo nuovamente, non avrei mai più rischiato di mettere a repentaglio la mia vita e quella degli altri per motivi così futili. L'eccesso di velocità è infatti una delle principali cause di morte sulle strade e può essere eliminato solo attraverso la presa di coscienza, da parte di tutti i cittadini del mondo, della futilità di superare i limiti di velocità.

Questa rappresenta solo la prima parte della formula magica per trasformare la propria vita. La seconda parte dell'equazione è *mettere in pratica* l'insegnamento acquisito (o la lezione appresa). Che senso ha infatti imparare qualcosa se poi non lo mettiamo in pratica, o se agiamo nuovamente come già fatto in passato? Le lezioni servono a farci diventare più saggi, lungimiranti e amorevoli, ma per farlo dobbiamo imparare a cambiare anche i nostri comportamenti e le nostre azioni. Se non ci riusciamo, almeno dobbiamo sforzarci di provarci.

Se stasera, prima di andare a letto, vi accorgete di aver apostrofato malamente una persona che si era rivolta a voi solo per farvi una semplice domanda, la volta successiva impegnatevi a risponderle con maggior gentilezza. Se la vostra abitudine alla scortesia è saldamente radicata dentro di voi, almeno sforzatevi di provarci. Se non riuscite a essere gentili, cercate almeno di essere neutrali, o perlomeno di non apostrofare malamente il vostro interlocutore come invece siete abituati a fare.

Nessuno nasce già bravo a fare tutto, tutto è questione di pratica e di esperienza. Quindi scegliete di imparare più velocemente che potete, limitatamente alle vostre possibilità. Non datevi per vinti e continuate a sforzarvi fino a quando non ce l'avrete fatta. Anche gli uomini che hanno cambiato la storia dell'umanità sono passati attraverso errori, tentativi e fallimenti: a differenza di quelli che invece non ce l'hanno fatta, loro hanno tenuto duro fino alla vittoria finale. Impegnatevi dunque anche voi a cercare i vostri punti deboli e a lavorarci sopra, fino a quando non avrete raggiunto la perfezione. È un lavoro che dura una vita intera (in realtà anche più incarnazioni!), quindi non lasciatevi troppo influenzare se qualche volta fallite nel vostro intento. Piuttosto impegnatevi a scoprire in che modo potrete riprovare la prossima volta, e alzatevi e ritentate, senza demordere.

A volte non c'è niente da imparare

Qualsiasi cosa ci sia da imparare, fatelo con tutti voi stessi. Non è detto che si tratti sempre di grandi lezioni di vita, come nel caso di evitare di correre in auto. A volte può trattarsi di qualcosa di veramente banale. Altre volte ancora può essere che non ci sia nulla da imparare.

Mi ricordo che un anno, proprio l'ultimo giorno di dicembre, stavo ritinteggiando il salotto di casa. Indossavo una maglia a maniche corte e dei pantaloncini anch'essi corti, dal momento che lavoravo in casa, dove c'erano i termosifoni accesi. Dopo aver finito di dare la prima mano di colore, aprii le finestre per far girare l'aria e far asciugare le pareti. Poiché ero accaldato e quasi sudato, mi misi una magliettina leggera sopra la tenuta di lavoro, senza pensare di coprirmi di più (anche perché, nonostante la bassa temperatura tipica di fine dicembre, fuori c'era comunque una bella giornata, limpida, relativamente calda e senza nebbia).

Un paio di giorni dopo, dopo essere uscito dalla doccia ed essermi asciugato con l'accappatoio, mi accorsi di avere il corpo pieno di macchie rosse. In molti casi la pelle iniziava anche a sollevarsi leggermente, come quando si prende una scottatura al sole. Sembrava una tipica reazione allergica, e visto che non accennava ad arrestarsi, fui costretto a comunicare la situazione al mio medico di base. Dopo una visita dermatologica il verdetto fu che si era trattato di una reazione orticaroide, molto probabilmente dovuta a uno sbalzo termico di temperatura.

Dopo aver ricevuto la diagnosi, mi sono interrogato sul motivo di quella insolita reazione, visto che non mi era mai capitata prima (non era la prima volta che dipingevo casa nel mese di dicembre). Dopo qualche settimana di analisi, dovetti constatare che in realtà, in quella specifica situazione, la lezione da imparare era che "non c'era nessuna lezione da imparare". A volte le cose semplicemente accadono, senza che ci sia un motivo particolare per il quale succedono. Anche in queste situazioni, tuttavia, sono sicuro che se volessimo, potremmo comunque trovare qualche "buona" ragione seppellita in una delle nostre vite passate. In ogni caso, per certi episodi isolati o che succedono una tantum, potremmo anche dover concludere che non ci sia nessuna lezione da imparare.

Dico questo per mettere in risalto il fatto che l'introspezione non deve comunque portare alla paranoia, ma deve essere sempre eseguita con buonsenso e leggerezza. Il buonsenso ci insegna a dare il giusto peso alle cose che ci succedono, mentre la leggerezza ci insegna a non prendere la vita (e noi stessi) troppo sul serio. Sicuramente ci possono essere situazioni pericolose che richiedono una presa di coscienza immediata e decisa: se bevete fino a finire in coma etilico, meglio che impariate immediatamente a smettere di farlo. Il fatto che siate state fortunati in una specifica circostanza non significa che lo sarete anche la prossima volta. In queste situazioni dunque vale sicuramente la pena farsi un serio esame di coscienza.

Per tutto il resto, o per cose che comunque hanno un impatto modesto e moderato sulla qualità della vostra vita, non esagerate. Non pensate di dover essere perfetti in tutto quello che fate, anche se avete l'obbligo di impegnarvi a diventarlo. Ma mentre provate a farlo, fatelo sempre con il sorriso sulle labbra, senza tensioni. L'introspezione non serve a sviluppare dentro di voi sentimenti di critica e giudizio (o a risvegliare sentimenti di incapacità o impotenza), ma a capire come poter agire diversamente la volta successiva. Di conseguenza non prendete troppo sul serio questo esercizio (fatta eccezione per quelle situazioni nelle quali il buonsenso lo richiede, come nel caso di situazioni che mettono a rischio la vita, propria e altrui).

Abituatevi a praticare un po' di introspezione, ma senza diventare maniaci. Più importante della comprensione è l'azione: se anche non riuscite a comprendere pienamente le lezioni sottostanti le cose che vi capitano, impegnatevi almeno ad agire in modo diverso il giorno successivo, in modo sempre più saggio e amorevole. Chiedetevi: "Come posso agire diversamente domani, in modo da comportarmi in maniera più saggia, lungimirante e amorevole?". Se riuscirete a migliorarvi con costanza giorno dopo giorno, sarete comunque in grado di alzare notevolmente la qualità della vostra vita.

Sfruttate l'occasione che vi è stata data con questo libro

A questo punto avete due opportunità. O aspettate che la vita vi presenti il conto, mettendovi davanti una dopo l'altra le lezioni di vita che la vostra anima deve far proprie, oppure potete precederla, giocando d'anticipo. Se decidete di aspettare il vostro turno non c'è niente di male. In questo caso dovete solo aspettare che le cose vi accadano e che la vita vi metta a faccia a faccia con le lezioni che dovete imparare. Dopo aver letto questo libro, siete comunque preparati e addestrati, pronti a sfruttare al massimo la situazione quando questo si verificherà.

Se invece non volete aspettare quel giorno, questo libro vi offre una grande opportunità perché raccoglie in poche pagine alcune delle principali lezioni di vita con cui ciascuno di noi dovrà prima o poi fare i conti. È impossibile racchiudere in un solo libro l'intera gamma di tutte le potenziali lezioni di vita da imparare, dal momento che queste dipendono sia dal *background* karmico personale di ciascuno di noi, sia dal nostro scopo di vita. Questo libro, tuttavia, offre un'ampia panoramica delle principali lezioni di base, quelle che tutti, in qualche modo, saranno prima o poi costretti a dover fronteggiare. Per quanto possiate trovarvi a dover affrontare lezioni di vita diverse o aggiuntive rispetto a quelle suggerite in queste pagine, in accordo con il vostro karma e con il vostro scopo di vita, comunque dovrete passare attraverso le lezioni indicate in questo libro.

Sta a voi accettare o meno il guanto della sfida. Come già detto in precedenza, è meglio andare incontro al cambiamento con consapevolezza *prima* che questo si abbatta sulla nostra vita all'improvviso. Se siete entrati in contatto con questo libro, è perché in qualche modo gli insegnamenti in esso presentati vi possono tornare utili in qualche maniera. Come abbiamo già visto in un altro capitolo, le coincidenze non esistono. L'Universo vi ha condotto a questo libro perché da qualche parte, al suo interno, ci deve essere qualcosa che vi tornerà utile. Forse non avrete bisogno di imparare tutte le lezioni, o forse non avrete bisogno di impararne nessuna. In ogni caso, deve esserci un motivo preciso per il quale lo avete trovato e comprato, o ci siete entrati in contatto. Forse siete maestri nell'arte di imparare a vivere ma siete un disastro dal punto di vista emotivo; in questo caso forse dovrete comprare il mio primo libro, *Intelligenza emotiva in azione*. Ogni libro ha una particolare vibrazione energetica, coerentemente al tema trattato e agli argomenti affrontati. Anche questo libro che avete tra le mani, come il precedente, è molto specifico e focalizzato e si occupa solo di un paio degli aspetti della vita (le lezioni di vita e l'atteggiamento corretto con cui affrontare l'esistenza). L'esperienza mi dice che l'unico motivo per il quale siete entrati in contatto con un libro così specifico e dedicato è che esso contiene qualche informazione che vi può tornare utile, nel presente o nel futuro. Se proprio non volete accettare il mio invito di imparare sin da subito queste lezioni, almeno fate del vostro meglio per tenerle a mente. Un giorno vicino o lontano potrebbero tornarvi utili, facendovi risparmiare un sacco di fatica e di sofferenza.

Non si può sempre capire e comprendere tutto

Prima di procedere con il capitolo successivo volevo specificare una cosa importante. Non è possibile riuscire sempre a comprendere tutto. Non tanto perché la cosa sia di per sé impossibile, ma per il fatto che noi possiamo imparare soltanto le lezioni che sono in qualche modo compatibili con il livello di evoluzione, personale e spirituale, che abbiamo raggiunto. In altre parole si può vivere a diversi livelli, e ciascuno di essi porta con sé specifiche lezioni, diverse da quelle di tutti gli altri livelli.

Per qualcuno che vive sul piano prettamente materiale, un'indigestione può essere il segnale che è arrivato il momento di iniziare a mangiare meno. Per qualcuno che vive su un piano più mentale o psicologico, può voler dire che è arrivato il momento di cambiare la direzione della propria vita, perché così non si può andare avanti. Per qualcuno che vive a un livello ancora più alto, può voler dire che è arrivato il momento di liberarsi da certe cattive abitudini che gli impediscono di progredire spiritualmente.

Non è detto che sia sempre così, ma molto spesso lo è. Un medesimo evento traumatico può potenzialmente originare una pluralità di lezioni individuali, a seconda del diverso grado evolutivo delle persone coinvolte. Questo è il motivo per il quale nelle stragi di massa, come ad esempio la caduta di un aereo, i parenti delle vittime di solito reagiscono in modi molto diversi tra loro. Alcuni piangono e si disperano, altri pregano per le anime dei loro cari, altri ancora ribolliscono di rabbia e inneggiano alla vendetta. Tutto dipende dal quadro karmico e *dharmico* delle persone coinvolte; sotto questo punto di vista non esistono ricette prestabilite.

Di conseguenza, anche nel leggere questo libro e nell'esaminarne i contenuti, tenete sempre presente che ciascuna delle lezioni presentate potrebbe assumere sfumature diverse a seconda del livello evolutivo che avete raggiunto in questo specifico momento. È chiaro che, se in un futuro più o meno lontano doveste in qualche modo accedere a nuovi livelli di coscienza e consapevolezza, anche la vostra percezione delle lezioni qui presentate cambierà[46].

Il miglioramento è un processo all'infinito

Non è detto che possiamo sempre comprendere il motivo di tutto quello che si succede nella vita. Molte cose si comprendono solo dopo aver raggiunto il più alto grado di coscienza, la Coscienza Cosmica. Poiché non è così facile riuscire a raggiungere tale livello, la maggior parte delle persone è comunque destinata a non comprendere tutto. Solo un maestro pienamente illuminato può capire certe cose e scorgere le profonde lezioni spirituali che a volte si nascondono dietro il velo delle apparenze. La mia raccomandazione, dunque, e a maggior ragione se siete curiosi di sbirciare nelle pieghe più profonde dell'esistenza, è quella di cercare di innalzare il vostro livello di coscienza più che potete, in particolare attraverso lo studio di libri spirituali o la pratica delle tecniche avanzate dell'autorealizzazione.

In ogni caso, persino se doveste raggiungere la stato di Coscienza Cosmica, il processo di miglioramento non può mai considerarsi concluso. La crescita, semplicemente, è infinita, così come sono infiniti sia Dio sia l'Universo che egli ha materializzato. Per quanto perfetti possiate diventare, avrete sempre la possibilità di andare sempre più in profondità dentro di voi, in modo da intensificare il grado della vostra perfezione. Per questo i grandi profeti dell'umanità o le anime altamente evolute (come Gesù ad esempio) sembrano aver raggiunto un livello di evoluzione così elevato (e apparentemente irraggiungibile per la maggior parte dei "comuni mortali"): dopo aver varcato la soglia della Coscienza Cosmica, hanno comunque continuano a migliorare e ad approfondire il loro rapporto personale con Dio, acquisendo sempre maggior sintonia, forza e potere spirituale. In attesa che ciascuna delle nostre anime possa raggiungere tali vette di autorealizzazione, dobbiamo accontentarci di iniziare a compiere i primi passi imparando e mettendo in pratica le lezioni suggerite in questo libro.

---

[46] Ad esempio, se avete letto il mio precedente libro *Intelligenza emotiva in azione* e qualcosa vi ha dato fastidio, provate a rileggerlo a distanza di tempo, magari dopo aver letto altri miei libri; forse a quel punto riuscirete a cogliere un significato parzialmente o totalmente diverso.

Lezione n. 28: tutte le vere religioni insegnano sfaccettature diverse della stessa Verità

Inizialmente non volevo includere in questo libro, in modo troppo specifico, il tema della spiritualità. Tuttavia, dopo aver scritto le altre lezioni, a lavori praticamente ultimati, ho sentito l'esigenza di dedicare almeno un capitolo all'argomento, in particolare per quanto riguarda il tema dell'unità di tutte le vere religioni. Mai come ai nostri giorni l'argomento si rende così necessario (e tanto d'attualità, purtroppo); è arrivato finalmente il momento di capire con esattezza come funzionino i principi eterni che regolano i fenomeni spirituali.

Innanzitutto bisogna precisare che in queste poche pagine che saranno dedicate all'argomento ci si riferirà esclusivamente a quelle che ho definito poco sopra *vere* religioni. Il fanatismo, l'estremismo, le pseudo-religioni (nate ad esempio da leader non propriamente illuminati) o le forme sociali che in qualche modo cercano di sostituirsi alla religione (come ad esempio il comunismo nella sua espressione più radicale) non sono nemmeno prese in considerazione, e niente di ciò che verrà detto di seguito avrà a che fare con questi argomenti. Questi temi restano comunque molto interessanti, pur non avendo praticamente nulla a che fare con la religione vera e propria. Di conseguenza, per evitare di disperdere inutilmente l'attenzione su argomenti non particolarmente utili, mi limiterò a dare una breve panoramica di questi fenomeni, giusto per riuscire ad inquadrarli (almeno a livello generale) nella giusta prospettiva.

Il fanatismo si manifesta quando i praticanti di una religione interpretano alla lettera gli insegnamenti del loro fondatore, senza contestualizzarli o adattarli alla realtà del mondo di oggi, generalmente molto diversa da quella all'interno della quale l'insegnamento originale è nato e si è sviluppato. I fanatici mostrano una cieca obbedienza nei confronti del loro maestro e dei suoi insegnamenti; credono di essere gli unici portabandiera della verità eterna e pensano che tutti gli altri dovrebbero convertirsi alla loro fede.

Quando il fanatismo va fuori controllo diventa estremismo: ecco dunque che la religione diventa un pretesto per uccidere gli "altri" e compiere atti terroristici. Le crociate cristiane e il più recente terrorismo islamico in Occidente sono due esempi di questo genere di distorsione religiosa.

Le pseudo-religioni sono tutte quelle specie di forme religiose in cui la verità assoluta viene tolta dalle mani di Dio per essere messa in quelle dell'uomo; in altre parole sono tutte quelle forme associative che credono, in un modo o nell'altro, che l'uomo non abbia bisogno di Dio per esprimere se stesso al suo più alto potenziale. Di questa categoria fanno parte una moltitudine di confraternite o sette spirituali e le società segrete, nelle quali pochi individui pensano di poter manipolare le sorti dell'umanità intera. Alcuni esempi di confraternite spirituali sono le associazioni che fondano le loro fedi esclusivamente sulle scoperte scientifiche e sulle scienze che studiano il comportamento umano.

Infine i sistemi sociali che si propongono di sostituirsi alla religione hanno invece lo scopo di uccidere la libertà di pensiero e d'azione delle persone che ne fanno parte, di fatto trasformandole in automi, *cyborg* umani incapaci di pensare e riflettere, ma solo di obbedire. Il comunismo e i regimi totalitaristi (come il nazismo, il fascismo o il fanchismo) sono degli esempi di questo genere di sistema. La democrazia non mette al riparo da queste pericolose degenerazioni del genere umano, soprattutto quando la corruzione prende il potere degli organi di governo o della magistratura, o quando il consumismo e il capitalismo diventano l'unico scopo di vita della persone (in questo caso, infatti, la libertà individuale, che contraddistingue il sistema democratico, può essere facilmente influenzata attraverso la manipolazione dell'opinione pubblica mediante i canali di informazione, come ad esempio i media – tradizionali e *online* – e i *social network*; in altre parole, così facendo è possibile manipolare le persone raccontando loro una versione "aggiustata" della realtà, di fatto persuadendole a fare ciò che si vuole).

Definizione di Dio

Dopo aver visto brevemente cosa *non* è la religione, bisogna capire con precisione che cosa si intenda con il termine *Dio*, perché esso è il centro attorno al quale si sviluppano tutte le forme religiose.

Dio è lo spirito immortale che esiste da sempre e che sempre esisterà. Pervade ogni atomo della creazione ma allo stesso tempo non è limitato da essa, perché esiste anche al di là della regione vibratoria che contiene i mondi causali, astrali e materiali. Su questi piani di vita non esiste nulla che non sia permeato dalla sua presenza, intelligenza e forza.

Visto da un altro punto di vista, lo Spirito (o Dio) è un'entità sempre esistente, sempre cosciente e sempre pervasa da uno stato inebriante di beatitudine[47]. L'anima, la nostra vera essenza, essendo a sua volta un riflesso di quello spirito onnisciente, è anch'essa Spirito individualizzato sempre esistente, sempre cosciente e sempre permeato da gioia e beatitudine.

Riassumendo potremmo comodamente definire Dio come quell'entità superiore all'uomo e a ogni altra forma di intelligenza esistente, che soprassiede e governa l'intero Universo.

Proprio perché Dio ha sempre esercitato, in ogni epoca, un fascino straordinario sull'umanità, da sempre le persone hanno cercato di razionalizzarne il concetto per renderlo più comprensibile e "a misura d'uomo". Le "gabbie" all'interno delle quali l'umanità ha cercato di imprigionare il concetto di Dio sono le cosiddette religioni.

Sanaatan dharma

La più antica forma religiosa di cui si abbia traccia ben documentata è il *corpus* del *sanaatan dharma*, che letteralmente significa "religione eterna". A essa si riferiscono i *Veda* e le successive Sacre Scritture induiste, le prime ad averci lasciato testimonianze scritte sull'argomento. Secondo il *sanaatan dharma* (che nelle epoche storiche successive ha preso il nome di *induismo*), di epoca in epoca Dio si incarna nel corpo di un essere umano per aiutare l'umanità a ripristinare quelle virtù che nel frattempo, secolo dopo secolo, sono gradualmente andate perdute[48]. Quando il vizio predomina, Dio (sottoforma di Coscienza Cosmica) torna sulla Terra e si incarna in un corpo umano per correggere gli errori dell'umanità e ripristinare il giusto modo di vivere. Nel fare questo, egli sceglie di volta in volta un popolo specifico che sarà il destinatario prediletto dei suoi insegnamenti.

Una delle prime incarnazioni di Dio nella forma di un essere umano (perlomeno di cui si abbia testimonianza scritta) è stato il Signore Krishna, che resta tutt'oggi il profeta più amato dell'India. Dopo di lui venne Buddha e dopo questo fu la volta di Swami Shankara. Di epoca in epoca, Dio è tornato sulla Terra incarnandosi in un nuovo corpo e donando all'umanità una diversa sfaccettatura dell'unica sacra verità proclamata dal *sanaatan dharma*. La più famosa incarnazione di Dio in Occidente è Gesù Cristo, mentre la più recente è stata il grande maestro indiano Paramhansa Yogananda, alcuni decenni fa[49].

Ogni volta che Dio si incarna in una particolare forma umana, lo fa per *adattare* l'insegnamento divino, la religione eterna appunto, alle esigenze di una particolare epoca[50]. Buddha, ad esempio, venne al mondo per risvegliare nelle persone la consapevolezza dell'importanza dello sforzo individuale, che era andata perduta nel mero formalismo religioso che contraddistingueva lo scenario religioso dell'India dei suoi tempi. Dopo di lui arrivò Swami Shankara, il più grande filosofo che la storia dell'umanità abbia mai conosciuto, per correggere gli errori di interpretazione che le persone avevano fatto sugli insegnamenti del Buddha (in particolare sul fatto che non esistesse alcun Dio). Gesù venne al mondo per risvegliare l'amore nei duri cuori delle persone di quell'epoca, nuovamente cadute nella morsa del formalismo religioso. Pochi decenni fa, Paramhansa Yogananda venne in Occidente per riscoprire l'insegnamento originale di Gesù Cristo, ossia l'importanza di comunicare con Dio individualmente attraverso la meditazione scientifica.

Ognuna di queste manifestazioni divine viene sulla Terra per redimere un popolo in particolare, oltre che elevare la coscienza dell'umanità nel suo complesso. Krishna, Buddha, Swami Shankara

---

[47] Confronta Swami Kriyananda, *Paramhansa Yogananda*, Ananda Edizioni, traduzione di Sahaja Mascia Ellero, pag. 57.

[48] Confronta Paramhansa Yogananda, *Bhagavad Gita – Interpretazione spirituale di Paramhansa Yogananda*, volume II, Edizioni Vidyananda, traduzione a cura delle Edizioni Vidyananda, pag. 98 e seguenti.

[49] Yogananda, pur essendo nato in India, ha trascorso la maggior parte della sua vita adulta in Occidente, negli Stati Uniti d'America.

[50] Confronta Swami Kriyananda, *Dio è per tutti*, Ananda Edizioni, traduzione di Sahaja Mascia Ellero, pag. 31 e seguenti.

e molti altri nacquero e predicarono in India, Gesù in Palestina e Yogananda negli Stati Uniti d'America.

Ogni volta che ciò avviene, i discepoli più vicini cercano di "catturare" gli insegnamenti del maestro in una "rete" (che diventa poi la religione "ufficiale" di quel movimento), nell'intento di preservare ai posteri la purezza dell'insegnamento. Il buddhismo, il cristianesimo, l'islam e tutte le altre vere religioni sono i risultati di questo tentativo. Quindi le religioni non sono altro che il tentativo di fedeli discepoli di rendere disponibili per l'eternità gli insegnamenti di un particolare maestro spirituale. In realtà, poiché tutti i veri maestri spirituali sono incarnazioni stesse della Coscienza Cosmica infinita, tutti sono allo stesso livello di realizzazione spirituale, così come i loro insegnamenti. L'unico motivo per cui questi sembrano apparentemente diversi gli uni dagli altri (e talvolta sembrano addirittura in contrasto) è che essi vengono adattati, di volta in volta, per soddisfare le esigenze "spirituali" di una specifica epoca storica.

Ne consegue che le religioni, in realtà, parlano tutte della medesima Verità, anche se mettono in risalto, di volta in volta, uno specifico aspetto di essa, in modo che la Verità stessa sia comprensibile agli uomini che vivono in quella specifica epoca. In altre parole, se Gesù tornasse oggi sulla Terra, il suo insegnamento sarebbe probabilmente molto diverso da quello che diffuse più di duemila anni fa, perché adatterebbe gli immutabili principi spirituali alla base del cristianesimo a questo particolare momento storico. Sotto questo punto di vista, il suo insegnamento "aggiornato e rinnovato" sarebbe probabilmente molto simile al movimento della realizzazione del Sé portato in Occidente da Yogananda. Con questo non voglio dire che il cristianesimo non sia tutt'oggi una valida religione; lo è sicuramente, se praticato nella maniera in cui era stato insegnato da Gesù. La meditazione scientifica, ad esempio, era una parte imprescindibile della pratica spirituale dei primi cristiani. Praticato invece nel modo in cui è vissuto oggi dal 99,99% delle persone, invece, il cristianesimo perde molte delle sue potenzialità più promettenti.

Chiarito anche questo aspetto, non resta molto altro da aggiungere. Tutte le religioni sono sacre e in grado di mantenere le promesse di realizzazione fatte ai loro devoti, purché praticate nel modo suggerito dai loro fondatori. Tutte esprimono la stessa identica Verità, solo che con parole diverse. L'insegnamento che se ne ricava, ancora una volta, conduce alla necessità di riconoscere e accettare tutte le vere religiose perché sono tutte vere espressioni della divina rivelazione; questa nuova prospettiva implica anche il fatto di riconoscere la follia e la stupidità dei conflitti religiosi. È un po' come guardare un tramonto da diversi punti del pianeta: è ovvio che visto da una località che si trova all'equatore sarà diverso da come lo si vede invece dalla Groenlandia, dove la luce del Sole non arriva neanche, in certi periodi dell'anno. Allo stesso modo tutte le vere religioni esprimono una particolare sfaccettatura della medesima Verità. I contrasti e i conflitti religiosi mostrano dunque solo il livello di ignoranza (intesa come non conoscenza) delle persone che li provocano e di coloro che abboccano all'amo. Gli insegnamenti dei veri maestri spirituali non si contraddicono mai e sono tutti sempre in armonia gli uni con gli altri, anche se non sempre la piccola mente umana riesce a capirlo.

Lezione n. 29: esiste la vita dopo la morte

Una delle cose che tutti prima o poi dovremo affrontare è la morte. Anche se i contenuti di questo capitolo non si integrano più di tanto all'argomento generale del libro, mi sembrava comunque importante fare un po' di chiarezza su questo fenomeno di cui si sa così poco, nonostante tutti ne facciano prima o poi esperienza. Questo capitolo vuole anche tranquillizzare le persone che si trovano a faccia a faccia con quel momento, perché in realtà non c'è nulla di cui avere paura.

Come già detto in altre parti del libro, la creazione è avvenuta su tre livelli: causale, astrale e fisico[51]. Innanzitutto Dio ha pensato a come avrebbe voluto organizzare la vita e a come avrebbe potuto creare le condizioni necessarie per sostenerla. In secondo luogo ha dato vita a questi pensieri attraverso la luce e l'energia; infine ha creato il mondo materiale (fisico), che a tutti gli effetti non è altro che una "parte" del mondo energetico che ha però una vibrazione sufficientemente lenta da apparire, ai nostri cinque sensi limitati, solida e tangibile.

Il progetto della vita e dell'Universo, espresso come pensiero di Dio, è quello che viene chiamato mondo causale; in altre parole il mondo causale è quella sottile dimensione della creazione che esiste solo come pensiero nella mente di Dio, sottoforma di coscienza. Nel momento stesso in cui Dio ha iniziato a trasformare quello stesso pensiero in realtà concreta, ha iniziato a creare il mondo astrale (o energetico): per farlo si è servito della luce (la più sottile manifestazione del mondo astrale), dell'energia vera e propria, della mente, dell'intelletto, dei sentimenti e della forza di volontà[52]. In ultima istanza, una parte di questa creazione astrale, a causa della sua bassa frequenza vibrazionale, è stata materializzata anche a livello fisico, in modo che i limitati strumenti dei sensi potessero percepirla come solida e dotata di un'esistenza separata da tutto il resto. In altre parole l'Universo non è in realtà così come appare ai nostri occhi, ma è una combinazione intercorrelata di queste tre componenti: la materia fisica, l'energia invisibile che collega ogni cosa e le relative idee che stanno alla base del mondo fisico e di quello astrale. Sotto molti punti di vista la creazione di Dio ricorda una matriosca: la parte più esterna è il corpo fisico, al cui interno sono però presenti anche i corpi astrale e causale.

Negli ultimi decenni l'avvento della fisica quantistica ha dimostrato che tutta la materia in realtà è solo energia che vibra a una frequenza sufficientemente bassa da apparire solida ai nostri limitati sensi; i raggi X, quelli ultravioletti e le onde radio, ad esempio, sono fenomeni vibratori che appartengono al mondo astrale: fenomeni prettamente energetici e reali che esistono tutto intorno a noi nonostante non ce ne rendiamo conto perché non riusciamo a percepirli. Se i nostri occhi potessero vedere non solo il limitato spettro della luce visibile, ma anche la restante parte dello spettro elettromagnetico, vedremo che lo spazio vuoto in realtà non esiste, e ci accorgeremmo che l'universo apparirebbe come un ammasso di energia che continua a vibrare a diverse frequenze; dove la vibrazione si fa più lenta e pesante, è lì che l'energia si materializza in una forma materiale, visibile agli occhi e percepibile al tatto.

Alcuni infatti chiamano questo "brodo energetico" matrix[53] o *matrice di tutte le cose*, perché tutto ciò che esiste in questa dimensione materiale proviene da quel luogo energetico (il mondo astrale che sta dietro al mondo materiale). Inoltre, dietro a questo mondo energetico c'è la coscienza della sua esistenza e della sua struttura (il mondo causale), ossia l'idea originaria che contiene l'archetipo (il paradigma) di tutto ciò che esiste nei mondi astrale e materiale.

Quello che vale a livello macroscopico vale anche a livello microscopico. Gli stessi principi che valgono per l'universo valgono anche per il corpo umano, che a sua volta è dunque costituito da tre corpi interconnessi l'uno con l'altro: il corpo causale (la coscienza che sta dietro l'idea del corpo), il corpo astrale (la mente, l'intelletto, il sentimento, la capacità di vedere, sentire e toccare, in altre parole l'energia che rende possibile la vita sul piano fisico), e il corpo prettamente materiale, costituito da pelle, carne, muscoli e ossa.

Non è difficile trovare prove a sostegno di quanto sto dicendo, basta osservarci con un po' più di attenzione. I muscoli, le braccia, le gambe e tutte le altre parti del corpo non possono funzionare

---

[51] Confronta Paramhansa Yogananda, *Autobiografia di uno Yogi,* Ananda Edizioni, traduzione di Elisabeth Ornaghi (edizione originale del 1946), pag. 399 e seguenti.

[52] Confronta Swami Sri Yukteswar, *La scienza sacra*, Casa Editrice Astrolabio, traduzione a cura della Self-Realization Fellowship, pag. 38 e seguenti.

[53] Confronta Gregg Braden, *La matrix divina*, Macro Edizioni, traduzione di Nicoletta Cherubini.

senza qualcuno che le coordini e si occupi di tutto. Tutto ciò che serve a far funzionare il corpo e non è chiaramente individuabile al suo interno è parte del corpo astrale. Ad esempio il fatto di avere gli occhi non è di per sé sufficiente a garantire la vista, perché ci sono che, pur avendo gli occhi, non ci vedono. Questo perché dietro agli occhi fisici sono all'opera altre forze sottili, che si servono degli occhi fisici e rendono possibile la vista. In ultima analisi è l'energia vitale che rende possibile il funzionamento dei senso e più in generale la vita; quando essa smette di fluire nel corpo inizia il processo di decadimento che porta alla morte. Quest'ultima infatti non è altro che la fuoriuscita "definitiva e irreversibile" dell'energia vitale dal corpo: è la presenza di energia vitale (o la sua assenza) che definisce se una persona è viva o morta. Infine, dietro all'energia vitale e alle funzioni del corpo astrale, c'è l'archetipo del corpo umano inteso come idea e coscienza (quest'ultimo è il corpo causale). Ad esempio l'idea del corpo umano è diversa dall'idea del corpo di un animale, così come è diversa dall'idea di un vegetale o di un minerale. Tutte queste forme di vita sono infatti la manifestazione fisica di diverse idee (paradigmi, o archetipi) di base, che a sua volta esprimono il volere di Dio per la sua Creazione.

Anche il corpo umano, dunque, è come una specie di matriosca. La parte esterna che vediamo è il corpo materiale, che quando si disintegra, come avviene al momento della morte (o nei momenti comunque immediatamente successivi), lascia dietro di sé gli altri due involucri. Il secondo involucro è il corpo astrale, e quando ci toglieremo di dosso anche questo resterà infine l'ultimo involucro, il corpo causale, fatto di idee e coscienza. Una volta che romperemo anche quest'ultimo involucro, la nostra anima potrà tornare alla dimora dalla quale proviene, finalmente libera dal giogo della reincarnazione.

La morte è dunque il momento nel quale ci liberiamo del guscio più esterno (quello che rappresenta il nostro corpo materiale, per intenderci). Una volta che questo accade, il nostro corpo astrale e quello casuale sopravvivono in una dimensione diversa da quella nella quale eravamo abituati a vivere, e questo è il motivo per il quale i defunti non riescono più a comunicare con i vivi. Le persone che muoiono si rendono presto conto di essere comunque ancora "vive", anche se in una dimensione diversa da quella in cui hanno vissuto fino a quel momento. Le persone che abbandonano il corpo fatto di carne e ossa, continuano ad esistere e a vivere all'interno del loro secondo corpo, quello astrale, molto più leggero e sottile del primo. La cosa forse più "spaventosa" del momento dell'abbandono del corpo fisico è l'istante in cui il respiro si ferma: dal momento che siamo sempre stati abituati a respirare, pensiamo che il fatto di non poterlo fare sia la fine di tutto.

Come abbiamo visto questo non è vero, perché il respiro fisico è lo strumento che rende possibile la vita fisica, *non* quella astrale. Gli esseri astrali non hanno bisogno di respirare e si nutrono di luce ed energia, che fluisce dall'Universo lungo la spina dorsale energetica[54]. Il respiro fisico, anche se appare come un processo autonomo e indipendente, a livello sottile è strettamente connesso con il movimento dell'energia vitale che sale e scende lungo la spina dorsale energetica: il movimento ascendente dell'energia provoca l'inspirazione, mentre il movimento discendente provoca l'espirazione[55]. È per questo motivo che le persone che muoiono si rendono presto conto di essere ancora vive, nonostante non stiano più respirando.

Una volta che abbiamo capito questo, possiamo comprendere molte altre cose. Innanzitutto capiamo che non ha alcun senso avere paura della morte perché essa in realtà non esiste. Quello che noi chiamiamo *morte* in realtà non è altro che il passaggio dal mondo materiale a quello astrale, che avviene attraverso l'abbandono del corpo fisico. La morte dunque non è la fine di tutto, ma la transizione a un mondo (sotto molti punti di vista) molto migliore di questo. Infatti, dopo aver lasciato il corpo fisico, ognuno di noi soggiornerà nel regno astrale per un periodo prestabilito, che dipenderà dal livello di realizzazione spirituale conseguito in questa vita e dal karma creato[56]. Anche lo specifico pianeta astrale sul quale saremo invitati a vivere sarà una conseguenza del livello di evoluzione conseguito e del karma accumulato. Per la legge di causa-effetto, infatti, non possiamo accedere a regni astrali che sono al di fuori delle nostre "capacità" karmiche, perché

---

[54] Confronta Paramhansa Yogananda, *Autobiografia di uno Yogi,* Ananda Edizioni, traduzione di Elisabeth Ornaghi (edizione originale del 1946), pag. 406.

[55] Confronta anche Jayadev Jaerschky, *Kriya yoga*, Ananda Edizioni, traduzione di Sahaja Mascia Ellero, pag. 73.

[56] Confronta Paramhansa Yogananda, *Autobiografia di uno Yogi,* Ananda Edizioni, traduzione di Elisabeth Ornaghi (edizione originale del 1946), pag. 399 e seguenti.

ogni nostro pensiero, parola o azione che abbiamo posto in essere in questa vita ha creato un paradigma energetico che ci accompagnerà nel mondo astrale dopo la morte (questo è infatti il vero motivo per il quale è importante concentrarsi sul costruire un buon karma già in questa vita: perché diversamente da tutte le cose materiali che conseguiremo nella vita, il nostro karma sarà l'unico "bagaglio" che ci sarà concesso portare con noi nella prossima vita). Questo vale in entrambe le direzione, sia verso il basso sia vero l'alto[57]. Se vi siete comportati rettamente nella vostra ultima incarnazione fisica, verrete mandati a vivere su un pianeta conforme alle capacità spirituali che avete già acquisito, in modo da poter progredire ulteriormente a livello spirituale. Chi invece si sarà comportato in modo inadeguato, causando volontariamente dolore e sofferenza ai suoi fratelli della Terra, sarà inevitabilmente costretto a rinascere nei regni astrali meno desiderabili, quelli caratterizzati da flussi continui di dolori e sofferenze (generalmente ci si riferisce a questi mondi inferiori quando, nella Bibbia, si parla dell'*inferno*). Allo stesso modo, tuttavia, se non avete raggiunto grandi risultati dal punto di vista spirituale, vi sarà preclusa anche la possibilità di accedere ai regni astrali superiori, quelli popolati dagli angeli o dai grandi maestri come Gesù, Buddha e Yogananda (nella Bibbia ci si riferisce a questi regni quando si parla del *paradiso*).

Oltre che a rispondere a molte domande esistenziali sul senso e sullo scopo della vita, questa visione delle cose ci offre anche gli stimoli per importanti riflessioni, ad esempio sull'esistenza della vita extraterrestre. Se infatti gli extraterrestri vivessero su mondi astrali superiori, a cui la maggior parte degli esseri umani non ha accesso, potremmo non riuscire mai a trovare una prova fisica della loro esistenza, e tuttavia ciò non significherebbe che non esistono. Anche le onde radio, fino a quando non sono state scoperte, si pensava che non esistessero. La stessa cosa potrebbe accadere per la scoperta di altre forme di vita: gli extraterrestri, gli angeli o i grandi maestri spirituali. Anche gli angeli si nascondono dietro al mondo astrale, e a volte si manifestano anche in forma visibile agli occhi degli uomini sottoforma di fugaci visioni astrali o come particolari sensazioni tattili o percettive (oltre che come fragranze e voci astrali). Per loro vale quanto già detto per gli extraterrestri: fino a quando non saremo in grado di accedere a questi mondi più elevati, non potremo mai sapere cosa si nasconde all'interno dei essi.

---

[57] Con il termine *basso* ci si riferisce ai mondi astrali caratterizzati da una bassa vibrazione energetica, mentre con il termine *alto* ci si riferisce a quelli contraddistinti da un'elevata vibrazione.

Lezione n. 30: agire!

Molte persone, soprattutto al giorno d'oggi quando risulta abbastanza facile reperire nuove informazioni, confondono la conoscenza con il sapere. La conoscenza è qualcosa che si assimila con la mente razionale e con l'intelletto, mentre il sapere è un prodotto del cuore. Quando la conoscenza acquisita mediante lo studio o l'esperienza di vita diventa parte integrante del nostro modo di essere, fare e pensare, allora si trasforma in sapere. Per diventare sapere, la conoscenza deve quindi essere "assorbita" in profondità nel nostro essere, passando dunque dalla mente conscia razionale a quella subconscia. L'azione è lo strumento con il quale si realizza questa trasformazione.

Tutti possono imparare cose nuove, soprattutto al giorno d'oggi. Per farlo basta accendere un computer e digitare qualcosa nella barra di ricerca di qualche *browser*, e nell'arco di pochi secondi saremo in possesso di tutte le informazioni desiderate. Usando lo stesso principio, nel giro di pochi minuti o qualche ora, o nella peggiore delle ipotesi di qualche giorno o qualche mese, potremmo diventare i più grandi esperti del mondo di qualsiasi argomento, restando comodamente seduti sul divano di casa nostra, spendendo poco o nulla.

Internet non è l'unico strumento che abbiamo a disposizione per imparare cose nuove; ci sono anche i libri, le biblioteche, gli incontri di formazione e le "esperienze sul campo". Queste ultime, a differenza dei precedenti, sono lo strumento migliore in assoluto perché non si preoccupano solo di fornire informazioni a livello intellettuale, ma le mettono anche alla prova sul terreno della vita quotidiana. A differenza di internet, dei libri o della maggior parte delle scuole di formazione, l'esperienza sul campo contiene proprio l'unico ingrediente di cui non si può fare a meno: l'azione.

La teoria è necessaria, perché senza di essa non potremmo avere le basi per entrare in azione. Ci sono persone che si buttano a capofitto nelle loro attività senza un'adeguata preparazione di base, spinte solo dall'impulso ad agire. Costoro saranno prima o poi destinati al fallimento perché nessun risultato duraturo può essere ottenuto senza un'adeguata preparazione di base (perlomeno nel 90% dei casi).

Allo stesso modo, la teoria senza la pratica è come un secchio pieno di buchi. Alcune persone pensano infatti che il semplice fatto di conoscere le cose dia loro le credenziali necessarie per sentirsi superiori a tutti gli altri "ignoranti" in materia. Queste persone iniziano dunque a gonfiare il proprio ego, ergendosi come veri e propri luminari. Anch'esse saranno destinate a fallire, non appena gli altri si accorgeranno della loro completa mancanza di esperienza *pratica* nelle questioni sulle quali invece proclamano la loro conoscenza. In aggiunta spesso accade che la realtà dei fatti sia molto diversa dalla teoria stessa, cosa che rende a sua volta ancora più sbagliato affidarsi esclusivamente agli elementi teorici.

La conoscenza senza azione non vale niente. La soluzione migliore in grado di ottimizzare il processo di apprendimento è quella di abbinare teoria e pratica (o pensiero e azione), per creare un'unità indistinta nella quale non siano più individualmente distinguibili la conoscenza e la pratica. La teoria applicata alla pratica è qualcosa di più della semplice teoria e della semplice pratica. È qualcosa di nuovo, speciale e unico, che si viene a creare solo quando entriamo in azione per mettere in pratica le conoscenze che abbiamo precedentemente acquisito.

Come appena accennato, *teoria* significa anche *pensiero*, non solo come nuova conoscenza acquisita, ma anche come riflessione. In altre parole, conoscere significa anche riflettere su ciò che si sta per fare. Può sembrare una cosa scontata, ma per molte persone non lo è.

Una persona che conosco, ad esempio, è abituato a fare le cose senza pensarci sopra minimamente. Quando è uscito di casa ed è andato a vivere con la sua compagna, ha comprato una casa in fretta e furia, accontentandosi della prima abitazione libera che aveva trovato. Pochi anni dopo ha però dovuto venderla per comprarne una più grande, perché hanno avuto un bambino e quella casa era già diventata troppo piccola. Quindi ha dovuto vendere la casa, estinguere il mutuo che aveva fatto per acquistarla, cercare una nuova casa e accendere un nuovo mutuo (oltre che a organizzare il trasloco ovviamente!). Come se non bastasse, anche in questo secondo caso non è stato particolarmente lungimirante: se dovessero avere un altro figlio molto probabilmente dovrebbe cambiare casa di nuovo.

Sono d'accordo che a volte ci possono essere situazioni di massima urgenza nelle quali si devono prendere decisioni in fretta senza il tempo per pensarci sopra adeguatamente, ma questo non era il suo caso. Un altro mio conoscente, invece, è stato più lungimirante. Quando è andato a

160

vivere con la sua compagna si è premurato di comprare una casa con almeno una stanza in più, che avrebbe potuto essere facilmente trasformata in camera da letto nel caso avessero avuto un figlio. Questa persona ha fatto valutazioni più accurate della precedente perché ha messo in preventivo la possibilità di avere figli nell'immediato futuro, agendo di conseguenza. Pensare prima di agire è fondamentale perché può farci risparmiare un sacco di soldi e di fatica (oltre che "salute mentale" ed energia).

Allo stesso modo vale il discorso opposto: troppo pensiero senza azione può portare al ristagno. Io stesso sono caduto molte volte in questa trappola, avendo un spiccata predisposizione all'uso dell'intelletto. Mi informavo sulle cose fino a diventarne un esperto, in certi casi arrivando persino a conoscerle meglio dei veri e propri professionisti della materia (coloro che si occupavano di quelle cose per lavoro). Eppure raramente concretizzavo le mie conoscenze, che rimanevano dunque quasi del tutto inutili. Con il tempo però ho imparato la lezione e oggi non dedico più troppo attenzione all'analisi o allo studio delle cose: quando mi accorgo di avere acquisito un numero sufficiente di informazioni per entrare in azione, agisco immediatamente.

Il modo migliore per superare l'uso eccessivo del processo del pensiero, che conduce alla procrastinazione, consiste proprio nell'acquisire un numero di informazioni sufficienti per entrare in azione, e poi agire. In altre parole, appena si creano le condizione per poter agire, fatelo immediatamente. Se più avanti sentirete il bisogno di approfondire ulteriormente le vostre conoscenze, potrete farlo in un secondo momento. In aggiunta, se doveste accorgervi di dover modificare leggermente le vostre azioni, potrete sempre aggiustare il tiro.

Il valore dell'intraprendenza

Non mi stancherò mai di sottolineare l'importanza dell'intraprendenza, perché se non ci diamo da fare per migliorare la nostra vita, nessun altro lo farà per noi. Siamo noi che dobbiamo rimboccarci le maniche e cambiare il corso della esistenza un pezzo alla volta, giorno dopo giorno. Non ci sono altre soluzioni, perché l'unica alternativa disponibile è quella di mantenere lo status quo per il resto della nostra vita, accettando passivamente le condizioni che il destino (o meglio l'adempiersi della legge di causa-effetto) ha scelto per noi.

L'iniziativa è magia. Quando entriamo in azione per creare un qualsivoglia cambiamento, automaticamente accediamo anche alle nostre migliori e più profonde risorse; ciò avviene in modo del tutto inconscio, senza dover fare niente al riguardo. Inoltre, entrando in azione attiviamo anche la legge dell'attrazione, aprendo dunque le porte della nostra vita alla creatività e alla sincronia. L'azione, da un punto di vista energetico, non è altro che una richiesta diretta fatta alla vita stessa, alla quale chiediamo aiuto per realizzare il cambiamento desiderato. L'Universo riceve le nostre richieste, si prende del tempo per individuare il modo migliore attraverso il quale venirci in aiuto, e poi ci fa arrivare l'aiuto richiesto nel momento e nel modo che ritiene opportuno. Alcune volte può sembrare che la vita sia "sorda" alle nostre richieste: ciò accade o perché non ci siamo ancora sforzati abbastanza, o perché abbiamo altre lezioni da imparare. In queste situazioni non dobbiamo perdere la speranza ma dobbiamo continuare a provare, imparando allo stesso tempo le nostre lezioni strada facendo. L'importante è continuare a dare il meglio di sé, senza demordere.

In linea generale, non si agisce mai abbastanza. Ciò significa che, a prescindere da quanto abbiamo fatto fino a oggi, possiamo sempre fare di più. L'azione disperde anche le nostre preoccupazioni e le nostre paure, aiutandoci a stare meglio con noi stessi da un punto di vista emotivo e spirituale. Sotto questo punto di vista, agire non presenta particolari controindicazioni, purché l'azione resti sempre confinata nella sfera del buonsenso. Il contrario della procrastinazione infatti è l'iperattività, che si sviluppa nel momento in cui diventiamo incapaci di fermarci per concederci il giusto (e meritato) riposo. Questo è un pericoloso punto di non ritorno, che può causare (sia nel breve sia nel lungo periodo) gravi squilibri psicologici, aprendo le porte a problemi e malattie degenerative in qualche modo connesse con il sistema nervoso. È facile capire se siete una persona troppo attiva: se non riuscite a stare seduti su una sedia per cinque minuti di fila senza fare niente, molto probabilmente lo siete. La maggior parte delle persone iperattive non si è mai neppure posta il problema di esserlo, e nella maggior parte dei casi la tendenza è ascrivile all'iperattività della loro stessa mente. Questi sono dunque gli unici casi nei quali vi consiglio vivamente di moderare la vostra attività, concedendovi la giusta quantità di riposo.

In ogni caso, a prescindere dal fatto che siate iperattivi o meno, arriva per tutti un momento nella vita nel quale ci si deve fermare o perlomeno rallentare le proprie attività. Per molti questo momento arriva quando si va in pensione e ci si ritira dalla vita lavorativa, per altri arriva prima o dopo la pensione. Molte persone abituate a essere sempre attive e sul pezzo, spesso incontrano momenti di difficoltà verso i quaranta o i cinquant'anni, dovuti al fatto che lo stress accumulato nelle loro vite impedisce loro di proseguire la vita come hanno sempre fatto fino a quel momento. La loro mente non ce la fa più e chiede una boccata di ossigeno: ecco perché molti cambiano carriera o addirittura iniziano a dedicarsi ad attività alternative come lavorare la terra, ad esempio. Altri ancora invece non riescono a staccare la spina nemmeno dopo essere andati in pensione, e muoiono letteralmente (o quasi) mentre stanno ancora lavorando.

Inoltre c'è anche la possibilità che il momento di fermarsi arrivi in momenti diversi a seconda delle attività svolte. Io ad esempio ho smesso di giocare a calcio a trent'anni, ma avrei potuto proseguire per ancora diversi anni. Un famoso detto popolare dice: "Quando suona il gong, è inutile restare sul ring". Meglio accettare l'inevitabile e farsene una ragione, concentrando le proprie energie psicofisiche sulle prossime sfide. Smettere di agire o ridurre l'intensità e la frequenza delle azioni vuol dire essere capaci di fare anche questo.

In relazione a questo libro

Questo libro offre una grande opportunità per mettere in pratica questi principi. Con particolare riferimento alle lezioni contenute in queste pagine, infatti, esse non cambieranno in alcun modo la vostra vita, se non agirete direttamente e *in modo consistente* su di essa. Il semplice fatto di *conoscere* queste lezioni, come già detto, non significa automaticamente che le abbiate fatte vostre. Avrete imparato queste lezioni solamente quando le avrete fatte diventare parti integranti della vostra esistenza, assimilandole con ogni cellula del vostro corpo; ciò accadrà quando avrete imparato ad agire *diversamente* da come invece avete fatto fino a oggi. È proprio questo l'ingrediente essenziale per trasformare gli insegnamenti di questo libro da "*conoscenza*" a "*sapere*".

Se continuerete a comportarvi come avete sempre fatto, continuerete a raccogliere gli stessi identici risultati che avete raggiunto fino a oggi. Per cambiare qualcosa dovrete agire diversamente rispetto a come eravate abituati a fare, in modo che gli insegnamenti presentati in questo libro diventino un nuovo stimolo per comportarsi diversamente. Solo così facendo la teoria presentata in queste pagine lascerà in voi una traccia *concreta* e *tangibile*, in grado di apportare qualche miglioramento nella vostra vita quotidiana. In caso contrario questi insegnamenti verranno stipati negli scaffali della vostra memoria per essere seppelliti nell'oblio del passare del tempo. Nella lingua inglese c'è un'espressione che riassume perfettamente il messaggio che voglio trasmettere in quest'ultimo paragrafo: "*use it or lose it*". Tradotto in italiano significa: "*Usa queste informazioni o le perderai*".

Le lezioni in sintesi: dieci consigli per trarre il meglio da questo libro

Siamo quasi giunti alla fine del libro e prima di lasciarvi ritornare alla vostra vita di sempre volevo offrivi un piccolo riassunto dei principi fondamentali che sottostanno alle lezioni che sono state presentate e descritte. Di seguito dunque elenco dieci consigli che vi saranno utili non solo a riassumere in parole diverse i concetti chiave espressi nei capitoli precedenti, ma anche ad avere una direzione chiara nella quale muovervi nella vostra vita di tutti i giorni. Così come l'olio si ottiene spremendo le olive, allo stesso modo questi dieci consigli sono stati ottenuti "spremendo" i frutti delle lezioni presentate in precedenza. Seguire e mettere in pratica anche solo questi dieci princìpi di vita sarebbe abbastanza per farvi accedere a nuovi livelli di salute, felicità e benessere, oltre che a nuovi livelli di comprensione e consapevolezza. Se invece avete deciso di mettere in pratica anche i suggerimenti descritti nelle pagine precedenti, considerate questi dieci principi di vita come il "filo invisibile" che unisce e collega tutte le lezioni affrontate.

Equilibrio

Vivere con equilibrio significa dare spazio a tutti gli aspetti dell'esistenza e non solo a quelli che ci fanno comodo in un determinato momento. Lavoro, famiglia e amicizia sono tre aspetti della vita che non possiamo escludere dalla nostra esistenza. Troppo lavoro ci farebbe esaurire, così come troppo attaccamento alla famiglia potrebbe invece soffocare la nostra anima. Troppi rapporti sociali, a loro volta, potrebbero farci perdere di vista le cose importanti, come la famiglia o il lavoro. Il giusto equilibrio tra questi tre aspetti ci darà una discreta stabilità personale e allo stesso tempo ci aiuterà a dare il meglio di noi al lavoro, in famiglia o nei rapporti sociali. Al lavoro renderemo meglio e riusciremo a fare le cose con più efficienza e in minor tempo, mentre a casa saremo più comprensivi e amorevoli con i nostri cari. Coltivando sani rapporti sociali, attraverso le amicizie o lo sport, saremo più soddisfatti e rilassati e di conseguenza ci godremo al meglio anche il tempo che passeremo con la nostra famiglia, felici di poter trascorrere del tempo con le persone che amiamo di più.

Per la maggior parte delle persone questo è abbastanza, anche se indubbiamente c'è sempre la possibilità di inserire altri elementi in grado di arricchire ulteriormente l'esistenza (ad esempio l'attività fisica regolare, da soli o in gruppo). Per coloro che invece non si sentono sufficientemente appagati da questo stile di vita, la spiritualità deve diventare il loro quarto elemento. Costoro infatti sono troppo evoluti dal punto di vista spirituale per accontentarsi di avere un buon lavoro, una famiglia che si prende cura di loro e relazioni sociali appaganti; queste persone cercano qualcosa di più, qualcosa che le cose di questo mondo non possono dare. Ecco allora che fa il suo ingresso in scena la meditazione scientifica, lo strumento migliore in assoluto per dare questo genere di risposte e per trovare la vera felicità.

Sincerità

Spesso si sente dire che il successo nella vita dipende in larga parte dalla nostra capacità di parlare e comunicare. Quelli che dicono ciò in realtà vogliono dire che se non sei capace di comunicare e persuadere gli altri, non hai alcuna possibilità di ottenere ciò che desideri. Infatti, dal loro punto di vista, saper comunicare significa saper convincere gli altri delle proprie idee, ovvero, in altre parole, manipolarli per raggiungere i propri scopi.

Molti ritengono che l'arte di "comunicare", come sopra intesa, debba essere appresa. Io al contrario sostengo invece che tutti sono capaci di mentire e distorcere la verità; non ci vuole un genio per imparare, basta raccontare a ciascuno esattamente ciò che vuole sentirsi dire e il gioco è fatto. Tutti sono capaci di raccontare solo quello che fa comodo a loro.

Il difficile, piuttosto, è essere sinceri. Essere onesti con gli altri è più complicato, ma essere onesti con se stessi è ancora più complesso. Nella maggior parte dei casi, infatti, siamo talmente impegnati a salvare la faccia che mentiamo inconsciamente persino a noi stessi. Reinterpretiamo le cose in un modo che ci fa comodo e ci raccontiamo mentalmente delle "storie" per giustificare le nostre azioni. Essere sinceri con se stessi è però la base di ogni percorso di crescita personale e spirituale, perché se non avremo il coraggio di guardarci dentro per capire che cosa ci sia che non funziona, difficilmente troveremo lo stimolo per cercare le risposte che ci servono. E se anche le trovassimo, non avremmo comunque la motivazione giusta per cambiare la nostra vita. La sincerità è scomoda perché ci mette di fronte alle nostre debolezze e alle nostre carenze, ma è indispensabile per crescere e diventare persone migliori. Se non vi interrogate su voi stessi e sulla vostra vita, nessun altro lo farà per voi. Se non cercate voi stessi di sistemare le vostre debolezze, sarete destinati a conviverci per il resto dei vostri giorni[58].

Integrità

Scendere a compromessi con se stessi e con gli altri sembra essere diventata un'indispensabile necessità per raggiungere il successo agli occhi del mondo. Per avere fama, riconoscenza e potere (economico, politico o mediatico), la gente è disposta a fare di tutto. Ci sono persone che evadono le tasse e accumulano proprietà in ogni angolo del pianeta, pagando meno tasse di un operaio. Altri pubblicano su internet una stupidaggine dopo l'altra solo per aumentare la propria visibilità mediatica. Il vero successo, però, è quello interiore. E per raggiungerlo non ci sono scorciatoie: dovete essere onesti. L'integrità è forse la cosa più difficile da sviluppare nel mondo moderno, dove niente ha valore se non rispetti e segui determinati standard e stereotipi sociali.

Chi scenderà a compromessi con se stesso e con gli altri un giorno dovrà pagarne le conseguenze, perché se è vero che il mondo ci tenta e ci spinge a comportarci in modo disonesto, è altrettanto vero che esso non pagherà al posto nostro quando la legge del karma ci presenterà il conto. Saremo noi che dovremo rispondere per le decisioni che abbiamo preso, di cui dovremo assumerci la responsabilità. Per questo le persone che vi insegnano le arti della disonestà non vi parlano mai della legge della karma: perché se lo facessero capireste immediatamente la follia e la stupidità di quello che state per fare. Vivere una vita onesta e adempiere ai propri doveri con responsabilità è fondamentale non solo per metterci al riparo dai colpi bassi futuri della vita (conseguenza della legge del karma in azione), ma anche per progredire spiritualmente e diventare la miglior versione possibile di noi stessi.

Buonsenso

La cosa giusta da fare è sempre in linea con il buonsenso. Quando non sapete quale sia il giusto comportamento da assumere in un determinato contesto, o quando non sapete quale sia la decisione giusta da prendere, interrogate il vostro buonsenso. Che cosa vi consiglia di fare? Assecondate i suoi suggerimenti, perché non possono che essere giusti. Il buonsenso contiene la chiave di ogni domanda, perlomeno nell'immediato. Non sempre riesce a rispondere a domande esistenziali sulla vita e sull'Universo, ma nelle questioni pratiche non c'è niente di meglio su cui contare. È proprio questo che lo contraddistingue e lo caratterizza: è pratico. Il buonsenso non si occupa di astruse teorie o indimostrabili princìpi filosofici, ma ci indica con esattezza il giusto modo di agire e comportarci in una determinata situazione. Quindi una delle cose migliori che potete fare per diventare più pratici nell'affrontare le sfide della vita di tutti i giorni, soprattutto se tendete invece a essere più riflessivi o "introspettivi", è sviluppare la ragionevolezza. Non che da sola possa risolvere tutto, ma nel breve o brevissimo periodo ci offre sempre una valida opzione da perseguire per uscire dalle difficoltà e prendere la decisioni migliore per noi.

Padronanza degli stati d'animo positivi

L'argomento degli stati d'animo non è stato affrontato in dettaglio in questo libro, ma la capacità di saperli gestire è troppo importante per non essere inserita in questo elenco. Questo libro, tuttavia, è stato pensato come un *addendum* al mio precedente manoscritto, *Intelligenza emotiva in azione*, di cui costituisce a tutti gli effetti un completamento. Se non lo avete già fatto, dunque, il mio consiglio è quello di leggere, studiare e mettere in pratica, assieme a questo libro, anche *Intelligenza emotiva in azione*.

La capacità di saper vivere a partire da stati d'animo positivi, assieme alla capacità di imparare le proprie lezioni di vita, costituiscono assieme una formula magica in grado di polverizzare quasi ogni ostacolo che incontrerete nella vita. Leggere e praticare solo le lezioni di questo libro è già un passo importante in direzione del miglioramento personale, ma abbinare questi insegnamenti alla

---

[58] Chi volesse approfondire l'affascinante tema della comunicazione può leggere il mio libro *Manuale di intelligenza verbale*, che offre una prospettiva particolare (più olistica e spirituale) al tema affrontato.

pratica degli stati d'animo positivi aumenterà significativamente il livello di qualità e benessere della vostra vita. Di conseguenza, anche se non sono stati descritti in dettaglio in queste pagine, gli stati d'animo positivi sono un elemento imprescindibile del percorso tracciato in queste pagine.

Semplicità

La vita, di per sé, è semplice. Quello che è difficile, invece, è non complicarla. Ecco perché le persone giungono alla conclusione che la vita sia difficile e complessa: perché l'hanno complicata a tal punto che poi pensano che essa sia sempre stata così. Creiamo nella nostra mente un sacco di inutili "ideali" e ci muoviamo in una molteplicità di direzione talmente vasta che poi non abbiamo neanche il tempo di badare a noi stessi o alla nostra famiglia. Le persone ne combinano veramente di tutti i colori. Quelli che hanno già un lavoro ben retribuito, invece di tenerselo stretto, si impegnano in altre attività a tal punto che, inevitabilmente e gradualmente, iniziano a perdere clienti e si ritrovano con un lavoro che non funziona più bene come una volta, e un altro che non è mai funzionato davvero. Altri invece hanno una brava moglie (o un bravo marito) e anziché tenersela stretta, cercano nuove avventure sull'altare della trasgressione.

Vivere in questo modo è un po' come annegare di sete mentre siamo immersi nell'acqua fino al collo. Che senso ha? La causa dell'abitudine di complicarsi la vita è riconducibile al contesto sociale nel quale viviamo, caratterizzato più che mai da irrequietezza e avidità. La prima ci spinge a essere sempre sul pezzo, pronti alla prossima conquista; la seconda invece ci insegna a non essere mai contenti di quello che abbiamo e a desiderare sempre qualcosa di più. Estirpare alla radice queste due piaghe vi farà accedere a nuovi livelli di felicità e benessere psicofisico. Questo non vuol dire rinunciare ai propri sogni, ma imparare a capire quando questi desideri sono veramente *nostri* e quando invece sono un artefatto creato ad arte dalla società per stimolarci a comprare sempre più nuovi beni e servizi. Semplificare la nostra vita resta dunque la cosa migliore da fare per iniziare a godersi veramente la vita e sperimentare nuovi livelli di pace, armonia e benessere.

Sensibilità

Essere in possesso di una ricetta standard universale serve solo se quella ricetta funziona anche per noi. Nella maggior parte dei casi, tuttavia, le ricette standardizzate sembrano non funzionare, o perlomeno lo fanno solo in parte. Il motivo non è tanto che la ricetta di per sé sia inefficace, ma che tale ricetta ha bisogno di essere leggermente modificata, aggiustata e adattata a noi stessi e alla nostra vita. Se ci riusciremo, molto probabilmente quella stessa ricetta andrà bene anche per noi (ovviamente c'è anche la possibilità che quella ricetta invece possa *non* andare bene per noi). Alla base del processo di adattamento c'è la conoscenza di se stessi, della propria personalità e del proprio carattere. Una volta che conosciamo questi elementi di base, allora poi possiamo iniziare ad adattare (a noi e alla nostra vita) le risorse con cui entriamo in contatto. Senza conoscere le caratteristiche o le esatte dimensioni del nostro corpo, diventa difficile poter costruire un abito su misura; allo stesso modo diventa letteralmente impossibile riuscire a costruirsi una vita "su misura" se non conosciamo chi siamo veramente (la nostra identità) e cosa siamo venuti a fare su questo pianeta (lo specifico sentiero di vita sul quale siamo chiamati a camminare).

Il succo del processo di adattamento è la sensibilità. Bisogna continuamente cercare soluzioni e metterle in pratica, monitorando i risultati che ne derivano ed eventualmente aggiustando il tiro se necessario. È un processo in continuo divenire, profondamente esperienziale. Non esistono soluzioni: bisogna costruirsi le cose con le proprie mani, giorno dopo giorno, esperimento dopo esperimento. Solo così facendo saremo in grado di costruirci una vita *speciale* che sia il risultato di un attento processo di ascolto interiore piuttosto che un'operazione di "copia-incolla" della vita di qualcun altro. L'unico modo per riuscirci è fare tanta pratica: sperimentare, sperimentare e sperimentare. Questa è la parola chiave, e non si tratta di una bacchetta magica. L'unica bacchetta magica che avrete sarà la vostra esperienza diretta del processo: a mano a mano che imparerete a conoscervi, svilupperete soluzioni sempre migliori, in grado di adattarsi a voi e alla vostra vita in maniera sempre più attillata.

Azione

L'azione è la base stessa di ogni cambiamento, perché possiamo essere sicuri di essere cambiati solo quando abbiamo imparato a reagire in modo diverso alle cose che ci succedono. Senza l'azione il cambiamento resterebbe confinato al piano mentale dell'esistenza. Bisogna infatti stare molto attenti a non confondere la conoscenza con la l'*utilità*: potete essere la persona più dotta e sapiente della Terra, ma se non siete in grado di mettere in pratica le vostre conoscenze, di fatto valete meno di chi, pur avendo meno conoscenze e competenze delle vostre, è però in grado di farle fruttare.

Quindi ciò che fa la differenza tra il cambiamento vero e proprio e il mero desiderio di riuscirci è proprio l'azione. Potete leggere tutti i libri che volete e diventare i massimi esperti in qualsiasi settore in cui decidete di concentrare la vostra attenzione, ma se non entrate in azione, se non vi date da fare per trasformare quel sapere in risultati concreti, resterete sempre la persone che siete e non cambierete di una virgola la vostra vita.

Non ci sono alternative: l'azione e l'intraprendenza sono il *Sacro Graal* del cambiamento. Senza di essi siamo destinati a fallire perché non abbiamo alcuna possibilità di dimostrare con i fatti la bontà e la validità delle nostre idee, teorie e intuizioni. Qualsiasi cosa attiri la nostra attenzione, essa deve poi essere trasferita dal piano strettamente mentale a quello concreto, in modo che sia utile anche a livello concreto nella vita di tutti i giorni, per noi e per la comunità nella quale viviamo.

Amore

I punti precedenti sono importanti, ma senza amore non servono a nulla. Amare qualcuno (o la vita) significa volergli bene nonostante tutto, a prescindere da come egli (o ella) è e da come si comporta. La maggior parte delle persone confina l'amore dentro le mura di casa, o al massimo poco al di fuori di esse. L'amore vero è invece un sentimento che si riversa su ogni popolo del pianeta e sulla Terra stessa, perché il nostro benessere personale è per forza di cose strettamente interconnesso con quello del pianeta e di tutti gli altri suoi abitanti. Poiché tutto è interconnesso e correlato, sarebbe sciocco se una parte del tutto pensasse di poter trovare pace, felicità e prosperità sottraendole allo stesso tempo al resto del mondo.

Inevitabilmente, prima o poi, i problemi degli altri diventeranno anche problemi nostri. È ormai accertato che l'inquinamento ha avuto (e sta avendo tutt'oggi) un ruolo molto importante nella vita degli esseri umani, sia a livello individuale sia collettivo. Esso è la causa diretta di molte malattie croniche, o perlomeno ne costituisce una pericolosa aggravante. A livello macroscopico, l'inquinamento provoca l'innalzamento delle temperature e lo scioglimento dei ghiacci, oltre che una quantità di modificazioni climatiche difficili da stimare e quantificare nel lungo periodo. Quindi il principio dell'espansione del sentimento dell'amore va applicato non solo al nostro Paese ma anche all'umanità nel suo complesso, incluso il pianeta sul quale viviamo.

Fiducia

La fiducia è l'essenza stessa della vita, perché senza di essa non abbiamo alcuna possibilità di uscire vincitori dalle sfide dell'esistenza. In particolare bisogna nutrire fiducia non tanto nel genere umano, o in qualcuno in particolare, ma in Dio e nella vita stessa. È Dio che ha creato questo mondo ed è a lui che la natura obbedisce giorno dopo giorno, senza che noi dobbiamo fare nulla al riguardo. Il Sole sorge e tramonta tutti i giorni, eppure noi possiamo solo limitarci a osservarlo. Anche nel nostro corpo la natura manifesta tutto il suo immenso potere e la sua perfetta dinamicità: il nostro cuore batte ininterrottamente dalla mattina alla sera senza che noi dobbiamo fare qualcosa perché ciò avvenga, e per lo più senza chiederci nulla in cambio.

È sufficiente osservare la natura per capire che la vita si prende cura di se stessa senza bisogno di alcun intervento cosciente da parte nostra. L'uomo farebbe bene a starsene da una parte e a limitare al massimo i suoi interventi in quei pochi ambiti nei quali la sua azione non impatta negativamente in alcun modo sulla natura stessa (ad esempio la costruzione di una diga per lo sfruttamento di un corso d'acqua per generare energia elettrica è un'attività che di per sé non ha alcun impatto negativo sulla natura, diversamente dalle attività di disboscamento o di quelle finalizzate alla trasformazione delle aree verdi in aree urbane).

La natura non ha bisogno dell'uomo per andare avanti ma l'uomo ha bisogno della natura per sopravvivere. Di conseguenza non commettete l'errore di pensare che la vostra vita sia poi così importante: dopo che ve ne sarete andati il Sole continuerà a sorgere nel cielo e le stelle continueranno a illuminare la notte. Affrontate la vita con serenità, sapendo che essa si prende cura di se stessa in modo autonomo; poiché anche voi siete parti integranti del flusso dell'esistenza, la vita si prenderà cura anche di voi, in un modo o nell'altro. L'unico motivo per il quale la vita potrebbe voltarvi le spalle è che voi lo abbiate già fatto a vostra volta, disobbedendo alle leggi di Dio e della natura. Vivete dunque con umiltà e cercate di fare del vostro meglio per vivere in armonia con le leggi della vita, perché quando lo farete la vita stessa vi ricompenserà.

Epilogo

Questo libro è stato pensato come un completamento del mio precedente testo intitolato *Intelligenza emotiva in azione*. Insieme, questi due manoscritti possono fare miracoli. È accaduto a me e può accadere anche a voi. Se volete dunque massimizzare le potenzialità di questo libro, mettetelo in pratica assieme a *Intelligenza emotiva in azione*. Il loro potere combinato vi farà accedere a nuovi livelli di comprensione, consapevolezza e felicità.

Questo libro in particolare ha affrontato il tema del giusto atteggiamento di vita, quello del guerriero spirituale. Perché a prescindere da quale sia il vostro ruolo nel mondo, prima o poi la vita vi costringerà ad affrontare le vostre debolezze. Farsi trovare pronti e sapere come reagire alle sventure quando queste capiteranno è fondamentale per aumentare le nostre possibilità di successo.

Questo libro parla anche delle lezioni di vita che prima o poi tutti dovremo imparare, perché l'esistenza stessa è un'aula di scuola fatta per "costringerci" a progredire lungo il sentiero della perfezione divina. Il testo non ha la pretesa di essere perfetto o infallibile; al contrario prende in esame un ristretto campo di esperienza, riassumendo in poche decine di pagine quelle che a mio avviso sono le principali lezioni di vita che devono assolutamente essere imparate, se si vuole vivere appieno la vita.

Uno dei limiti dei libri, tuttavia, è proprio quello di non poter calibrare le informazioni sulla base delle specifiche esigenze di una persona (cosa che invece accade nel *personal coaching*, all'interno del quale viene condotta una disamina più approfondita dello stato psicofisico di una persona, per offrirle le migliori soluzioni possibili, creando di fatto un pacchetto di aiuti fatto su misura che risponda alle sue particolari esigenze di un determinato momento della sua vita). Quindi bisogna concludere che questo libro, come tutti i libri, è uno strumento imperfetto perché non può aiutarvi più di tanto a trovare il modo giusto per voi di mettere in pratica quanto suggerito al suo interno. Per questo motivo, tuttavia, ho insistito tanto sull'esigenza di adattare e personalizzare i contenuti qui presentati, perché serve in parte a ovviare al problema dell'assenza di un'assistenza personale nel processo di cambiamento. Sviluppando la giusta sensibilità potrete diventare coach di voi stessi e supportare il processo di cambiamento meglio di quanto potrebbe fare un coach che non vi conosce altrettanto bene (il coach, tuttavia, ha dalla sua parte una grande esperienza sul campo).

Alcune volte forse non vi siete trovati d'accordo con quello che ho scritto. Questo può essere successo per due motivi: o perché non avete ancora avuto modo di affrontare direttamente quella questione, o perché l'avete già affrontata e superata. Nel primo caso vi trovate ancora in una fase della vostra vita nella quale non avete ancora avuto modo di fare esperienza di tutto quello che è stato scritto; non è questione di età anagrafica, ma di età "spirituale". L'evoluzione della vostra anima infatti non ha niente a che fare con la vostra età anagrafica: può infatti accadere che un bambino manifesti una saggezza di gran lunga superiore a quella di molti adulti. In questo caso dunque abbiate pazienza e non gettate qualcosa nella spazzatura solo perché al momento non ne capite l'utilità. Se qualche lezione vi ha lasciato perplessi, mettetela da una parte e dimenticatevene temporaneamente. Quando arriverà il momento giusto, ossia quando la vita vi metterà a faccia a faccia con essa, ritiratela fuori e rileggetela: molto probabilmente a quel punto capirete quale era il significato che volevo trasmettere in quella parte del testo.

Nel caso invece in cui abbiate già affrontato e superato una specifica lezione (o una simile), vuol dire che siete anime particolarmente evolute che hanno già attraversato il livello medio di coscienza che sottende i contenuti di questo libro. Questo significa che molte delle lezioni di cui avete letto, per voi non hanno più ragione di esistere. Le avete già imparate e metabolizzate e sono già parte integrante del vostro modo di essere. Ora siete andati oltre, dove vi aspettano lezioni più sofisticate e avanzate dal punto di vista spirituale. Cercate dunque le vostre risposte in altri luoghi, e magari in uno dei prossimi libri che scriverò in futuro, molti dei quali affronteranno in maniera più dettagliata il tema della spiritualità e del sentiero spirituale.

Inoltre c'è sempre anche la possibilità che io mi sbagli. Sono un essere umano come tutti voi e come tale posso commettere errori. Anche se devo ribadire che tutto quello che ho scritto in queste pagine proviene esclusivamente dalla mia esperienza di vita (e quindi non è il frutto di una mera curiosità intellettuale mai messa alla prova sul terreno della vita quotidiana), non sono così presuntuoso da pensare di essere infallibile. Se anche avessi commesso degli errori, sarebbe comunque una scelta poco lungimirante da parte vostra cestinare questo libro solo perché al suo interno avete trovato qualcosa di sbagliato. In questo caso dunque sforzatevi di lasciar perdere ciò che vi ha infastidito e concentrate invece la vostra attenzione (e soprattutto la vostra pratica) su ciò che invece ha stimolato la vostra curiosità.

Infine, la cosa più importante di tutte è ricordarvi che niente di ciò che avete letto potrà mai esservi di alcuna utilità, se non entrate in azione. Una lezione si può dire *appresa* solo quando abbiamo imparato a reagire in modo diverso agli eventi che ci accadono. Fino a quando continueremo a comportarci nella stessa maniera, non avremo imparato alcuna lezione. Continueremo a essere la stessa identica persona che siamo sempre stati e a vivere sempre la solita vita. Entrando in azione e reagendo diversamente agli eventi della vita, invece, diventeremo persone diverse e così facendo riusciremo a cambiare la nostra esistenza. L'unica bacchetta magica che esiste è quella della perseveranza. Niente può essere ottenuto senza fatica e questo libro non fa differenza. Limitarsi a leggerlo senza intraprendere delle azioni concrete al riguardo è un po' come pretendere di conoscere il gusto di un'arancia senza averla mia assaggiata prima.

Bigliografia

Lipton Bruce H., *La biologia delle credenze*, Macro Edizioni, traduzione di Gianpaolo Fiorentini

Braden Gregg, *La matrix divina*, Macro Edizioni, traduzione di Nicoletta Cherubini

Chopra Deepak, *Benessere totale*, Sperling Paperback, traduzione di Alessandro Magherini

Chopra Deepak, *Le coincidenze*, Sperling Paperback, traduzione di Alessandra De Vizzi

Hay Louise L., *Puoi guarire la tua vita*, Edizioni My Life, traduzione di Katia Prando

Hill Napoleon, Stone W. Clement, *Il successo attraverso l'atteggiamento mentale positivo*, Gribaudi, traduzione di Daniele Ballarini

Jaerschky Jayadev, *Kriya yoga*, Ananda Edizioni, traduzione di Sahaja Mascia Ellero

Martina Roy, *L'anello mancante del segreto*, Bis Edizioni, traduzione di Elena Dettamanti – Odoya Srl

Martina Roy, *L'arte della vitalità*, Tecniche Nuove

Martina Roy, *Equilibrio emozionale*, Tecniche Nuove, traduzione di Gloria Fassi

Martina Roy, *Sei un campione!*, Tecniche Nuove

Martina Roy, Re Roberto Re, *Energy!*, Sperling & Kupfer

Paramhansa Yogananda, *Autobiografia di uno Yogi,* Ananda Edizioni, traduzione di Elisabeth Ornaghi (edizione originale del 1946)

Paramhansa Yogananda, *Bhagavad Gita – Interpretazione spirituale di Paramhansa Yogananda*, volume I, Edizioni Vidyananda, traduzione a cura delle Edizioni Vidyananda

Paramhansa Yogananda, *Bhagavad Gita – Interpretazione spirituale di Paramhansa Yogananda*, volume II, Edizioni Vidyananda, traduzione a cura delle Edizioni Vidyananda

Paramhansa Yogananda, *Bhagavad Gita – Interpretazione spirituale di Paramhansa Yogananda*, volume III, Edizioni Vidyananda, , traduzione a cura delle Edizioni Vidyananda

Paramhansa Yogananda, *Il Vangelo di Gesù secondo Paramhansa Yogananda*, volume primo, Edizioni Vidyananda, traduzione a cura delle Edizioni Vidyananda

Paramhansa Yogananda, *Il Vangelo di Gesù secondo Paramhansa Yogananda*, volume secondo, Edizioni Vidyananda, traduzione a cura delle Edizioni Vidyananda

Paramhansa Yogananda, *Il Vangelo di Gesù secondo Paramhansa Yogananda*, volume terzo, Edizioni Vidyananda, traduzione a cura delle Edizioni Vidyananda

Paramhansa Yogananda, *Sussurri dall'eternità*, Ananda Edizioni, traduzione di Clara Nubile (traduzione delle poesie di Fabio Arrivas)

Piacentini Marco, *Intelligenza emotiva in azione*, Pubblicazione indipendente

Piacentini Marco, *La meditazione del guardare in profondità*, Pubblicazione indipendente

Piacentini Marco, *Manuale di intelligenza verbale*, Pubblicazione indipendente

Re Roberto, *Leader di te stesso*, Oscar Mondadori

Robbins Anthony, *Come ottenere il meglio da sé e dagli altri*, Bompiani, traduzione di Francesco Saba Sardi

Swami Sri Yukteswar, *La scienza sacra*, Casa Editrice Astrolabio, traduzione a cura della Self-Realization Fellowship

Swami Kriyananda, *Dio è per tutti*, Ananda Edizioni, traduzione di Sahaja Mascia Ellero

Swami Kriyananda, *Paramhansa Yogananda*, Ananda Edizioni, traduzione di Sahaja Mascia Ellero

Swami Kriyananda, *Visits to Saints of India*, Crystal Clarity Publishers

Altri libri dello stesso autore

Intelligenza emotiva in azione: Come ottenere più salute, felicità e benessere.

La meditazione del guardare in profondità: Usare il processo del pensiero per distinguere la Verità dalle "false verità".

Manuale di intelligenza verbale: Un nuovo approccio alla comunicazione: il metodo della *parola consapevole*.

Sull'autore

Marco Piacentini è un discepolo di seconda generazione del grande maestro indiano Paramhansa Yogananda. Appassionato di crescita personale, ha trascorso tredici anni della sua vita alla ricerca delle migliori "tecnologie di miglioramento personale" nel campo dell'auto-aiuto, sintetizzando le sue intuizioni in un sistema di coaching di tredici passi, di cui l'atteggiamento del "guerriero spirituale", e le lezioni di vita riportate in questo testo, sono solo il secondo *step*.

Lo scopo della sua vita è condividere con gli altri le conoscenze che ha acquisito, attraverso i suoi libri e il "suo" sistema di *coaching* in tredici passi.

"Ho già abbastanza problemi da risolvere nella mia vita e non ho niente da insegnare a nessuno, ma devo comunque adempiere ai miei doveri di vita".

Contatti

autoremarcopiacentini@gmail.com

Printed in Great Britain
by Amazon

85097097R00099